Monsieur Laby de St-Aumont, propriétaire,
Miélan.

OEUVRES COMPLÈTES

DE

LORD BYRON.

IMPRIMERIE DE DONDEY-DUPRÉ,
Rue St.-Louis, n° 46, au Marais.

ŒUVRES COMPLÈTES
DE
LORD BYRON,

AVEC NOTES ET COMMENTAIRES,

COMPRENANT

SES MÉMOIRES PUBLIÉS PAR THOMAS MOORE,

ET ORNÉES D'UN BEAU PORTRAIT DE L'AUTEUR.

Traduction Nouvelle

PAR M. PAULIN PARIS,

DE LA BIBLIOTHÈQUE DU ROI.

TOME CINQUIÈME.

Paris.

DONDEY-DUPRÉ PÈRE ET FILS, IMPR.-LIBR., ÉDITEURS,

RUE SAINT-LOUIS, N° 46,

ET RUE RICHELIEU, N° 47 *bis*.

1831.

LE GIAOUR,

FRAGMENT D'UNE

HISTOIRE TURQUE.

*One fatal remembrance — one sorrow that throws
Its bleak shade alike o'er our joys and our woes —
To which life nothing darker nor brighter can bring,
For which joy hath no balm — and affliction no sting.*

(MOORE.)

Un fatal souvenir, — un chagrin qui jette son ombre noire sur nos joies comme sur nos douleurs, — auquel la vie ne peut rien apporter de plus sombre ni de plus brillant, pour lequel la joie n'a pas de charme — et l'affliction pas d'amertume.

A

SAMUEL ROGERS, ESQ.

Comme une légère, mais très-sincère marque d'admiration pour son génie, de vénération pour son caractère, et de gratitude pour son amitié,

CETTE PRODUCTION EST DÉDIÉE

Par son obligé et affectionné serviteur,

BYRON.

AVERTISSEMENT.

L'histoire qu'offrent ces fragmens décousus est fondée sur des circonstances moins communes maintenant dans l'Orient qu'autrefois, soit parce que les femmes y sont plus circonspectes que dans les *vieux tems*, soit parce que les chrétiens sont plus heureux ou moins entreprenans. L'histoire, lorsqu'elle était complète, contenait les aventures d'une femme esclave, qui fut jetée dans la mer, à la manière des Turcs, pour infidélité, et vengée par un jeune Vénitien, son amant, dans le tems que les Sept Iles étaient possédées par la république de Venise, peu de tems après que les Arnautes eurent été chassés de la Morée qu'ils avaient ravagée après l'invasion russe. La désertion des Maïnotes, à qui le pillage de Misitra avait été refusé, fit abandonner cette entreprise, et causa le ravage de la Morée, durant lequel la cruauté exercée de part et d'autre est restée sans exemple, même dans les annales des Croyans.

LE GIAOUR.

Aucun souffle d'air léger pour rider la surface des flots qui se déroulent sous le tombeau de l'Athénien ; ce tombeau ¹ qui, apparaissant sur le rocher, salue le premier le navire rentrant dans le port, en dominant la contrée qu'il sauva en vain : quand un semblable héros reparaîtra-t-il sur la terre ?

Beau climat ! où chaque saison sourit avec amour sur ces îles fortunées qui, vues des hauteurs du lointain Colonna, réjouissent le cœur ému par ce délicieux spectacle, et prêtent un charme à la solitude. Là, gracieusement ondulée, la surface de l'Océan réfléchit les teintes des pics nombreux dont l'image est reproduite par les vagues souriantes qui baignent ces Édens de l'Orient ; et si parfois une brise passagère vient à rompre le cristal des flots, ou détache une fleur des arbres du rivage, qu'il est ravissant chaque souffle d'air qui réveille et emporte avec lui les plus doux parfums ! Car c'est là— sur les collines ou dans les vallées, que la rose, sultane du rossignol ², la vierge pour laquelle il fait entendre sa mélodie et ses mille chants d'amour, fleurit en rougissant aux histoires de son amant harmonieux : la reine des jardins, sa reine, sa rose, non courbée par les vents, non glacée par les neiges, loin des hivers du nord, caressée par les brises de chaque saison, renvoie, en doux encens vers le ciel, les parfums que lui a donnés la nature, et embellit, par ses brillantes couleurs et ses soupirs odorans, ces cieux qui semblent lui sourire. Là brillent maintes fleurs printannières ; maint ombrage invite à l'amour, maintes grottes invitent au repos, en même tems qu'elles servent d'asile au pirate dont la barque, cachée sous l'abri protecteur, guette l'arrivée d'une proue pacifique, jusqu'au moment où la guitare du joyeux marinier [3] se fait entendre, et où l'étoile du soir se montre à l'horizon. Alors, voguant avec leurs rames enveloppées, et protégés par les rochers du rivage, les voleurs nocturnes fondent sur leur proie, et aux chants de joie font succéder les plaintifs gémissemens.

« Il est étrange que là où la nature s'est plu à répandre ses dons comme pour le séjour des dieux, et à faire briller tous ses charmes dans ce paradis enchanté, l'homme amant de la destruction, veuille le changer en désert, et foule aux pieds, pareil à la brute, ces fleurs qui ne demandent pas les soins d'une main laborieuse pour croître sur cette terre féconde, mais qui fleurissent comme pour prévenir les soins de l'homme, et qui, dans leurs séduisantes caresses, ne veulent — qu'être épargnées ! Il est étrange — que là où tout est en paix, les passions triomphent dans leur orgueil, et la rapine étende son cruel et sanguinaire empire. C'est comme si les démons prévalaient contre les séraphins glorieux, et, assis sur les trônes célestes, rendaient ces anges libres héritiers de l'Enfer; aussi douce est cette contrée formée pour le bonheur, aussi maudits sont les tyrans qui l'oppriment et la désolent !

Celui qui s'est penché sur — le cadavre d'un être expiré avant que le premier jour de la mort soit enfui, le premier sombre jour du néant, le dernier du danger et de la détresse (avant que les doigts dévorans de la destruction aient effacé les traits où la beauté respire encore), et a remarqué l'air doux et angélique, l'extase du repos qui est là, les traits fixes, quoique tendres, qui relèvent la langueur d'une paisible joue, et — mais pour cet œil triste et voilé qui ne brûle plus, ne sourit plus, ne pleure plus ; pour ce front immobile et froid où l'apathie [4] de la mort effraie le cœur désolé de celui qui le contemple, comme s'il avait le pouvoir de lui faire partager le destin qu'il redoute et dont il ne peut cependant se détacher : oui ! pour ces choses, et ces choses-là seules, pendant quelques momens — une heure traîtresse, — il pourrait mettre en doute le pouvoir tyrannique du trépas ; tant est beau, tant est calme, tant est doux, le premier, le dernier aspect révélé par la mort [5] !

Tel est aussi l'aspect de ce rivage : c'est la Grèce; mais la Grèce qui n'a plus de vie ! si froidement douce, si tristement belle, que nous tressaillons, car l'ame manque là ! Son charme est celui de la mort qui ne disparaît pas entièrement avec le souffle de la vie; mais c'est une beauté qui a cette fleur sinistre, cette couleur appartenant à la tombe, dernière et fugitive lueur de l'expression, auréole dorée qui plane sur une ruine, le rayon d'adieu du sentiment qui n'est plus ! étincelle de cette flamme d'une origine peut-être céleste, qui éclaire encore; mais qui n'échauffe plus désormais sa terre chérie !

Patrie des braves échappés à l'oubli ! dont le sol, depuis les plaines jusqu'aux cavernes des montagnes, fut l'asile de la liberté, ou le tombeau de la gloire ! temple des héros *! se peut-il que ce soit là tout ce qui reste de toi ? Approche, esclave timide et rampant; dis, ne sont-ce pas là tes Thermopyles ? Ces ondes bleues qui s'étendent au loin, ô race dégénérée d'un peuple libre ! dis, quelles sont-elles ? quels sont ces rivages ? N'est-ce pas le golfe, n'est-ce pas le rocher de Salamine ? Ces lieux célèbres, leur histoire qui n'est pas inconnue au monde, ô Grecs ! levez-vous, et faites-en de nouveau votre patrie ! Cherchez parmi les cendres de vos pères les étincelles du feu divin qui les embrasait; et celui qui expirera dans le combat ajoutera à leurs noms

---

* *Shrine of the mighty!*

un nom terrible qui fera trembler la tyrannie : il laissera à ses fils une espérance, une renommée pour lesquelles ils mourraient plutôt que de les livrer au déshonneur ; car le combat de la liberté une fois commencé, le père expirant en lègue le triomphe à son fils, triomphe qui succède toujours à toutes les défaites. O Grèce ! tes pages vivantes en sont témoins, et attestent la gloire de tes siècles immortels ! Tandis que tes rois enfouis dans l'obscurité poudreuse des âges ont laissé une pyramide sans nom, tes héros, malgré les ravages du tems qui a renversé la colonne monumentale de leurs tombes, ont encore un monument plus imposant, les montagnes de leur terre natale ! Là, la muse montre aux regards des étrangers les tombeaux de ceux qui ne peuvent mourir ! — Il serait trop long de rappeler, et trop pénible de retracer l'histoire et la description de chaque lieu célèbre, depuis ses tems de splendeur jusqu'à ses jours de misère : assez — aucun ennemi étranger n'a pu dompter ton courage, jusqu'à ce qu'il se soit flétri lui-même. Oui ! un abaissement, une dégradation volontaires, ont aplani la route aux chaînes honteuses de l'esclavage, à la domination des tyrans.

Que peut-il raconter celui qui foule aujourd'hui tes rivages ? Aucune histoire de tes vieux tems, aucun sujet capable d'inspirer à la muse un essor aussi élevé que celui des jours qui ne sont plus, lorsque l'homme était digne de ton climat.

Les cœurs nourris dans tes vallées, les ames ardentes qui auraient pu conduire tes enfans à des actions héroïques et sublimes, rampent, depuis le berceau jusqu'à la tombe, esclaves — oui! esclaves d'un esclave [6]! et sourds, excepté à la voix du crime, couverts de tous les vices qui souillent l'humanité et font descendre l'homme au-dessous de la brute, sans avoir même le mérite d'une sauvage vertu, du courage opprimé, mais indompté d'un homme libre. Ils portent encore dans les ports voisins leurs ruses proverbiales et leur ancienne astuce. C'est en cela que l'on reconnaît encore ce Grec subtil; et c'est en cela, en cela seul qu'il a conservé son ancien renom. En vain, la liberté ferait-elle un appel au courage pour briser son joug, ou pour relever le cou qui semble courtiser son esclavage : je cesse de plaindre ces malheurs..

Cependant cette histoire sera une histoire plaintive; et ceux qui l'entendront croiront sans peine que celui qui l'entendit pour la première fois en fut touché.

Lointaines, sombres et se projetant sur la mer bleue, les ombres des rochers font tressaillir le pêcheur dont elles frappent les regards, comme la barque d'un pirate des îles ou d'un Maïnote. Craignant pour son léger caïque, il évite l'anse prochaine et périlleuse; quoique abattu et harassé par ses travaux, et surchargé de son heureuse pêche, il vogue lentement, à force de rames, jusqu'à ce que le rivage sûr du port Léone le reçoive à la lueur délicieuse de l'astre qui embellit de tant de charmes une nuit orientale.

Quel est celui qui accourt sur un coursier noir, bride abattue, au galop retentissant comme un tonnerre ? Le bruit des fers et les coups de fouet répétés font retentir les échos des cavernes d'alentour. L'écume qui couvre les flancs du coursier semble être celle des vagues de l'Océan : bien que les flots de la mer soient tranquilles et comme abîmés dans le calme, il n'en est point dans le sein du cavalier ; le murmure de la tempête qui se prépare est encore plus calme que ton cœur, ô jeune Giaour [7] ! Je ne te connais point ; je hais ta race ; mais je découvre dans tes traits quelque chose que le tems ne pourra que fortifier et non effacer. Quoique jeune et pâle, ce front blême est sillonné par les passions ; quoique tenant fixé vers la terre ton œil farouche, et que tu passes comme un météore, je vois bien dans toi un de ceux que les fils d'Othman devraient faire périr ou éloigner de leur demeure.

Loin, — loin, — il fuit, et mes regards étonnés le suivent à peine ; et quoique, semblable à un démon de la nuit, il ait passé et se soit évanoui à ma vue, son aspect et son maintien ont laissé dans mon ame un souvenir de trouble et de confusion, et les pas retentissans de son coursier noir résonnent encore à mon oreille étonnée. Il pique vivement de l'éperon ; il approche de ce rocher escarpé qui projette son ombre sur l'abîme ; il en fait rapidement le tour ; il galope sur ses bords. Le rocher l'eut promptement dérobé à ma vue, car je sentis bien que j'étais désagréable à celui qui cherchait à éviter tout regard indiscret ; et il n'est pas une étoile qui ne paraisse trop brillante à celui qui s'échappe à une heure si étrange. Il s'éloigne rapidement ; mais avant de disparaître, il lance un dernier regard en arrêtant un moment son coursier qui bondit, et respire un moment dans sa course ralentie ; un instant il se dresse sur ses arçons. — Que regarde-t-il dans le bois d'olivier ? Le croissant brille sur la colline ; les hautes lampes de la mosquée brûlent encore : quoique trop éloigné pour entendre le bruit du lointain tophaïque [8] répété par l'écho, on aperçoit les éclairs de chaque joyeuse détonnation, qui prouvent le zèle des religieux musulmans. Ce soir, le dernier soleil du Ramazan s'est couché ; ce soir commence la fête du Baïram * ; ce soir — mais qui es-tu ? qu'as-tu fait, toi, au vêtement étranger, au front terrible ? Que te font ces jeux, ces fêtes, pour t'arrêter ainsi ou pour fuir ? — Il s'arrête encore. — Quelque frayeur légère se peignait sur son visage ; bientôt l'expression de la haine la remplaça. Elle ne se manifesta point avec la rougeur subite d'une colère

---

* Carême turc.

passagère, mais avec une pâleur semblable au marbre de la tombe, dont la funèbre blancheur augmente encore les sombres teintes. Son front était penché, son œil avait un éclat vitreux; il leva son bras avec un mouvement menaçant de fierté, en frappant rudement de la main, ne sachant s'il devait retourner ou fuir. Impatient de sentir différer sa fuite rapide, le noir coursier pousse un lourd hennissement. — La main du cavalier retomba sur la garde de son sabre; ce hennissement a dissipé sa rêverie, comme le cri du hibou réveille un homme en sursaut. — L'éperon s'enfonce dans le flanc du coursier; il part avec la rapidité d'un djerrid 9 lancé dans les airs par une main puissante; le rocher est dépassé, et le rivage ne retentit plus de ses pas rapides; la crête est franchie, on ne voit plus le cimier et le front altier du chrétien. Ce n'était que pour un instant qu'il avait contenu l'ardeur de son vigoureux coursier; ce n'était que pour un instant qu'il s'était arrêté; et tout-à-coup il avait redoublé de vitesse comme s'il avait été poursuivi par la mort. Mais dans cet instant, des hivers de souvenirs semblaient avoir passé sur son ame, et rassemblé, dans cette seconde * de tems, une vie de peine, un siècle de crimes. Pour celui qu'agitent l'amour, la haine, ou la crainte; un tel moment accumule toutes les douleurs passées. Alors qu'éprouva-t-*il*, l'inconnu,

---

* En anglais, *drop*, goutte.

accablé qu'il fut par tout ce qui peut le plus déchirer le cœur? Cette halte qui décida sa destinée, oh! qui pourra mesurer sa durée terrible! Quoique, dans les registres du tems, elle soit comme imperceptible, elle fut une éternité pour sa pensée! car elle est infinie comme l'espace incommensurable, la pensée que le sentiment peut embrasser, et qui peut comprendre en lui-même des maux sans nom, sans espérance, ou sans fin!

L'heure est passée; le Giaour est déjà loin; a-t-il fui seul ou succombé seul? Maudite soit l'heure de son arrivée ou de sa fuite : la malédiction, pour le péché d'Hassan, a changé un palais en tombeau. Il vint, le Giaour, il passa comme le simoun [10]; cet avant-coureur de la désolation et de la mort, sous le souffle dévorant duquel les cyprès même s'anéantissent; — arbre sombre, et encore triste lorsque les autres douleurs sont évanouies; seul fidèle aux souvenirs passagers de la mort.

Le coursier a disparu de l'étable déserte; on ne voit plus d'esclaves dans les salles du palais d'Hassan. L'araignée solitaire couvre les murs de sa toile grisâtre; la chauve-souris bâtit son nid dans son harem; et le hibou s'est emparé de la plus haute tour de son château fort : le dogue sauvage, tourmenté de soif et de faim, hurle sur les bords de ses bassins desséchés; car le ruisseau a disparu de son lit de marbre, où maintenant les ronces croissent sur une poussière désolée. Il était beau jadis de le voir se jouer dans cette enceinte, et chasser la chaleur étouffante du jour, en faisant jaillir en haut sa rosée d'argent dans des tourbillons fantastiques, et en répandant dans l'air, et sur le vert gazon, une délicieuse fraîcheur. Il était doux, quand des étoiles sans nuages brillaient dans les cieux, de voir des vagues de lumière se projeter sur ce marbre, d'entendre, la nuit, la mélodie de ces ondes! L'enfance d'Hassan avait souvent joué sur les bords de cette cascade ; et souvent, sur le sein de sa mère, il s'était endormi au bruit harmonieux des vagues. La jeunesse d'Hassan avait été souvent bercée, sur ces bords, par les chants de la beauté ; et chaque accord harmonieux semblait plus harmonieux encore mêlé à la voix d'Hassan. Mais jamais la vieillesse d'Hassan ne viendra se reposer sur ces bords à la chute du crépuscule : la source qui alimentait ce ruisseau est tarie. — Le sang qui échauffait son cœur est versé! Jamais aucune voix humaine ne fera entendre ici des accens de rage, de regrets ou de plaisir. Les derniers et tristes sons qu'ait répétés l'écho furent les lamentations funèbres d'une femme ; et *ces sons* expirèrent dans le silence! — Tout est muet! — excepté, parfois, la jalousie que le vent agite. Que la tempête retentisse, que la pluie tombe par torrens, aucune main ne viendra désormais fermer les ouvertures de ce château.

Ce serait une joie pour le voyageur de découvrir, sur ces sables déserts, les pas grossiers d'un homme,

— tellement que la voix même de la douleur réveillât un écho consolateur. Au moins elle lui dirait : « Tout n'est pas mort en ces lieux, la vie murmure encore, bien qu'elle soit le soupir d'un seul. — Car de nombreux appartemens dorés étalent encore ici une splendeur que la solitude semble devoir oublier ; dans ce palais, la destruction a opéré lentement son œuvre dévorante ; — mais la sombre désolation est assise sur le seuil de la porte, que le fakir * lui-même n'oserait plus franchir. Là, le derwiche ** errant ne voudrait pas s'arrêter, car la charité hospitalière n'est plus là pour le recevoir ; l'étranger, harassé de fatigues, ne viendra plus s'y reposer pour y bénir « le pain et le sel sacré ¹¹. » La richesse et la pauvreté passent également aux environs avec la même insouciance ; car la politesse hospitalière et la charité bienveillante ont disparu avec Hassan, tombé sur les montagnes. Son toit, qui était le refuge de l'homme, est devenu l'antre affamé du désespoir.

L'hôte a fui la salle de festin, et les vassaux leurs travaux champêtres, depuis que le sabre de l'infidèle a fendu le turban de la tête d'Hassan ¹².

. . . .
. . . .

J'entends un bruit de marche qui approche, mais aucune voix n'arrive à mon oreille. Il s'approche

---

* Moine turc.

** Moine mendiant.

davantage; — je puis distinguer chaque turban, et chaque ataghan au fourreau d'argent [13]. Le chef de la troupe se distingue; c'est un émir à la robe verte [14]. « Ho! qui es-tu? — Cet humble *salem* [15] vous dit que je suis un croyant. Le fardeau que vous portez avec tant d'attention semble réclamer tous vos soins, et, sans doute, c'est une précieuse cargaison. Mon humble barque est toute prête pour la recevoir.
— Tu parles convenablement; démarre ton esquif, et emmène-nous loin de ce rivage silencieux. Laisse déployée ta voile, et vogue à force de rames. Au milieu de cette baie entourée de rochers, où les eaux sombres et emprisonnées dorment dans un calme profond, ta tâche sera finie. — Nous y sommes. — Tu as ramé à merveille; notre course a été rapide; cependant c'est le plus long voyage, je pense, qu'un de... »   .   .   .   .
.   .   .   .

L'objet mystérieux fut plongé dans les flots, et s'enfonça lentement; la vague calme roula doucement jusqu'au rivage. Je veillais attentivement sur ce qui avait été précipité, et il me sembla un instant, par le mouvement du courant, que quelque chose s'était comme débattu..... ce n'était qu'un rayon de la lune qui se réfléchissait sur le courant. Je ne cessai de prêter mon attention à cette scène singulière que lorsque l'objet qui la causait eut disparu totalement à ma vue, comme une pierre lancée dans

l'onde, qui laisse après elle un tournoiement passager se rétrécissant de plus en plus, et forme comme une tache blanche, perle aqueuse qui se moque de l'œil qui la contemple. Tous les secrets sont ensevelis et dorment sous les ondes, connus seulement des génies de l'abîme, qui, tremblans dans leurs grottes de corail, n'osent en rien murmurer aux vagues. . . . .
. . . .

Comme on voit, dans les prairies émaillées du Kachemire, la reine des papillons [16] s'élever sur ses ailes de pourpre, en invitant le jeune enfant à la poursuivre, en le promenant de fleurs en fleurs pendant une heure inutile et laborieuse; elle le quitte pour s'envoler dans les airs, en lui laissant le cœur déchiré et les yeux pleins de larmes : ainsi la beauté se joue du jeune homme échappé de l'enfance, brillante aussi et volage comme elle : chasse d'espérances et de craintes frivoles, commencée dans la folie et terminée dans les larmes. Si toutes deux elles se laissent prendre, le malheur attend la reine des papillons et la jeune fille; une vie de peines, la perte de la tranquillité; l'une est le jouet de l'enfant, l'autre, le caprice de l'homme : ce bijou charmant, recherché avec tant d'ardeur, perd son charme dès qu'il est obtenu; car chaque attouchement caressant fait disparaître ses plus brillantes couleurs, jusqu'à ce que charme, couleurs, beauté, étant évanouis, on le laisse s'envoler ou on l'abandonne sans compassion. L'aile blessée, ou le cœur déchiré, hélas ! dans quel lieu l'une et l'autre de ces victimes pourront-elles trouver un asile ? Celle-ci, avec son aile abattue, pourra-t-elle voltiger de la rose à la tulipe comme dans ses jours de liberté ? ou la beauté, flétrie dans une heure, pourra-t-elle retrouver son bonheur et sa joie dans sa retraite profanée ? Non : les insectes joyeux qui passent près de celui qui va mourir, ne le couvrent jamais de leurs ailes. Les aimables et jeunes beautés sont compatissantes pour toutes les fautes, excepté pour celles de leurs semblables ; tous les malheurs peuvent attendre d'elles une larme, excepté la honte d'une sœur abusée.

. . . .

Le cœur qui se nourrit des remords du crime ressemble au scorpion environné de flammes, dans un cercle qui se rétrécit à mesure qu'elles font des progrès. Les flammes resserrent le prisonnier jusqu'à ce que, consumé intérieurement par mille dards brûlans, et se torturant dans sa rage, il ne voie plus qu'une seule et triste ressource contre ses cruelles douleurs : le dard venimeux qu'il conservait pour ses ennemis, et dont le venin n'avait jamais été vainement lancé ; ce dard qui ne cause qu'une douleur et guérit tous les maux, il le tourne contre lui-même dans un accès de désespoir : ainsi expire celui qui a l'ame noire et déchirée de remords *, ou il vit, comme

---

* *The dark in soul !*

le scorpion, environné de flammes dévorantes [17]. Ainsi se ronge celui que le remords dévore; maudit sur la terre, condamné par le ciel, les ténèbres sont sur sa tête, et le désespoir à ses pieds; autour de lui est un cercle de flammes, et dans son sein — la mort!. . . . .
. . . .
. . . .

Le sombre Hassan fuit de son harem, il n'arrête ses regards sur les charmes d'aucune femme : la chasse inaccoutumée l'occupe uniquement désormais; et cependant il ne partage aucune joie du chasseur. Hassan n'était point ainsi habitué à courir dans les bois, lorsque Leïla habitait son sérail. Leïla ne l'habiterait-elle plus? — c'est ce qu'Hassan seul pourrait dire. D'étranges rumeurs se sont répandues dans la ville à ce sujet : on dit que Leïla s'enfuit dans cette soirée où se coucha le dernier soleil du Ramazan [18], et où l'éclat d'un million de feux allumés au sommet des minarets proclamait la fête du Baïram dans l'immense Orient. Ce fut alors qu'elle s'éloigna comme pour aller au bain, et qu'elle rendit inutiles et vaines les recherches et la colère d'Hassan. Dans le déguisement d'un page géorgien, elle avait trompé l'active surveillance des gardes du palais, et, loin de la tutelle musulmane, elle est allée s'en venger dans les bras d'un infidèle Giaour.

Quelque chose de ce récit avait fait naître les soupçons d'Hassan; mais Leïla paraissait encore si tendre, elle lui paraissait encore si belle, qu'il eut trop de confiance dans l'esclave dont la trahison méritait la mort. Ce soir même il s'était rendu à la mosquée, et de-là il était allé assister à une fête qu'il donnait dans son kiosque. Telle est l'histoire que racontent ses Nubiens, dont la surveillance aurait dû être plus active; mais d'autres disent que cette nuit même, à la pâle et tremblante lumière de Phingari [19], le Giaour avait été vu seul sur son coursier d'un noir de jais, galopant à force d'éperons le long du rivage; il n'emportait en croupe derrière lui aucune jeune fille, aucun page.

. . . .
. . . .
. . . .

Ce serait vainement que j'essaierais de décrire le charme de l'œil noir de Leïla; regardez ceux de la gazelle, ils aideront admirablement votre imagination. Ceux de Leïla étaient aussi larges (ou fendus); aussi languissamment noirs, mais l'ame s'échappait de chaque étincelle qu'ils dardaient sous leurs sourcils arqués, aussi brillans que les joyaux de Giamschid [20].

Oui, son *ame* se peignait dans ses regards; notre prophète pourrait-il dire que cette forme si belle n'était rien qu'une argile brillante? Par Allah! je répondrais *non*, quand même je serais sur la fameuse arche d'Al-Sirat [21] jetée sur la mer de Flamme, avec la perspective du paradis sous mes yeux, et toutes ses houris qui me feraient signe d'y entrer. Oh! celui qui a connu l'éclat des yeux de Leïla pourrait-il ajouter foi à cette partie de sa croyance [22], qui dit que la femme n'est que poussière, un jouet sans ame destiné aux caprices sensuels d'un tyran? Les Muftis, en la contemplant, auraient pu avouer que la divinité brillait dans ses regards. Les jeunes fleurs pourprées de la grenade jetaient sur les belles et fraîches couleurs de ses joues un éclat toujours nouveau [23]; sa chevelure d'hyacinthe [24] était flottante, et, au milieu de ses suivantes qu'elle dominait de toute sa beauté, elle en laissait descendre les boucles jusqu'au pavé de marbre sur lequel ses pieds brillaient plus blancs que la neige des montagnes avant que les nuages qui lui ont donné naissance ne soient tombés sur la terre, et n'y aient amassé des souillures.

Le jeune cygne s'avance noblement sur la surface de l'onde; ainsi marchait sur la terre la belle fille de Circassie, l'aimable oiseau du Franguestan [25]! Comme le cygne relève sa tête élancée, et frappe l'onde de ses ailes orgueilleuses, quand un étranger passe sur les bords de son domaine; ainsi Leïla élevait un cou plus blanc que celui du cygne: — ainsi, armée de sa beauté, elle eût repoussé avec dignité un regard indiscret; aussi noble et aussi gracieuse était sa démarche! Son cœur était aussi tendre pour son compagnon. — Son compagnon, terrible Hassan, quel était-il? Hélas! ce nom n'était pas fait pour toi!

Le terrible Hassan est parti en voyage, accompagné de vingt vassaux, chacun armé, comme il convient le mieux à un homme, d'arquebuse et d'ataghan; le chef les précède, équipé comme pour la guerre : il porte à sa ceinture le cimeterre teint autrefois du meilleur sang arnaute, quand les rebelles se révoltèrent, et que peu d'entre eux s'en retournèrent dans leurs foyers pour raconter l'histoire de ceux qui étaient tombés dans la vallée de Parne. Les pistolets qu'il porte à sa ceinture sont ceux dont un pacha fit autrefois usage, et que maintenant, quoique ornés de pierreries et bosselés d'or, des voleurs trembleraient même de regarder. On dit qu'Hassan est allé chercher une fiancée, plus fidèle que celle qui a abandonné sa couche, l'esclave coupable qui a déserté son harem, et plus coupable de l'avoir déserté pour un Giaour!. . . . . . .

. . . .

. . . .

Les derniers rayons du soleil sont descendus sur la colline, et étincellent dans le courant du ruisseau, dont les ondes fraîches et limpides reçoivent les bénédictions des montagnards. Ici le négociant grec, fatigué de ses longues marches, peut trouver ce repos que l'on chercherait vainement dans les cités où sa demeure est trop voisine de celle de ses maîtres, ce qui lui inspire de la terreur pour ses secrètes richesses. — Il peut se soustraire ici à tous les regards. Dans la foule, c'est un esclave; dans le désert, il est

libre; il peut ici souiller d'un vin défendu la coupe
qu'un bon Musulman ne doit jamais vider. . .

Le premier de la troupe est un Tartare qui se distingue par son manteau jaune; les soldats le suivent dans un long défilé. Au-dessus d'eux, la montagne élève un pic où les vautours aiguisent leurs
becs avides de carnage; ils pourront se repaître dans
un grand festin avant que l'aurore du matin ait
brillé. En bas, un torrent d'hiver a reculé devant
les rayons brûlans de l'été, et a laissé un lit noir et
dépouillé de verdure, excepté quelques broussailles
qui ne naissent que pour périr aussitôt. Chaque côté,
qui forme un sentier, est couvert de débris de granit
raboteux et grisâtre, arrachés par le tems, ou par
la foudre des montagnes, de ces sommets enveloppés
des brouillards du ciel; car où est celui qui a contemplé le pic de Liakura dégagé de ces voiles éternels?. .

L'émir et sa troupe ont enfin atteint le bois de
sapins : « Bismillah [26]! le moment du péril est passé,
car la plaine se découvre à nos yeux, et quand
nous y serons parvenus, nous piquerons nos chevaux des éperons. » Ainsi parle le Tchiaous, et à
peine a-t-il cessé qu'une balle siffle sur sa tête. Le
Tartare qui conduisait la troupe mord la poussière!
Les cavaliers d'Hassan n'ont que le tems de saisir
la bride et de descendre promptement de cheval;

mais trois d'entre eux n'y remonteront plus; l'ennemi qui porte les blessures mortelles est invisible; le moribond demande en vain vengeance. Le poignard hors du fourreau, la carabine à la main, quelques-uns d'entre eux restés sur leurs coursiers se penchent pour éviter les balles, à moitié protégés par leur monture; d'autres fuient derrière le rocher le plus voisin qui les défend des coups invisibles, ne voulant point rester exposés à périr par les flèches d'ennemis inconnus qui n'osent pas quitter leur retraite sûre des rochers. Le sévère Hassan dédaigne seul de descendre de son cheval, et poursuit sa course jusqu'à ce qu'une décharge de carabines l'avertît trop sûrement que le clan de brigands s'est emparé de la seule issue qui pouvait laisser échapper leur proie.

Alors sa moustache [27] se recourbe avec colère, et son œil étincelle d'un fier courroux : « Quoique les balles sifflent de toutes parts, dit-il, j'ai échappé à une heure plus sanglante que celle-ci. » Dans cet instant l'ennemi quitte son embuscade et crie aux vassaux d'Hassan de se rendre. Mais le front d'Hassan et un mot terrible sont plus redoutés que le sabre ennemi. Aucun homme de la troupe ne rendra sa carabine ou son ataghan, et n'élèvera le lâche cri : Amaun [28] ! Les ennemis apparaissent plus nombreux, s'approchent de plus en plus, et, débusquant du bois, arrivent ceux qui se plaisent dans les charges avancées. Quel est celui qui les commande armé d'un fer étranger et étincelant dans sa main puissante? « C'est lui! c'est lui! je le connais maintenant; je le reconnais à son front pâle, je le reconnais à cet œil méchant [29], qui favorise ses envieuses trahisons; je le reconnais à son noir coursier, quoique déguisé sous un costume d'Arnaute; apostat de sa propre et vile croyance, ce titre ne le sauvera pas de la mort. C'est lui! rencontre heureuse et désirée! Perds l'amour de Leïla, maudit Giaour! »

Comme un fleuve se précipite dans l'océan, en roulant ses eaux écumantes; comme les vagues de la mer se soulèvent en colonnes azurées pour repousser au loin avec orgueil le courant qui lutte avec ses ondes écumantes; tandis que l'abîme tournoyant, et les vagues qui se brisent, soulevées par le vent impétueux de l'hiver, s'épuisent en terribles mugissemens, et qu'à travers l'écume blanchâtre, le fracas du tonnerre, les éclairs des ondes reluisent d'une blancheur effrayante sur le rivage, qu'ils brillent et se brisent sous la rame; ainsi, comme le fleuve et l'océan se rencontrent avec des vagues qui sont en fureur de se mêler; — ainsi se joignent deux troupes qu'une même haine, un même destin, une même fureur anime. Le cliquetis des sabres qui se heurtent, les cris de guerre qui frappent l'oreille épouvantée, les détonnations retentissantes, le bruit de la mêlée, de la fusillade, les gémissemens des mourans sont répétés par l'écho de la vallée plus accoutumée aux refrains du pasteur. Quoique peu nombreux,—les combattans se livrent une lutte acharnée, car aucun n'épargne la vie d'un autre, aucun ne demande grâce pour la sienne ! Ah ! deux jeunes cœurs peuvent se presser avec amour, pour recevoir et partager leurs caresses ; mais l'amour lui-même ne pourrait jamais avoir, pour tout ce que la beauté soupire d'accorder, des palpitations la moitié aussi vives que la haine en inspire au dernier embrassement de deux ennemis, lorsque, se saisissant dans le combat, ils plient leurs bras qui ne lâcheront plus leur proie. Les amis se rencontrent pour se séparer ; l'amour rit au mot de fidélité ; de vrais ennemis, une fois rencontrés, sont unis jusqu'à la mort ! . . .

. . . .

Avec un sabre brisé jusqu'à la garde, et dégouttant encore du sang qu'il a répandu, resté cependant dans la main puissante qui promenait partout cette arme infidèle ; son turban roulé par terre derrière lui, et coupé dans ses plis les plus épais ; sa robe flottante déchirée par le cimeterre, et rougie comme ces nuages du matin qui, bigarrés d'un rouge noir, annoncent par de funestes présages que la journée aura une fin orageuse ; une tache de sang sur chaque buisson qui porte un lambeau de son palampore [30] ; sa poitrine couverte d'innombrables blessures, son dos couché sur la terre, son visage tourné vers le ciel, Hassan tombé repose ! — Son œil encore ouvert est fixé menaçant sur son ennemi, comme si l'heure qui a scellé sa destinée eût laissé survivre sa haine inextinguible ; et sur lui est penché cet ennemi avec un front aussi sombre que celui qui gît par terre ensanglanté —....

« Oui, Leïla sommeille sous les vagues ; mais cette terre sera un tombeau plus sanglant : l'esprit de Leïla a guidé le fer qui a appris à ce cœur félon ce que c'est que ses atteintes. Il a appelé le prophète, mais son pouvoir fut vain contre le Giaour vengeur ; il a invoqué Allah — mais ce mot s'est élevé inexaucé ou inentendu. Oh ! sot païen ! la prière de Leïla n'aurait pas été écoutée, et la tienne serait ici exaucée ? J'ai ménagé mon tems, je me suis ligué avec ces hommes pour saisir le traître à son tour : ma vengeance est assouvie, l'œuvre est consommée ; je pars — mais je pars seul. »

On entend tinter les clochettes des chameaux dans leurs pâturages. La mère d'Hassan regarde inquiète du haut de ses jalousies, — elle voit la rosée du soir qui couvre sous ses yeux, de ses perles étincelantes, le vert pâturage ; elle voit les étoiles qui ne brillent plus que d'un pâle éclat. « C'est l'aurore, dit-elle. — Hassan avec sa troupe ne doit pas être éloigné. »

Elle ne peut demeurer dans le bosquet du jardin, mais elle regarde à travers les créneaux de sa tour la plus élevée.

« Pourquoi ne vient-il pas ? Ses coursiers sont d'une race vigoureuse et choisie, ils ne craignent pas les chaleurs de l'été. Pourquoi le fiancé n'envoie-t-il pas le présent promis ? Son cœur est-il plus froid, ou son cheval de Barbarie moins agile ? Oh ! reproche non mérité ! voilà un Tartare qui a déjà gagné le sommet de la plus proche montagne, et il descend avec précaution le penchant escarpé : il est maintenant dans la vallée ; il porte le présent sur les arçons de sa selle. — Que son cheval me paraît marcher lentement ! Mes largesses sauront bien récompenser sa vitesse et les fatigues de sa route. »

Le Tartare est descendu de cheval à la porte du château ; mais à peine peut-il soutenir son corps chancelant : son visage basané porte l'expression de la détresse ; mais c'est peut-être l'effet de la fatigue : son vêtement est souillé de sang ; mais c'est peut-être celui de son cheval fatigué de l'éperon : il tire de dessous son manteau le présent. — Ange de la mort ! c'est le cimier brisé d'Hassan ! son calpac déchiré [31] — son caftan ensanglanté. — « Madame, ton fils a épousé une fatale fiancée ; ils m'ont épargné, mais non par pitié, mais pour t'apporter ce présent ensanglanté. Paix au brave ! dont le sang est versé : malheur au Giaour ! c'est lui qui l'a tué. »

. . . .

Un turban sculpté [32] sur une pierre brute, une colonne que les ronces couvrent de leurs épines, où l'on peut lire à peine maintenant le vers du Koran qui déplore la mort du défunt, indiquent le lieu où Hassan est tombé victime dans le vallon solitaire. Il dort là comme un fidèle Osmanli, aussi bien que s'il avait été fléchir le genou à la Mecque, aussi bien que s'il eût repoussé avec dédain le vin défendu, ou prié la face tournée vers le tombeau saint, au cri solennel d'*Allah hu* [33]! Cependant il est mort par la main d'un étranger, au sein de sa terre natale; cependant il est mort les armes à la main, et il n'a pas été vengé, du moins par le sang de son ennemi: mais les vierges impatientes du paradis l'invitent déjà à leur demeure, et le cil noir des yeux des houris lui sourira à jamais. Elles s'avancent — elles agitent leurs voiles bleus [34], et saluent le brave avec un baiser! Celui qui est tombé dans la bataille contre un Giaour est le plus digne de leurs faveurs immortelles.

Mais toi, faux infidèle! tu seras livré à la faux vengeresse de Monkir [35], et tu n'échapperas à ses tourmens que pour errer autour du trône perdu d'Eblis [36]. Un feu dévorant, inextinguible, t'entourera, te consumera, te dévorera le cœur. Aucune oreille ne peut entendre, aucune langue ne peut dire les tortures de cet enfer intérieur! Mais d'abord, envoyé sur la terre comme un vampire [37], ton cadavre sera arraché de sa tombe. Alors tu hanteras comme un fantôme ton lieu natal, et tu suceras le sang de toute ta race. Là, à l'heure de minuit, tu tariras la source de la vie de ta fille, de ta sœur, de ta femme.

Cependant tu assisteras avec dégoût au banquet où, malgré toi, tu devras te nourrir de ton livide et vivant cadavre ; tes victimes, avant d'expirer, reconnaîtront un démon dans leur père, et comme elles te maudiront, tu les maudiras, et ces jeunes fleurs, tes filles, seront flétries sur leur tige. Mais une d'elles doit surtout mourir pour expier ton crime, la plus jeune, la plus aimée de toutes, qui te bénira, en t'appelant du nom de *père*. — Ce nom déchirera ton cœur! Cependant, tu devras achever ton œuvre sanglante, et voir s'effacer sur sa joue le dernier coloris de la vie ; s'éteindre de son œil la dernière étincelle, et contempler le dernier regard vitreux qui se glacera sur son teint livide. Alors, d'une main impie, tu arracheras les tresses de sa chevelure dorée ; chevelure dont une boucle enlevée pendant sa vie eût été portée comme un gage de la plus tendre affection. Mais maintenant tu l'emportes, souvenir de ton affreuse agonie! Humectée de ton meilleur sang, elle s'échappera [38] de tes dents grinçantes et de ta lèvre hideuse. Alors, retourne, en arpentant, à ton noir tombeau, va — et livre-toi à tes hideuses frénésies avec les Afres et les Goules, jusqu'à ce qu'ils fuient d'horreur loin du spectre encore plus maudit qu'eux.

. . . .

« Comment nommez-vous ce caloyer que j'aperçois seul là-bas ? J'ai déjà entrevu ses traits dans mon pays natal, il y a nombre d'années : j'errais sur le rivage solitaire de la mer ; je le vis pressant les flancs de son coursier rapide, qui semblait favoriser les vœux de son cavalier. Je n'ai vu qu'une fois ce visage, mais il était alors si empreint d'une douleur intime, que je n'ai pas eu besoin de le voir une seconde fois pour le reconnaître. Aujourd'hui, il respire la même douleur sombre, comme si la mort était imprimée sur son front.

— Il y aura six ans d'écoulés cet été, depuis qu'il est venu parmi nos frères. Il trouve du soulagement, sans doute, à habiter ici pour expier quelque crime sombre* qu'il ne veut pas nommer; mais, jamais à notre prière du soir, jamais devant le tribunal de la confession, il ne fléchit le genou; il se soucie peu de voir s'élever l'encens ou les hymnes vers les cieux; mais il vit seul dans sa cellule; sa foi et sa famille nous sont également inconnues.

» Il est venu des contrées payennes en traversant la mer et en se rendant ici de la côte. Cependant, il ne semble pas appartenir à la race musulmane, car son visage indique un chrétien. Je le croirais quelque renégat égaré, et repentant de son apostasie, s'il ne fuyait pas notre saint temple, s'il ne refusait pas de goûter notre pain et notre vin consacrés. Il a fait de grandes largesses à notre couvent, et il a ainsi captivé la faveur de notre abbé. Mais si j'étais prieur, je ne souffrirais pas un jour de plus la présence parmi nous d'un tel étranger, ou il serait condamné

---

* *Dark deed.*

à habiter pour toujours notre cellule pénitentiaire. Il parle souvent dans ses visions d'une jeune fille précipitée dans la mer, de cliquetis de sabres, d'ennemis mis en fuite, d'outrages vengés, de musulman expirant. On l'a vu, debout sur ce roc escarpé, se livrer à des accès de délire, comme à l'apparition d'une main sanglante, fraîchement séparée de son corps, visible pour lui seul, lui montrant le lieu de sa tombe, et l'invitant à se précipiter dans les vagues. . . . .
. . . .

» Sombre et non terrestre est le regard sourcilleux qui brille sous son noir capuchon. L'éclair de cet œil mobile révèle trop bien des jours qui ne sont plus. La couleur de ses traits, quoique changeante, est insaisissable : souvent son regard fait repentir celui qui l'observe de sa témérité; car il possède cet ascendant irrésistible et sans nom qui parle, mais que l'on ne peut définir ; esprit indompté et fier qui impose par son influence puissante ; et comme l'oiseau agite en frémissant ses ailes, sans pouvoir fuir le serpent qui l'aspire, ceux sur lesquels tombe le regard de cet homme sont comme frappés de consomption, et ne peuvent fuir son prestige magique.

» Le moine intimidé, qui se trouve seul sur son passage, s'empresse de s'éloigner, comme si cet œil et ce sourire amer transmettaient aux autres la crainte et la déception. Cet homme ne descend pas souvent à sourire, et, quand il sourit, il est triste de voir que c'est seulement par moquerie de la misère. Comme cette pâle lèvre se renfle et frémit! Bientôt elle devient plus immobile que jamais, comme si la douleur ou le dédain lui défendaient de sourire de nouveau. Que n'en est-il ainsi! — Un sourire si horrible ne peut jamais être l'expression d'une joie pure; mais il serait encore plus triste de rechercher quels furent autrefois les sentimens qui se manifestèrent sur ces traits : le tems n'en a pas encore fixé les rides, mais il y a confondu ensemble quelque chose de noble et de criminel : ses traits, qui ont encore conservé de la fraîcheur, indiquent une ame que les crimes dans lesquels elle s'est plongée n'ont pas entièrement dégradée. La foule vulgaire ne voit dans cet homme que l'aspect sinistre d'un coupable poursuivi par l'accomplissement de sa réprobation. L'observateur attentif peut reconnaître dans cet étranger une ame noble et une haute naissance : hélas! quoique ces dons précieux que la douleur a rendus méconnaissables, et que le vice a souillés, lui aient été accordés en vain, ce n'est pas un être vulgaire celui qui en a été favorisé; et cependant c'est presque avec effroi que le regard s'arrête sur lui. La chaumière dont le toit est tombé, qui n'offre plus que des ruines, attire à peine l'attention du passant : la tour que la guerre ou la tempête a renversée, tant qu'il lui reste quelques créneaux, demande et obtient un regard de l'étranger. Chaque arche tapissée d'ifs, chaque

colonne solitaire plaident fièrement pour ses gloires passées!. . . . .
. . . .

» Sa robe flottante dont les larges plis l'enveloppent balaie la poussière, tandis qu'il s'avance dans l'enceinte du temple parsemée de colonnes. Il est aperçu avec terreur, lui qui contemple d'un air sombre les cérémonies qui sanctifient l'enceinte sacrée. Mais lorsque l'hymne religieux ébranle le chœur, que les moines s'agenouillent, lui se retire, et on voit son ombre errer sous ce portique qu'éclaire une lampe isolée et vacillante; c'est là qu'il attend la fin des cérémonies — et écoute la prière, sans jamais en murmurer une seule. Regardez : — près de ce mur à moitié éclairé, le voilà qui rejette en arrière son capuchon; ses noirs cheveux tombent en désordre et recouvrent son front pâle, comme si la Gorgone avait arraché de sa tête ses plus noirs serpens, et qu'elle les eût jetés sur le front terrible de cet étranger; car il décline les règles du couvent, et laisse croître cette chevelure impie: mais il porte toujours la robe de notre ordre. Ce n'est point par piété, mais par orgueil, qu'il donne des richesses à un couvent qui n'a jamais entendu de lui ni vœux ni même une parole.

» Mais! — remarquez, tandis que l'harmonie fait retentir des hymnes de louange vers les cieux, remarquez cette joue livide, cette attitude immobile mêlée de défi et de désespoir! Saint François! éloigne cet homme de l'autel! Autrement nous pouvons craindre que la colère divine ne se manifeste par quelques signes terribles. Si jamais un mauvais ange a revêtu la forme d'un mortel, telle a été celle qu'il a choisie. Par toutes mes espérances dans la miséricorde divine, de tels regards n'appartiennent ni à la terre ni au ciel! »

Les cœurs tendres sont facilement portés à l'amour; mais trop timides pour partager ses peines, trop faibles pour attendre ou braver le désespoir, de tels cœurs ne sont jamais à lui tout entiers. Les cœurs plus durs seuls peuvent ressentir des blessures que le tems ne peut jamais cicatriser.

Le métal brut de la mine doit être passé par le feu avant de briller par son poli; plongé dans la fournaise ardente, il se plie et se fond — mais sans changer sa nature. Alors, façonné pour tes besoins, ou au gré de tes désirs, il servira à te défendre ou à donner la mort; cuirasse pour ton heure de danger, ou lame pour percer ton ennemi. Mais s'il porte la forme d'un poignard, que ceux qui aiguisent son tranchant prennent garde! Ainsi le feu des passions et l'art séducteur d'une femme peuvent amollir et façonner le cœur le plus dur; ce sont ces deux choses qui lui donnent sa forme, et ce qu'elles l'ont fait, c'est pour toujours, car il se briserait — plutôt que de se plier de nouveau. . . . . .

Si la solitude succède au malheur, la délivrance de ses peines est une légère consolation; le cœur vide et désert pourrait remercier l'angoisse qui le rendrait moins vide et moins solitaire. Nous nous dégoûtons de ce que personne ne partage avec nous; le bonheur même — deviendrait un malheur s'il fallait le supporter seul.

Le cœur, une fois laissé ainsi désolé, doit recourir enfin, pour éprouver quelque soulagement, — à la haine. C'est comme si les morts pouvaient sentir les vers glacés circuler autour de leurs corps, et ramper comme pour faire un festin sur leur sommeil en putréfaction, sans pouvoir chasser ces froids reptiles rongeant et dévorant leurs cadavres! C'est comme si l'oiseau du désert [39], dont le bec s'ouvre le sein pour nourrir sa jeune famille affamée, sans regretter une vie qu'elle lui transmet, ne la trouvait plus dans son nid abandonné, au moment où il vient de se déchirer le sein maternel.

Les angoisses les plus aiguës que puisse éprouver le malheureux seraient des ravissemens, en comparaison de ce vide redoutable, de ce désert aride du cœur, de ce ravage, de ce débordement de sentimens superflus et sans objet. Qui voudrait être condamné éternellement à contempler un ciel sans nuage ou sans soleil?

Le mugissement de la tempête est beaucoup moins terrible que l'idée de ne plus jamais braver le courroux des vagues — pour le malheureux jeté, au milieu de la lutte des élémens, comme un débris solitaire sur quelque rivage abandonné, au sein d'une baie calme et silencieuse, destiné à mourir dans une lente et solitaire agonie. Il vaut mieux être englouti dans le choc des tempêtes que de se consumer peu à peu sur un rocher !. . . . .

. . . .

» Père ! tes jours ont été passés — paisiblement en comptant les grains de ton chapelet, et en récitant d'éternelles prières ; ils ont été passés à effacer les péchés des autres : toi-même exempt de crime et de soucis, excepté ces maux passagers que tous les hommes doivent souffrir : tel a été ton sort depuis ton berceau jusqu'à ton âge avancé. Tu te félicites d'avoir été préservé de ces passions violentes et sans frein, telles que t'en découvrent tes pénitens, dont les secrets péchés et les peines mortelles demeurent ensevelis dans ton sein pur et indulgent. Mes jours, quoique peu nombreux, ont été consumés dans les plaisirs, mais plus encore dans le malheur. Au moins, dans ces heures d'amour et de détresse, j'ai échappé à l'ennui profond de la vie ; tantôt dans la compagnie d'amis, tantôt environné d'ennemis, je n'avais de dégoût que pour la langueur du repos. Maintenant qu'il ne me reste plus rien que je puisse aimer ou haïr, rien qui relève mon espérance ou mon orgueil, je préférerais être l'insecte qui rampe sur les murs du cachot, que d'être condamné à passer mes jours stupides et monotones dans la méditation et la contemplation. Cependant il germe dans mon sein un désir de repos — mais pour la jouissance duquel je n'ai point de penchant. Bientôt ma destinée accomplira ce désir, et je dormirai sans rêver à ce que je fus et à ce que je voudrais être encore, quelque sombres que te paraissent mes actions.

» Ma mémoire n'est plus maintenant que le tombeau de joies qui ne sont plus ; mon espérance est de partager leur destinée, quoiqu'il eût mieux valu pour moi mourir avec elles que de traîner une vie de languissantes douleurs. Mon ame n'a point refusé de supporter les traits déchirans d'une douleur impérissable ; elle n'a point cherché dans la tombe le refuge volontaire des fous de l'antiquité et des lâches de nos jours : cependant ce n'est pas la mort que j'ai redoutée ; elle m'eût été douce sur le champ de bataille, si le sort m'eût destiné à être l'esclave de la gloire, au lieu d'être celui de l'amour. J'ai bravé le danger — non pour de vains honneurs : je souris des lauriers conquis ou perdus ; que d'autres usent leur vie pour obtenir une haute renommée ou un vil salaire. Mais placez devant mes yeux quelque chose qui me semble un prix digne du danger : la jeune beauté que j'aime, l'ennemi que je hais, et je saurai me précipiter sur les pas du destin, à travers la pointe déchirante des épées, à travers des torrens de flammes pour sauver l'objet chéri, ou pour percer un cœur détesté. Tu ne dois point

regarder ces paroles comme sortant de la bouche vaniteuse d'un homme qui agirait ainsi ; — mais ce sont les paroles de celui qui *a déjà fait* ces actions. L'âme fière et indomptée défie la mort, le faible la supporte, le malheureux doit l'implorer. Alors que la vie retourne à celui qui l'a donnée : je n'ai point chancelé à l'approche du danger quand j'étais puissant et heureux ; — tremblerais-je *aujourd'hui ?* . .
. . . .

» Je l'aimai, ô moine ! oui, je l'adorai ; — mais ce sont des mots dont tout le monde se sert : — je le prouvai plus par mes actions que par mes paroles. Il est sur cette épée une tache de sang qui ne s'effacera jamais. Ce sang fut versé pour elle, qui mourut pour moi ; il échauffait le cœur d'un ennemi abhorré : oui, ne frémis pas — non — ne fléchis pas le genou, ne compte pas une telle action au nombre de mes péchés, car c'était aussi un ennemi de ta croyance ! Le nom seul du Nazaréen irritait l'humeur sombre de ce païen. Sot ingrat ! puisque ses blessures ont été faites par une main galiléenne habile à manier le fer, le plus sûr moyen d'arriver plus promptement dans son ciel turc ; — car pour lui ses houris impatientes attendraient peut-être encore à la porte du prophète. Je l'aimai — l'amour sait pénétrer dans des lieux où les loups mêmes redouteraient d'aller chercher leur proie, et s'il sait assez oser, il serait difficile que la passion ne fût pas couronnée de quelque succès. — Qu'importe comment, où, et pourquoi, je ne cherchai ni ne soupirai en vain : cependant quelquefois, plein de remords, je voudrais qu'elle n'eût pas aimé une seconde fois. Elle mourut — je n'ose te raconter comment; mais regarde — cela est écrit sur mon front! Là se lit le crime et la malédiction de Caïn, en caractères que le tems n'a point effacés. Mais avant de me condamner, écoute : quoique j'eusse été la cause de son supplice, je n'en fus pas l'auteur; et cependant son meurtrier n'a fait que ce que j'aurais fait moi-même, si elle avait été infidèle une fois de plus. Elle l'avait trahi, et il l'a immolée; elle m'était fidèle, et je l'ai vengée : quelque mérité qu'ait été son sort, sa trahison était de la fidélité pour moi; à moi elle donna son cœur, la seule chose que la tyrannie ne puisse soumettre : et moi, hélas! j'arrivai trop tard pour la sauver! Cependant, tout ce que je pus alors lui donner, je le lui ai donné : une tombe à notre ennemi. Sa mort m'est légère; mais le sort de sa victime m'a fait — ce qui te fait horreur dans moi. Son destin était inévitable — il le savait bien, averti qu'il était par la voix du redoutable Tahir, à l'oreille prophétiquement sinistre de qui [40] le bruit funèbre des balles de la mort avait présagé l'approche du meurtrier, à mesure que sa troupe défilait dans le passage où il est tombé!

» Il mourut heureusement dans le tumulte de la bataille, moment où le trépas n'est accompagné ni de souffrances ni d'agonie. Il implora l'aide de son prophète, et adressa ses prières à Allah : il me reconnut, et nous croisâmes le fer dans la mêlée. — Je le contemplai dans sa défaite, étendu sur la terre, et je voulus lui voir rendre son dernier soupir. Quoique percé de coups comme un léopard sous le fer des chasseurs, il ne ressentit pas la moitié des tourmens que j'endure maintenant. — Je cherchai, mais ce fut vainement, de trouver dans ses mouvemens l'expression d'un esprit humilié : chaque trait, chaque mouvement de ce corps abattu et austère trahissaient sa rage, mais non ses remords. Oh! que ma vengeance n'eût-elle pas donné pour saisir quelques traces du désespoir dans ce visage expirant! le dernier repentir de cette heure où la pénitence a perdu son pouvoir d'arracher une terreur de la tombe, celui de donner des consolations, et où elle ne peut plus donner d'espérance de salut.

. . . .

» Les habitans d'un climat froid ont le sang aussi froid que leur climat, leur amour peut à peine conserver ce nom ; mais le mien ressemblait à ce torrent de lave qui bouillonne en s'échappant du cratère enflammé de l'Etna. Je ne connais point les discours langoureux et larmoyans qui célèbrent l'amour des dames et les chaînes de la beauté. Si l'altération de couleur du visage, l'ardeur d'un sang qui bouillonne dans les veines, le mouvement de lèvres qui se tordent, mais qui ne murmurent jamais de lâches plaintes ; si un cœur qui se brise, un cerveau en délire, des actions audacieuses, des pensées de vengeance, et tout ce que j'ai éprouvé et que j'éprouve encore, décèlent l'amour : — cet amour était le mien, et il s'est manifesté par plus d'une révélation amère. Il est vrai que je ne puis ni me lamenter ni pousser des soupirs ; je ne connais que la possession de l'objet aimé ou mourir. Je meurs — mais avant j'ai possédé, et il arrivera ce qu'il pourra, *j'ai été* heureux. Irai-je maudire le destin que j'ai cherché ? Non — privé de tout, mon ame indomptable ne s'attendrit qu'au souvenir de la mort de Leïla : donne-moi le plaisir avec ses angoisses, à ce prix je vivrai pour aimer de nouveau. J'éprouve des regrets, mais ce n'est pas, ô mon saint guide ! pour celui qui va mourir, mais à cause de celle qui n'est plus : elle sommeille sous les vagues errantes. — Ah ! si elle avait une tombe sur la terre, ce cœur brisé et cette tête en délire demanderaient à partager son étroite couche. Elle était une forme pure de vie et de lumière, qui, une fois que je l'eus aperçue, fut une partie inséparable de ma vision ; et de quelque côté que je tournasse mes regards, se levait cette étoile matinale de mon souvenir !

» Oui, l'amour est un rayon céleste descendu du ciel, c'est une étincelle de ce feu immortel partagé avec les anges, et donné par Allah ! pour élever nos pensées et nos désirs corrompus au-dessus de la région de la terre. La piété élève l'ame vers le ciel, mais le ciel lui-même descend dans l'amour ; c'est un sentiment ravi à la divinité, pour effacer de notre ame toute pensée sordide ; c'est un rayon de celui qui a formé l'univers, une auréole de gloire dont l'ame est couronnée !

» J'accorde que *mon* amour ait été imparfait, ainsi que tout ce que les mortels appellent faussement de ce nom ; alors il peut te paraître un mal, tout ce que tu voudras ; mais dis, oh ! dis que le *sien* n'était pas coupable ! Elle était la lumière fidèle de ma vie ; et cette lumière éteinte, quel rayon pourrait désormais rompre l'obscurité de mes nuits ? Oh ! que ne brille-t-elle encore pour me conduire, quand même ce serait à la mort, aux malheurs les plus redoutables ! Pourquoi s'étonner si ceux qui ont perdu les joies présentes, les espérances futures, ne résistent plus que faiblement aux atteintes de la douleur, et accusent alors, dans leur frénésie, leur cruelle destinée ; pourquoi s'étonner si, dans leur égarement, ils commettent des actions terribles qui ne semblent ajouter que le crime au malheur ? Hélas ! le cœur qui saigne intérieurement n'a rien à redouter des blessures du dehors ; celui qui tombe du faîte du bonheur s'inquiète peu dans quel abîme il roule. Sans doute, ô vieillard, mes actions t'apparaissent maintenant aussi féroces que celles du sombre vautour. Je lis sur ton front l'horreur qu'elles t'inspirent, et ce sentiment, il a trop été dans mon destin de l'inspirer. Il est vrai que, comme cet oiseau de proie, j'ai laissé sur la trace de mes pas le ravage et la désolation ; mais j'ai appris de la colombe à mourir, — et à ne pas connaître de second amour. C'est une leçon que l'homme doit recueillir de la part d'êtres qu'il ose mépriser. L'oiseau qui chante dans la bruyère, le cygne qui vogue sur le lac, n'ont qu'une compagne, une seule compagne. Que l'insensé vante son inconstance et se raille de ceux qui ne peuvent changer ; qu'il partage ses railleries avec une jeunesse vaine et présomptueuse, je ne lui envie point ses nombreuses joies, mais j'estime moins cet homme lâche et sans foi, que le cygne fidèle sur son lac solitaire. Combien, combien il est au-dessous de la pauvre jeune fille qu'il a abandonnée fidèle, et qu'il a trahie ! Une telle honte, au moins, ne fut jamais la mienne. — Leïla ! chacune de mes pensées était à toi ! mes vertus, mes défauts, mes plaisirs, mes souffrances, mon espoir dans l'avenir, — toutes mes espérances ici-bas ; — tout cela c'était toi ! La terre ne renferme rien qui te soit semblable ; ou du moins ce n'est pas pour moi. Pour tous les mondes je n'oserais regarder la dame qui te ressemblerait, quoiqu'elle ne réunît pas tous tes charmes. Les seuls crimes qui aient souillé ma jeunesse, ce lit de mort — atteste ma fidélité. O Leïla ! — tu fus, tu es encore le délire chéri de mon cœur !

» Elle a cessé d'être, — et cependant je respire encore ; mais ce n'est point le même air des autres hommes que je respire. Un serpent enveloppait mon cœur de ses froides étreintes, et empoisonnait de son dard toutes mes pensées. Comme tous les jours j'abhorrais tous les lieux, et, dans mes frémissemens, j'aurais voulu fuir toute la nature. Partout où je trouvais autrefois du charme, j'y portais la teinte sombre de mes pensées. Le reste, tu le connais déjà, ainsi que tous mes crimes et la moitié de mes douleurs : mais ne parle plus de pénitence; tu sais que je vais bientôt partir de ces lieux; et quand même tes contes pieux * seraient vrais, pourrais-tu défaire ce qui est accompli! Ne me crois pas ingrat; — mais ces griefs n'attendent du prêtre aucun soulagement [41]. Devine en secret l'état de mon ame; mais si tu veux avoir plus de compassion, parle moins. Quand tu pourras rendre la vie à ma Leïla, je viendrai te prier de me pardonner. Tu pourras alors plaider ma cause dans ce haut lieu, où des messes achetées ** obtiennent des grâces. Va calmer dans son antre la lionne solitaire, à qui la main du chasseur des forêts a ravi ses lionceaux frémissans; mais n'adoucis pas — ne raille pas *ma* misère !

» Dans les jours de ma jeunesse, dans des heures moins agitées, lorsque le cœur aime à se confier dans un cœur, aux lieux où fleurissent les bosquets de ma vallée native, j'eus, — hélas! que ne l'ai-je encore maintenant! — un ami! Je te charge de lui faire parvenir ce gage, comme un souvenir d'un vœu de jeunesse; je voudrais l'avertir de ma mort pro-

---

* *Thy holy tale.*

** *Purchased masses.*

chaine. Quoique les ames absorbées comme la mienne accordent peu de pensées à l'amitié absente, mon nom obscurci lui sera encore cher. Cela est étrange ; — il a prédit mon sort, moi j'en ai souri ; — car alors je pouvais sourire, — quand la prudence me parlait par sa voix, et m'avertissait — de ce qui m'arrive, et dont alors je me souciais fort peu. Mais aujourd'hui ma mémoire me rappelle des paroles qu'à peine j'avais remarquées jusqu'à ce jour. Dis-lui — que ses prédictions s'accomplissent, et il frémira d'entendre cette vérité, et il désirera que ses paroles eussent été plus sévères. Dis-lui que, dans l'état de trouble et d'agitations où je me suis trouvé, je me suis rappelé, à travers des souvenirs et des scènes amères, les joies de notre jeunesse dorée, et que, dans l'agonie, ma langue embarrassée eût essayé de bénir sa mémoire avant de mourir ; mais la divinité dans sa colère eût détourné sa face, si le criminel avait osé prier pour l'innocent.

» Je ne lui demande point de m'épargner le blâme, il est trop généreux pour maudire mon nom, et d'ailleurs qu'ai-je à faire avec la renommée? Je ne lui demande pas de s'abstenir de me donner des regrets ; cette froide demande ressemblerait trop au dédain. Et qui pourrait mieux honorer la tombe d'un frère que les larmes viriles de l'amitié? Porte-lui cette bague, elle fût à lui autrefois, et dis-lui — tout ce que tu vois! des traits flétris, un esprit ravagé, un débris de la violence des passions, une écorce desséchée, une feuille dispersée et jaunie par le souffle dévorant du malheur!. . . . .

. . . .
. . . .

» Ne me parle plus de vision fantastique; non, père, non, ce n'était point un rêve. Hélas! le rêveur doit pouvoir d'abord dormir. J'étais éveillé, et j'aurais désiré pleurer, mais je ne le pouvais pas; car mon front brûlant battait à chaque pulsation comme à présent; je ne désirais que de pouvoir verser une larme, comme si c'eût été pour moi quelque chose d'heureux, de nouveau et de cher. Je la désirais alors et je la désire encore. — Le désespoir est plus sévère que ma volonté. Ne perds pas inutilement les oraisons, le désespoir est plus puissant que tes prières religieuses. Quand même je pourrais le devenir, je ne voudrais pas être heureux. Je n'ai pas besoin de paradis, mais de repos. C'était alors, je te le dis, père! alors que je l'ai vue; oui, elle avait repris une nouvelle vie; elle brillait enveloppée de son blanc symar [42], comme à travers ce pâle et gris nuage brille l'étoile que je contemple maintenant, semblable à Leïla, qui me paraît encore plus belle. Je ne vois plus qu'obscurément sa lumière scintillante; la nuit de demain sera plus noire encore; et moi, je paraîtrai devant ses rayons, cadavre sans vie, l'effroi des vivans. Je m'égare, père! car mon ame s'approche du terme final.

» Je l'ai vue, ô moine! et je m'élance près d'elle,

oublieux de nos premiers malheurs. Me précipitant de ma couche, je la saisis, et la presse sur mon cœur désespéré. Je l'embrasse, — qu'est-ce donc ce que j'embrasse? Aucune forme vivante n'est dans mes bras; nul cœur ne répond au mien par ses battemens, et, cependant, Leïla! cependant cette forme est la tienne! O amante la plus adorée! es-tu donc, changée à tel point que tu paraisses à mes yeux, et que tu te moques de mes sens? Ah! si tes charmes ne sont que glacés, que m'importe, pourvu que je puisse serrer dans mes bras tout ce que j'ai jamais désiré d'y retenir? Hélas! ils n'embrassent qu'une ombre, ils retombent en frémissant sur mon cœur solitaire; cependant, elle est encore là, debout en silence, qui me fait signe de ses mains suppliantes, avec ses cheveux tressés, et son œil brillant et noir! — Je reconnais mon erreur, — elle ne pouvait mourir! Mais *lui*, n'est-il pas mort? Je l'ai vu enseveli dans la vallée où il tomba; il ne vient pas, car il ne peut soulever la terre qui le couvre : alors pourquoi t'es-tu réveillée toi-même? Ils m'ont dit que les vagues sauvages avaient roulé sur le visage que je vois maintenant, sur les charmes que j'aime; ils m'ont dit, — c'était une histoire hideuse! je la redirais bien, mais ma langue se refuserait à la raconter. Si elle est véritable, et si tu es venue des gouffres de l'Océan pour réclamer une tombe plus calme, oh! passe tes doigts de rosée sur ce front qui cessera de brûler sous ton empreinte; pose-les sur mon cœur sans espoir : mais forme ou bien ombre vaine ! quoi que tu sois, par pitié, ne m'abandonne plus ! du moins, emporte avec toi mon ame dans un lieu où les vents ne puissent plus mugir, et les vagues rouler !. .

. . . .
. . . .

— » Tel est mon nom, et telle est mon histoire. Confesseur ! à ton oreille secrète j'ai confié mes angoisses et les erreurs que je déplore. Je te remercie de la généreuse larme que mon œil glacé n'aurait jamais versée. Fais-moi déposer parmi les morts les plus obscurs, et, excepté la croix placée sur ma tête, qu'aucun nom ne soit lu sur ma tombe par la piété de l'étranger ; qu'aucun emblème n'arrête les pas du pélerin. »

. . . .

Il expira. — Rien de son nom ni de sa famille n'a été connu, excepté ce que le père qui l'avait assisté à ses derniers momens ne doit pas raconter. Cette histoire, rompue par fragmens, est tout ce que nous savons sur celle qu'il aima, et sur celui qu'il fit tomber dans la vallée [43].

FIN DU GIAOUR.

NOTES
DU GIAOUR.

NOTE 1, PAGE 7.

Le tombeau qui subsiste sur les rochers du promontoire est regardé par quelques écrivains comme le tombeau de Thémistocle.

NOTE 2, PAGE 7.

La passion du rossignol pour la rose est une fable persanne bien connue. Si je ne me trompe, le *Bulbul des mille contes d'amour* est une de ses dénominations orientales.

NOTE 3, PAGE 8.

La guitare est l'instrument favori du nautonnier grec, surtout la nuit; pendant une belle brise et durant le calme, il l'accompagne toujours de la voix et souvent de la danse.

NOTE 4, PAGE 9.

« *Ay, but to die and go we know not where,*
To lie in obstruction's cold apathy. »

(Shakspeare's *Measure for measure*, act III.)

NOTE 5, PAGE 9.

Je pense que peu de mes lecteurs ont jamais eu l'occasion d'éprouver ce que je cherche à décrire ici; mais ceux qui l'ont éprouvé conserveront sans doute un triste souvenir de cette singulière beauté qui reste empreinte, à peu d'exceptions près, sur les traits d'un mort, peu d'heures *après que l'ame a eu quitté ce corps*. Il est à remarquer que, dans les cas de mort violente, telle que par une blessure d'arme à feu, l'expression est toujours celle de la langueur, quelle que soit l'énergie naturelle de la personne qui a reçu le coup mortel; mais, dans la mort causée par un coup de poignard, la physionomie conserve son expression féroce, et dévoile tous les mouvemens de l'ame.

NOTE 6, PAGE 12.

Athènes est la propriété du *kislar-aga* (l'esclave du sérail et le gardien des femmes), qui nomme le waiwode. Un pendard et un eunuque, — ce ne sont pas des termes polis, mais ce sont des termes exacts, — *gouverne* maintenant le *gouverneur* d'Athènes !

NOTE 7, PAGE 13.

Giaour, infidèle, dans l'esprit d'un Musulman.

NOTE 8, PAGE 14.

Tophaik, mousquet. — Le Baïram est annoncé par le canon au coucher du soleil; l'illumination des mosquées et les détonations d'armes à feu de toute espèce proclament la fête durant la nuit.

NOTE 9, PAGE 15.

Djerrid, javeline turque à pointe émoussée, qui est lancée par les cavaliers avec une grande force et grande précision. C'est un exercice favori des Musulmans; mais je ne sais pas si on peut l'appeler un exercice *viril*, puisque les plus habiles dans cet art sont les eunuques noirs de Constantinople.

NOTE 10, PAGE 16.

Le vent du désert, fatal à tout être vivant, et auquel il est souvent fait allusion dans la poésie orientale.

NOTE 11, PAGE 18.

Partager la nourriture, rompre le pain et le sel avec son hôte, fait la sûreté de celui qui reçoit l'hospitalité. Quand même il serait un ennemi, de ce moment sa personne est sacrée.

NOTE 12, PAGE 18.

Je n'ai pas besoin d'observer que la charité et l'hospitalité sont les premiers devoirs imposés par Mahomet; et, pour dire la vérité, ils sont généralement pratiqués par ses disciples. Le premier éloge que l'on doit accorder à un chef, dans un panégyrique, est celui de sa libéralité, et ensuite de sa valeur.

NOTE 13, PAGE 19.

L'*ataghan*, longue dague portée avec les pistolets à la ceinture, dans un fourreau de métal, ordinairement d'argent; et, chez les personnes riches, cet ataghan est doré ou même d'or.

NOTE 14, PAGE 19.

Le vert est la couleur privilégiée des nombreux descendans prétendus du Prophète. Parmi eux, comme chez nous, la foi (héritage de famille) est supposée bien supérieure à la nécessité des bonnes œuvres: aussi ces familles sont-elles les plus méprisables d'une race indifférente.

NOTE 15, PAGE 19.

Salem aleïkoum! aleïkoum salem! la paix soit avec vous! avec vous soit la paix! — C'est le salut réservé pour les croyans. — A un chrétien, on dit: *Urlarula*, bon voyage! ou: *Saban hiresem, saban serula*, bon jour, bon soir; et quelquefois: *Soyez heureux*, sont les saluts habituels.

NOTE 16, PAGE 20.

Le papillon azuré de Cachemire, le plus rare et le plus beau de tous les papillons.

NOTE 17, PAGE 22.

Allusion au suicide douteux du scorpion, ainsi donné comme modèle par d'aimables philosophes. Quelques-uns soutiennent que la direction du dard, lorsqu'il est tourné contre la tête, est purement un mouvement convulsif; mais d'autres portent contre lui le verdict de *felo de se*. Les scorpions sont sûrement intéressés à une prompte décision de la question; comme, si une fois il est établi que ce sont des *insectes-Catons*, on leur permettra sans doute de vivre aussi long-tems qu'ils le jugeront convenable, sans périr martyrs pour une hypothèse.

NOTE 18, PAGE 22.

Le canon, au coucher du soleil, ferme le Ramazan. Voyez la note 8.

NOTE 19, PAGE 23.

Phingari, la lune.

NOTE 20, PAGE 23.

Le fameux et célèbre rubis du sultan *Giamschid*, auquel *Istakar* doit ses embellissemens, et nommé, à cause de sa splendeur, *Schebgerag*, le *flambeau de la nuit*, ainsi que *la coupe du soleil*, etc. Dans les premières éditions de ce poème, *Giamschid* était donné comme un mot de trois syllabes, d'après l'orthographe de d'Herbelot; mais je suis informé que Richardson le réduit à un mot dissyllabique, et l'écrit *Jamschid*. J'ai laissé dans le texte l'orthographe de l'un avec la prononciation de l'autre*.

* Ce sultan était le quatrième souverain de la dynastie des Pichda-

NOTE 21, PAGE 23.

Al-Sirat, pont d'une largeur moindre que celle du fil d'une araignée affamée, sur lequel les Musulmans doivent glisser (*skate*) pour aller en Paradis dont il est la seule entrée. Mais ce n'est pas le pire; la rivière qui coule au-dessous est l'Enfer lui-même, dans lequel, comme on doit s'y attendre, l'inhabileté et la sensibilité du pied font tomber avec un *facilis descensus Averni*: ce qui n'offre pas une perspective très-agréable aux passagers qui suivent. Il y en a encore un plus étroit au-dessous pour les juifs et les chrétiens.

NOTE 22, PAGE 24.

Erreur vulgaire. Le Koran alloue au moins le tiers du Paradis aux femmes de bonne conduite; mais le très-grand nombre des Mahométans interprètent le texte à leur manière, et excluent leurs moitiés du Paradis. Ennemis des platoniciens, ils ne peuvent discerner *aucune propriété de choses* dans les ames des personnes de l'autre sexe, pensant qu'ils en seront dédommagés par les houris.

NOTE 23, PAGE 24.

Comparaison orientale, qui paraîtra peut-être, quoique véritablement empruntée, *plus arabe qu'en Arabie* *.

NOTE 24, PAGE 24.

Hyacinthe, en arabe *sunbul*: pensée aussi commune chez les poètes orientaux qu'elle l'était parmi les Grecs.

---

diens, et frère ou neveu de Tahamurah. Son vrai nom était composé des mots *Giam* ou *Gem* et *Shid*; ce dernier mot, dans l'ancien langage persan, signifie *soleil*.

(D'HERBELOT.)

* Ces mots sont en français dans le texte.

NOTE 25, PAGE 24.

Franguestan, Circassie.

NOTE 26, PAGE 26.

Bismillah! au nom de Dieu! C'est le début de tous les chapitres du Koran, excepté un, ainsi que des prières et des actions de grâces.

NOTE 27, PAGE 27.

Phénomène qui n'est pas rare chez un Musulman en colère. En 1809, les moustaches du capitan-pacha, dans une audience diplomatique, ne causèrent pas moins d'effroi à tous les drogmans que celles d'un tigre. Ces moustaches terribles se tordirent: elles se dressèrent de leur propre mouvement; et on s'attendait à tout moment à les voir changer de couleur, mais à la fin elles consentirent à se rabattre : ce qui sauva probablement plus de têtes qu'elles ne contenaient de poils.

NOTE 28, PAGE 27.

Amaun, quartier, pardon.

NOTE 29, PAGE 28.

Le *mauvais œil*, superstition commune dans le Levant, et dont les effets imaginaires sont cependant vraiment singuliers pour ceux qui se croient en être affectés.

NOTE 30, PAGE 29.

Palampore, schall à fleurs porté généralement par les personnes de distinction.

NOTE 31, PAGE 31.

Le *calpac*; c'est la calotte solide ou la partie centrale de la coiffure : le schall est tourné autour et forme le turban.

NOTE 32, PAGE 31.

Le turban, une petite colonne et un verset du Koran ornent les tombeaux des Osmanlis, soit dans le cimetière ou dans les champs. En parcourant les montagnes, vous rencontrez fréquemment de semblables monumens ; et, sur votre demande, on vous dit qu'ils rappellent quelque victime de la rebellion, du brigandage ou de la vengeance.

NOTE 33, PAGE 32.

Allah hu! Ce sont les mots qui terminent l'appel à la prière que fait le muézzin, de la plus haute galerie extérieure du minaret. Dans un soir calme, lorsque le muezzin a une belle voix, ce qui arrive souvent, l'effet de cette voix est solennel, et bien plus beau que celui de toutes les cloches de la chrétienté.

NOTE 34, PAGE 32.

Ce qui suit fait partie d'un chant de guerre des Turcs : —

Je vois, — je vois une jeune fille du Paradis, aux yeux noirs; elle agite un mouchoir, un voile d'azur, et me crie de toutes ses forces : « Viens, embrasse-moi ; car je t'aime, etc. »

NOTE 35, PAGE 32.

Monkir et Nékir sont les inquisiteurs des morts. Le défunt subit devant eux un court noviciat et un échantillon préparatoire de la damnation. Si les réponses ne sont pas les plus claires, il est tiré en haut par une faux, et repoussé en bas avec un marteau rougi au feu, jusqu'à ce qu'il soit bien préparé par ces épreuves et par quantité d'autres subsidiaires. Les fonctions de ces anges ne sont pas une sinécure, car ils ne sont que deux ; et le nombre des orthodoxes décédés étant en petite proportion avec ceux qui ne le sont pas, leurs mains sont toujours occupées.

(Voyez d'Herbelot, *Bibl. Orient.*)

NOTE 36, PAGE 32.

Eblis, prince oriental des ténèbres.

(*Note de Lord Byron.*)

C'est le Διάβολος des Grecs corrompu en *Eblis* par les Arabes. (Voyez d'Herbelot, *Bibl. Orient.*)

(*N. du Tr.*)

NOTE 37, PAGE 32.

La croyance superstitieuse aux vampires est encore générale dans le Levant. L'honnête Tournefort nous a conté une longue histoire que M. Southey cite dans ses notes sur *Thalaba*, sous le nom de *Vroucolochas*, comme il les appelle. Le terme romaïque est *Vardoulacha*. Je me rappelle une famille entière effrayée du cri d'un enfant qu'elle croyait causé par une semblable visite. Les Grecs ne mentionnent jamais ce mot sans horreur. J'ai trouvé que *Broucolokas* est un vieux et légitime mot hellénique, — au moins est-il ainsi appliqué à *Arsénius*, qui, selon les Grecs, fut animé par le démon après sa mort. Les modernes, cependant, se servent du mot mentionné plus haut.

NOTE 38, PAGE 33.

La fraîcheur du visage et des lèvres humides de sang sont les signes infaillibles pour reconnaître un vampire. Les histoires racontées en Hongrie et en Grèce sur ces mangeurs horribles sont singulières, et quelques-unes sont attestées de la manière la plus *incroyable*.

NOTE 39, PAGE 39.

Le pélican est, je crois, l'oiseau ainsi calomnié par l'imputation de nourrir ses petits de son sang.

NOTE 40, PAGE 43.

Cette superstition de *seconde ouïe* (car je n'ai jamais rencontré une véritable *seconde vue* dans l'Orient) fut une fois l'objet de mon observation. Dans mon troisième voyage au cap Colonna, au commencement de 1811, comme nous traversions le défilé qui commence au hameau entre Kératié et Colonna, je remarquai que Dervish Tahiri pressait son cheval pour sortir de ce passage, et penchait sa tête sur sa main comme un homme inquiet. Je le joignis au galop et le questionnai. « *Nous sommes en péril*, me répondit-il. — *Quel péril?* Nous ne sommes pas maintenant en Albanie, ni dans les défilés d'Éphèse, de Missolonghi ou de Lépante ; nous sommes en nombre, bien armés, et les Choriates n'ont pas le courage d'être voleurs. — C'est vrai, Effendi; mais néanmoins le coup de feu résonne à mes oreilles. — Le coup de feu! on n'a pas tiré un seul coup de tophaïque ce matin. — Je l'entends cependant — bom — bom! — aussi distinctement que j'entends votre voix. — *Bah!* — Comme il vous plaira, Effendi ; si cela est écrit, cela arrivera. » — Je laissai ce prophète aux habiles oreilles, et galopai vers Basile, son compatriote chrétien, dont les oreilles, quoique pas du tout prophétiques, n'en annonçaient pas moins d'intelligence. Arrivés tous à Colonna, nous y restâmes quelques heures, et nous revînmes à loisir, débitant une foule de mots spirituels, en plus de dialectes que n'en entendit la Tour de Babel, sur le devin qui s'était trompé : Romaïque, Arnaute, Turc, Italien et Anglais s'exercèrent tous à des railleries variées sur le pauvre Musulman. Pendant que nous contemplions la délicieuse perspective, Dervish était occupé à examiner les colonnes. Je pensai qu'il s'était métamorphosé en antiquaire, et je lui demandai s'il était devenu un *Palaocastro*. « Non, dit-il, mais ces piliers seront utiles pour soutenir une attaque ; » et il ajouta d'autres remarques qui prouvaient au moins sa conviction dans sa malencontreuse faculté de *préentendre*. A notre retour à Athènes, nous apprîmes de Leoné (prisonnier débarqué quelques jours après) le projet d'attaque des Maïnotes, mentionné avec les causes de sa non-exécution dans les notes du second chant de *Childe-Harold*. Je me donnai la peine de questionner cet homme, et il décrivit les vêtemens, les armes, les chevaux de notre troupe d'une manière si exacte, que ce détail, joint à d'autres circonstances, ne nous permit pas de douter qu'il n'eût été de la *bande vilaine*, et nous-mêmes près de fort mauvais voisins. Dervish devint un prophète pour toute sa vie; et j'ose dire qu'il entend maintenant plus de mousqueterie qu'il n'en sera jamais tiré, à la grande satisfaction des Arnautes de Bérat et des montagnards ses compatriotes.

— Je rapporterai encore un trait de cette race singulière. En mars 1811, un Arnaute, remarquable par sa vigueur et son activité (il était, je crois, le cinquième dans la même disposition), vint s'offrir à moi pour domestique. L'ayant refusé: « Bien, Effendi, me dit-il, puissiez-vous vivre! — vous m'auriez trouvé utile. Demain je quitterai la ville pour les montagnes; je reviendrai en hiver, peut-être alors me recevrez-vous. » Dervish, qui était présent, remarqua, comme une chose naturelle et sans conséquence, que, *dans cet intervalle, il allait joindre les klephtes* (voleurs), ce qui était vrai à la lettre. — S'ils ne sont pas tués, ils reviennent l'hiver, et le passent, sans être inquiétés, dans une ville où ils sont souvent aussi bien connus que leurs exploits.

NOTE 41, PAGE 48.

Le sermon du moine est omis. Il semble qu'il ait eu aussi peu d'effet sur le patient, qu'il en aurait probablement sur le lecteur. Il suffira de dire qu'il était de la longueur habituelle (comme on peut s'en apercevoir par les interruptions et l'ennui du patient), et qu'il fut débité avec le ton nasillard de tous les prédicateurs orthodoxes.

NOTE 42, PAGE 50.

Symar, drap mortuaire.

NOTE 43, PAGE 52.

La circonstance à laquelle se rapporte l'histoire ci-dessus n'est pas rare en Turquie. Il y a quelques années, la femme de Muchtar Pacha se plaignit au père de celui-ci* de l'infidélité supposée de son fils; il lui demanda, et elle eut la barbarie de lui donner une liste des douze plus belles femmes de Janina. Elles furent saisies, enfermées dans des sacs, et jetées dans le lac la même nuit! Un des gardes qui étaient présens m'apprit qu'aucune des victimes ne poussa un cri, ou ne montra quelque symptôme de terreur en étant si soudainement arrachée à *tout ce qu'on aimait, à tout ce que l'on aime*. Le sort de Phrosine, la plus belle de ces victimes, est le sujet d'un grand nombre de chants romaïques et arnautes.

L'histoire racontée dans le poème est arrivée, dit-on, à un jeune Vénitien, il y a plusieurs années, et maintenant elle est presque oubliée. Je l'ai, par hasard, entendu raconter par un des diseurs d'histoires, si communs dans les cafés du Levant, qui chantent ou déclament leurs récits. Les additions et interpolations du traducteur seront aisément distinguées du reste, par le manque d'images orientales; et je regrette que ma mémoire ait retenu si peu de fragmens de l'original.

Pour ce qui concerne quelques-unes des notes, j'en suis redevable en partie à d'Herbelot, et en partie à ce très-oriental, et comme l'appelait si justement M. Wéber, au *sublime conte du calife Wathek* **.

* Le fameux Aly, pacha de Janina.
** Ce livre est de lord Beckford. Il a paru d'abord en français, puis en anglais, et a eu plusieurs réimpressions en français.

(*N. du Tr.*)

Je ne sais pas à quelle source l'auteur de ce singulier volume a puisé ses matériaux. Quelques-uns de ses épisodes peuvent se rencontrer dans la *Bibliothèque Orientale;* mais par l'exactitude des mœurs, par la beauté de ses descriptions et la puissance de l'imagination, il surpasse de beaucoup toutes les imitations européennes ; et il porte tant de marques d'originalité, que ceux qui ont visité l'Orient croiront difficilement que ce n'est pas une traduction. Comme nouvelle orientale, *Rasselas* même doit s'incliner devant lui : son *heureuse vallée* ne supporterait pas la comparaison avec le *palais d'Eblis.*

FIN DES NOTES DU GIAOUR.

LA
FIANCÉE D'ABYDOS.
HISTOIRE TURQUE.

Had we never loved so kindly,
Had we never loved so blindly,
Never met or never parted,
We had ne'er been broken-hearted.

(Burns.)

Si nous n'avions jamais aimé si tendrement,
Si nous n'avions jamais aimé si aveuglément,
Si nous ne nous étions jamais rencontrés, jamais séparés,
Nous n'aurions jamais eu nos cœurs brisés

AU TRÈS-HONORABLE

LORD HOLLAND

CETTE HISTOIRE EST DÉDIÉE,

AVEC UN PROFOND SENTIMENT D'ESTIME ET DE RESPECT,

PAR SON RECONNAISSANT, OBLIGÉ

ET SINCÈRE AMI,

BYRON.

Chant Premier[*].

1. Connaissez-vous la contrée où le cyprès et le myrte sont les emblêmes des actions de ceux qui l'habitent? où la rage du vautour, l'amour de la tourterelle, tantôt se changent en soupirs, tantôt s'égarent dans le crime? Connaissez-vous la contrée du cèdre et de la vigne où les fleurs sont toujours fleuries; où le ciel est toujours brillant et pur; où les ailes légères du zéphir, chargées de parfums, s'arrêtent fatiguées sur les jardins de la rose dans toute sa fraîcheur [1]; où le citron et l'olive sont les plus beaux des fruits; où la voix du rossignol n'est jamais muette; où les teintes de la terre et les couleurs du ciel, variées entre elles, rivalisent de beauté; où la pourpre de l'océan est si profondément nuancée; où

[*] Notre fidélité à suivre le système que nous avons adopté de traduire le plus littéralement possible, nous fait rencontrer plus souvent, pour l'expression, dans ce poême, avec M. A. P. que partout ailleurs, parce que lui-même, d'après son aveu, a fait la traduction récente de cet ouvrage en suivant un système différent de celui qu'il avait toujours suivi. S'il eût appliqué ce système à toutes les œuvres de Byron, il n'aurait pas eu de successeur.

(N. du Tr.)

les vierges sont aussi douces que les roses dont elles tressent des guirlandes ; et où, excepté le caractère de l'homme, tout est divin ?

C'est le climat de l'Orient ; c'est la contrée du soleil. — Peut-il sourire avec amour à des actions comme celles de ses enfans [2]? Oh! sombres comme les accens de l'adieu des amans sont les cœurs qu'ils portent, et les histoires qu'ils racontent.

2. Entouré d'esclaves nombreux et vaillans, armés comme il convient aux braves et attendant chacun l'ordre de leur maître pour guider ses pas ou garder son sommeil, le vieux Giaffir était assis dans son divan : une profonde pensée se faisait remarquer dans son œil chargé d'années, et quoique le visage d'un musulman ne trahisse pas souvent à ceux qui l'observent l'intérieur de son ame, très-habile qu'il est à cacher tous ses sentimens, excepté son indomptable orgueil, son front pensif et son air absorbé décelaient plus que de coutume les pensées qui l'agitaient.

3. « Que la salle soit évacuée. » — La troupe a disparu. — « Maintenant appelez-moi le chef de la garde du harem. » Il n'y a plus avec Giaffir que son fils unique, et l'esclave de la Nubie qui attend les ordres de son maître. « Haroun, — quand toute cette foule qui attend aura dépassé la porte extérieure (malheur à la tête de celui dont l'œil regarderait le visage non voilé de mon enfant Zuleïka!) va, amène-moi ma fille de sa tour ; sa destinée est fixée dès cette heure.

Cependant ne lui répète pas mes paroles; elle doit être instruite par moi seul de ses devoirs! »

« Pacha! entendre, pour moi, c'est obéir. » L'esclave n'en doit pas dire davantage à un despote. — Déjà il a pris le chemin de la tour, mais ici le jeune Sélim rompt le silence; il s'incline d'abord par une humble et respectueuse révérence, baisse modestement les yeux, et parle avec grâce, en se tenant toujours aux pieds du pacha : car le fils d'un musulman mourrait plutôt avant d'oser s'asseoir devant son père!

« Père! dans la crainte que tu ne grondes ma sœur, ou son noir gardien, sache — que la faute, si une faute a été commise, vient de moi seul; alors, que tes reproches ne tombent que sur moi. — La matinée était si belle que — le vieillard et l'homme fatigué pouvaient dormir, — moi je ne le pouvais pas; et pour voir seul, pour contempler seul les plus belles scènes de la nature dans la campagne et sur la mer, sans avoir personne pour sympathiser avec des pensées qui faisaient battre vivement mon cœur, c'eût été une peine, une privation cruelle; — car quelle que soit mon humeur, en vérité, je n'aime point la solitude. J'ai été réveiller Zuleïka, et, comme tu sais que la lourde clef de la porte du harem se tourne promptement pour moi, nous étions déjà dans les bosquets de cyprès avant que les gardiens esclaves se soient éveillés, et nous jouissions avec délices de la terre, de la mer et du ciel qui semblaient nous appartenir! Là, nous sommes restés trop long-tems peut-être, séduits par l'histoire de Medjnoun et les chants de Sâdi ³; jusqu'à ce que, ayant entendu le son retentissant du tambour ⁴ annonçant l'heure prochaine de ton divan; fidèle à toi et à mon devoir, et averti par cet appel, je suis revenu à la hâte pour te présenter mes respectueuses salutations. Mais Zuleïka se promène encore. — Oh! père, ne te courrouce point; — n'oublie point que personne ne peut pénétrer dans ce secret bosquet, excepté ceux qui gardent la tour des femmes. »

4. « Fils d'un esclave, — lui dit le pacha, — élevé par une mère infidèle, vaine était l'espérance d'un père de voir quelque chose dans toi qui fût d'un homme. Quand ton bras devrait courber l'arc, lancer le javelot et dompter un coursier, toi, Grec d'ame, sinon de croyance, tu vas t'amollir à écouter le murmure des eaux, à voir les roses épanouir. Que ce globe, dont les clartés matinales excitent tant l'admiration de tes yeux languissans, ne te communique-t-il quelque chose de son feu ardent! Toi! tu supporterais de voir ces créneaux abattus, pièce par pièce, par les chrétiens; oui, tu verrais lâchement les vieux murs de Stamboul tomber devant les dogues de Moscou, et tu ne frapperais pas un seul coup pour la vie ou la mort contre les chiens de Nazareth! Va — que ta main, plus faible que celle d'une femme, prenne le fuseau, — non le fer. Mais, Haroun! — cours vers ma fille : écoute, — tu m'en-

réponds sur ta tête. — Si Zuleïka s'échappe ainsi souvent, — tu vois cet arc, — il a une corde ! »

5. On n'entendit aucun accent s'échapper de la bouche de Sélim ; aucun du moins n'alla frapper l'oreille du vieux Giaffir, mais chaque froncement de sourcils, chaque parole du vieillard lui perçaient plus le cœur que l'épée d'un chrétien.

« Fils d'un esclave ! — accusé de lâcheté ! » Ces insultes eussent coûté cher à un autre. « Fils d'un esclave ! et *qui* donc est mon père ! » Ainsi Sélim donnait carrière à ses noires pensées ; et dans l'éclat de ses regards brillait plus que de la colère ; cet éclat disparaît. Le vieux Giaffir a frémi en considérant son fils ; car il a lu dans ses yeux tout ce qu'ont fait naître ses dures paroles ; il y vit commencer la rebellion : « Viens ici, enfant. — Quoi ! pas de réponse ? Je te comprends et j'apprends à te connaître. Mais il est des actions que tu n'oserais pas entreprendre : mais si ta barbe avait une longueur plus virile, et si ta main avait plus d'adresse et de force, je me plairais à te voir rompre une lance, quand même ce serait contre la mienne. »

Comme il avait laissé tomber ces paroles avec ironie, il fixa fièrement son regard sur celui de Sélim qui lui rendit défi pour défi, et soutint avec tant d'orgueil le regard de son père qu'il le força à le baisser. — Celui-ci n'osa pas s'avouer la cause et la nature de son émotion.

« Je dois me méfier, disait-il en lui-même, que

cet enfant indocile et mutin ne me cause un jour de plus sérieuses craintes ; je ne l'ai jamais aimé depuis sa naissance, et — mais son bras est peu à redouter ; à peine, à la chasse, oserait-il lutter avec le faon timide ou l'antilope, encore moins voudrait-il se hasarder dans ces combats où l'homme lutte pour la gloire et la vie. — Je ne voudrais pas me fier à ce regard, à cet accent : non ; — ni même à ce sang si près du mien. Ce sang, — il n'a pas entendu ; — c'est assez, — je le surveillerai bien plus attentivement désormais. Il est un Arabe [5] à mes yeux, ou un chrétien demandant grâce dans le combat. — Mais écoutons ! — j'entends la voix de Zuleïka ; elle frappe mon oreille comme l'hymne des houris : elle est l'enfant de mon choix. Oh ! elle m'est plus chère même que sa mère ; avec elle tout est espérance, rien n'est à craindre. — Ma Péri ! tu es toujours ici la bien-venue ! Douce comme l'eau de la fontaine du désert aux lèvres qu'elle vient rappeler à la vie, — ainsi tu parais à mes regards impatiens ; les pélerins, dont l'eau du désert a sauvé la vie, n'adressent pas aux autels de la Mecque plus d'actions de grâces pour leur vie que moi pour la tienne, moi qui ai béni ta naissance, et qui te bénis encore maintenant. »

6. Belle comme la première femme qui fut coupable de la première chute, lorsqu'elle souriait à ce redoutable, mais séduisant serpent, dont l'image était déjà gravée dans son cœur, — et une fois

séduite, séduisant de plus en plus; ravissante, oh!
comme ces visions trop passagères, accordées au
sommeil peuplé des fantômes de la douleur, lorsque le cœur retrouve un cœur dans des songes ély-
séens, et revoit vivans dans le ciel ceux qu'il avait
perdus sur la terre; douce comme la mémoire d'un
amour qui n'est plus; pure comme la prière que
l'enfance adresse vers le ciel : telle était la fille de
ce sévère et vieux chef, qui accueillit la jeune fille
avec des larmes, — mais non pas des larmes de regrets.

Qui n'a pas éprouvé combien les mots sont impuis-
sans pour essayer de fixer une étincelle du rayon
céleste de la beauté? qui ne le sent pas, jusqu'à ce
que son regard troublé se confonde dans l'émotion de
sa propre félicité, jusqu'à ce que ses joues pâlies, son
cœur défaillant, confessent la puissance, — la majesté de cette aimable souveraine? Telle était Zuleïka; — ainsi brillaient sur sa personne les charmes
inexprimables qu'elle seule n'avait point remarqués;
le feu de l'amour, la pureté de la grâce, l'esprit, la
mélodie qui respirait sur ses traits [5], le cœur dont la
douce expansion mettait tout en harmonie : — et,
oh! ce regard qui était à lui seul une ame!

Ses bras gracieux étaient croisés avec candeur sur
son sein naissant : à un mot de tendresse, Zuleïka
étendit ses bras et vint les jeter autour du cou de
celui qui avait béni son enfance caressante par des
caresses paternelles; — et Giaffir sentit son dessein

s'évanouir à moitié; non que son cœur, quoique sévère, eût conçu autre chose que le bonheur de sa fille; l'affection enchaînait ce cœur à elle, l'ambition brisait ces mêmes liens.

7. « Zuleïka! enfant de gentillesse! ce jour t'apprendra combien tu m'es chère, puisque j'oublie la douleur de perdre celle que j'aime tant, pour lui ordonner d'aller demeurer avec un autre. Un autre! jamais homme plus brave ne parut dans la chaleur du combat. Nous, Mahométans, nous faisons peu de cas de la noblesse du sang; mais cependant la race de Carasman [7] n'a pas changé dans la première famille des bandes glorieuses et hardies des Timariotes qui conquirent et qui ont su défendre leurs terres fertiles. C'est assez que celui qui doit t'épouser soit le parent du Bey Oglou; ses années doivent à peine attirer l'attention; je ne voudrais pas te marier à un enfant. Tu auras un superbe douaire. Sa puissance et la mienne réunies pourront se moquer des firmans de mort, dont la pensée seulement fait trembler les pachas; et elles apprendront au messager [8] quel destin attend le porteur d'un tel compliment. Maintenant tu connais la volonté de ton père, c'est tout ce que les personnes de ton sexe doivent savoir. C'était mon devoir de t'apprendre l'obéissance; — pour l'amour, ton époux saura te l'enseigner. »

8. La tête de la vierge s'était penchée en silence; et si ses yeux étaient pleins de larmes que l'émotion comprimée n'ose laisser échapper; si sa joue, de pâle

qu'elle était, devint rouge, et de rouge pâle, à mesure que ces paroles ailées parvinrent à ses oreilles comme des flèches aiguës, que pouvait-on y voir, excepté des craintes virginales? Une larme est si belle dans l'œil de la beauté que l'amour regrette à moitié de la sécher par un baiser; la rougeur de la pudeur est si douce, que la pitié désire à peine de la voir s'effacer. Quelle qu'ait été la cause des émotions de la jeune vierge, son père les oublia, ou, s'il s'en souvint, il n'y fit pas attention. Trois fois il frappa des mains et demanda son cheval [9]; il déposa sa chibouque ornée de pierres précieuses [10], et montant galamment à cheval, il se rendit dans la prairie entouré de ses maugrebis [11], de ses mamelouks et de ses délis [12], pour voir nombre d'exercices actifs, exécutés avec la lame tranchante du sabre, ou avec le djerrid émoussé. Le Kislar et ses Mores gardaient seuls attentivement les portes massives du harem.

9. — Sa tête était penchée sur sa main; son regard était fixé sur la mer bleue et profonde, qui coule et se soulève agréablement entre les dangereuses Dardanelles; mais il ne voyait ni la mer, ni le sable, ni même la troupe à turbans du pacha, mêlée dans le jeu d'un combat simulé, caracolant en s'exerçant sur un feutre plissé [13] qu'ils fendent adroitement d'un coup de sabre; il ne remarquait pas la troupe qui lançait la javeline, et n'entendait pas

leurs *allahs*[14] éclatans et sauvages. — Il ne pensait qu'à la fille du vieux Giaffir !

10. Aucune parole ne s'échappe du sein de Sélim ; un soupir dévoile la pensée de Zuleïka. Il continue à jeter ses regards à travers la jalousie de la fenêtre, pâle, muet et tristement immobile. Le regard de Zuleïka était fixé sur lui ; mais son attitude ne lui apprit que peu de choses. Sa douleur était égale à la sienne, quoique cependant elle ne fût pas la même. Son cœur avouait une plus douce flamme, mais ce cœur alarmé ou timide l'empêche de parler, sans qu'elle puisse s'en rendre compte. Cependant il faut qu'elle parle ; — mais quand l'essaiera-t-elle ?

— « Qu'il est étrange qu'il se détourne ainsi de moi ! Nous ne nous rencontrions pas ainsi auparavant, et nous ne devons pas ainsi nous séparer. » —

Trois fois elle a traversé l'appartement avec lenteur, en épiant un regard de Sélim, — il le tenait toujours fixé sur la mer. Elle saisit l'urne où se trouvaient déposés les parfums de l'atar-gul[15] persan, et répandit leur essence sur les lambris peints de couleurs variées et sur le pavé de marbre[16] : les gouttes que la jeune fille répand en se jouant sur les vêtemens brillans de Sélim pénètrent jusqu'à sa poitrine, et le laissent aussi insensible que le marbre lui-même.

— « Quoi donc ! encore le même air sombre ? cela ne peut pas être. — Oh ! aimable Sélim, est-ce bien toi ! » Elle aperçoit rangées dans un ordre curieux les plus belles fleurs de l'Orient : « Il les aimait autrefois ; elles pourraient lui plaire encore offertes par la main de Zuléïka. »

La pensée enfantine était à peine exprimée que la rose était déjà cueillie et disposée en bouquet ; le moment d'après vit son beau corps, sa belle tête inclinés aux pieds de Sélim. — « Cette rose porte un message de Bulbul [17] pour calmer les chagrins de mon frère ; il dit que cette nuit il prolongera pour l'oreille de Sélim son chant le plus doux ; et quoique ses accens soient quelquefois tristes, il essaiera pour cette fois une harmonie plus gaie, avec la faible espérance que ses chants modifiés pourront dissiper ses sombres pensées.

11. » Quoi ! ne pas recevoir même cette pauvre fleur ! Oh ! je suis donc bien malheureuse ! Tes regards peuvent-ils s'abaisser ainsi sur moi ? et ne sais-tu pas qui t'aime plus que personne ? Oh ! cher Sélim ! oh ! toi qui m'es encore plus que le plus cher des frères ! Dis, est-ce moi que tu hais ou que tu crains ? Viens, repose ta tête sur mon sein, et je t'endormirai par mes baisers, puisque mes paroles et les chants même de mon rossignol fabuleux ne peuvent y réussir. Je savais que notre père était quelquefois sévère ; mais j'avais encore à apprendre de toi ce changement de caractère. Je sais trop bien qu'il ne t'aime point, mais l'amour de Zuléïka est-il oublié ? Ah ! si je savais qu'il le fût ! le projet du pacha, —

ce parent du bey de Carasman est peut-être ton ennemi. S'il en était ainsi, je jure par les autels de la Mecque, si ces autels qu'il est défendu aux femmes d'approcher ne repoussent pas leurs vœux, que, sans ton libre consentement, sans ton ordre, le sultan même n'aurait pas ma main! Penses-tu que je puisse supporter de m'éloigner de toi, et d'apprendre à partager mon cœur? Ah! si j'étais séparée de toi, qui serait ton amie — et qui serait mon guide? Les années n'ont pas vu, le tems ne verra pas l'heure qui arrachera mon ame à la tienne. Azraël [18] lui-même, quand s'échappera de son terrible carquois cette flèche qui sépare tous les êtres, destinera pour toujours nos cœurs à une poussière inséparable. »

12. Il est revenu à la vie, — il a respiré, — il a fait des mouvemens, — il a recommencé à sentir; il a relevé la jeune vierge agenouillée : son angoisse est passée; — son œil vif brille de pensées qui ont long-tems sommeillé dans l'ombre; de ces pensées qui brûlent, — qui rayonnent dans ses regards : comme le torrent naguère voilé sous le rideau de ses saules, lorsqu'il se révèle avec impétuosité dans l'éclat de ses vagues; — comme la foudre dans l'espace s'échappe du nuage plombé qui la comprimait, ainsi étincelait l'ame de l'œil de Sélim à travers les longs cils de ses paupières. Un cheval de guerre au son de la trompette; un lion levé de son gîte par un imprudent chien de chasse; un tyran appelé à un combat soudain par un poignard mal dirigé, ne fré-

missent pas d'une vie plus convulsive que Sélim, qui a entendu ce vœu, ce serment prononcé qui, en se trahissant, lui a tout révélé.

« Maintenant, tu es donc à moi, pour toujours à moi, à moi pendant la vie, et peut-être même plus que la vie! Maintenant tu es à moi; ce serment sacré, quoique prononcé par toi, nous a liés tous les deux. Oui, tu as agi tendrement, sagement, ce serment a sauvé plus d'une tête. Mais ne pâlis point, — une simple boucle de tes cheveux réclame de moi plus que de la tendresse ; je ne voudrais pas outrager le dernier des cheveux qui se groupent autour de ton beau front pour tous les trésors enfouis dans les souterrains d'Istakar [19]. Ce matin, des nuages sombres me couvraient, les reproches pleuvaient sur ma tête, et Giaffir m'a presque appelé lâche! Maintenant j'ai une raison d'être brave. Le fils de son esclave abandonnée — oui, ne tressaille pas, c'est le terme dont il s'est servi — peut montrer, quoique peu disposé à se vanter, un cœur que ni ses paroles ni ses actions ne peuvent enchaîner. *Son* fils, vraiment! — cependant, grâces à toi, peut-être le suis-je, ou au moins le serai-je. Mais que notre serment secret ne soit su que de nous.

» Je connais le misérable qui ose demander à Giaffir ta main qui le repousse. Jamais l'avidité puissante d'un Musselim [20] ne posséda richesses plus mal acquises, ame plus basse. N'a-t-il pas été élevé à Égripo [21]? Qu'Israël nous montre une race plus vile ! Mais laissons cela. — Que notre serment ne soit révélé à personne ; le tems apprendra le reste. Laisse Osman Bey à moi et aux miens ; j'ai des partisans pour le jour de danger. Ne pense pas que je sois ce que je te parais ; j'ai des armes, des amis, et ma vengeance est prochaine. »

13. « Que je ne pense pas que tu sois ce que tu parais être ! mon Sélim ! Tu es tristement changé ; ce matin je t'ai vu le plus aimable, le plus charmant ! mais maintenant, que tu es différent de toi-même ! Sans doute tu connaissais déjà mon amour, il ne fut jamais moins vif, il ne pourra jamais l'être davantage. Te voir, t'entendre, être près de toi ; haïr la nuit, je ne sais pour quel motif, si ce n'est que nous ne pouvons nous rencontrer que le jour ; vivre avec toi ; avec toi mourir ; voilà mes espérances auxquelles je n'ose renoncer. Baiser tes joues, tes yeux, tes lèvres comme ceci ; — comme cela, — pas davantage que cela ; car, par Allah ! tes lèvres sont assurément de flamme ! Quelle fièvre circule dans tes veines ? les miennes sont maintenant presque aussi enflammées ; au moins je sens que ma joue est brûlante. Calmer tes souffrances, soigner ta santé, partager, mais ne jamais dissiper tes richesses, rester près de toi avec des sourires, et sans murmures ; soulager ta pauvreté ; me dévouer à tout, excepté à fermer ton œil mourant, car je ne pourrais vivre pour l'essayer ; c'est à cela seulement que mes pensées aspirent. Pourrais-je faire, ou exigerais-tu davantage ?

» Mais, Sélim, réponds-moi donc! Pourquoi avons-nous besoin de tant de mystère? je ne puis en deviner ni en exprimer la cause. Mais que cela soit, puisque tu dis que cela est bien. Cependant, ce que tu entends par *armes*, par *amis*, surpasse ma faible intelligence. Je voudrais que Giaffir eût entendu le serment que je t'ai fait; sa colère ne pourrait me forcer à révoquer ma parole : mais sûrement il me laisserait libre. Ce tendre désir pourrait sembler étrange dans moi, de rester ce que j'ai toujours été? Quel autre a vu Zuleïka depuis sa plus tendre enfance? Quel autre que toi Zuleïka a-t-elle recherché pour compagnon des jeux de son enfance? Ces pensées chéries commencèrent avec notre existence; dis, pourquoi ne pourrais-je plus les avouer? Quel changement est survenu qui me fasse déguiser la vérité, la vérité qui a été mon orgueil et le tien jusqu'à ce jour? Notre loi, notre croyance, notre dieu nous défend de nous laisser voir par les étrangers; aucune de mes pensées ne se révoltera contre cette volonté du Prophète. Non! je me trouve plus heureuse même par ce décret! il m'a tout laissé en te laissant à moi. Profondes étaient mes angoisses, de me voir ainsi forcée de m'unir avec un homme que je n'ai jamais vu; pourquoi ne dirais-je pas cela à mon père? pourquoi me forces-tu à le cacher? Je sais que le caractère hautain du pacha ne t'a jamais traité avec bienveillance, et qu'il se courrouce souvent pour rien. Allah! fais que Sélim ne donne jamais à sa colère de motifs légitimes! Je ne sais pourquoi, mais la dissimulation pèse à mon cœur comme un péché. Alors si dissimuler ainsi est un crime, comme les sentimens et les émotions que j'éprouve; oh! Sélim! apprends-moi ce mystère; il en est tems encore, ne m'abandonne pas ainsi à mes pensées de terreur. Ah! regarde là-bas le Tchocadar ²², mon père revient du combat simulé; je tremble maintenant de rencontrer ses regards. — Dis-moi, Sélim, peux-tu m'en apprendre la cause? »

14. « Zuleïka! retourne à ton appartement de la tour. — Moi je puis présenter mes devoirs à Giaffir; je suis obligé de parler avec lui de firman, d'impôts, de levées, d'état. Il est arrivé des nouvelles fâcheuses des bords du Danube; notre visir laisse noblement éclaircir les rangs de son armée, et les Giaours peuvent lui adresser leurs remerciemens! Notre sultan a un moyen très-expéditif pour récompenser de si chers triomphes; mais, écoute-moi; quand le tambour du soir aura averti les troupes de prendre leur nourriture et de se livrer au sommeil, Sélim se rendra dans ta cellule : alors nous sortirons secrètement du harem, et nous pourrons nous promener ensemble pendant la nuit; les murs de notre jardin sont élevés; personne ne pourrait les escalader pour écouter nos paroles; ou nous faire abréger notre tems; et si quelqu'un l'osait, j'ai une épée qui a déjà fait ses preuves, et qui est destinée à ne pas rester oisive. Alors tu apprendras

de Sélim plus de choses que tu n'en as entendues ou rêvées jusqu'ici. Crois-moi, Zuleïka, — n'aie pas peur de Sélim! tu sais que je possède une clef du harem. » « Te craindre, mon cher Sélim! tu ne m'as jamais dit jusqu'ici un mot semblable. » « Ne perds pas de tems ; je prends la clef. — La garde d'Haroun a déjà reçu *quelque* récompense, et elle en recevra encore davantage. Cette nuit, Zuleïka, tu entendras mon histoire, mes projets et mes craintes ; ô mon amie! je ne suis pas ce que je parais être. »

Chant Deuxième.

1. Les vents sont violens sur les vagues d'Hellé, comme dans la nuit des ondes soulevées, où l'Amour, qui l'avait envoyé, oublia de sauver le jeune, le beau, le brave Léandre, le seul espoir de la fille de Sestos. Oh! quand son fanal brillait isolé sur la haute tour nocturne, vainement le vent soulevé, l'écume des brisans et les cris perçans des oiseaux des mers l'avertissaient de rester dans sa demeure; vainement les nuages amoncelés dans les airs, les vagues agitées lui défendaient d'entreprendre son voyage : il ne pouvait voir, il ne voulait pas entendre les bruits, les signes qui lui prédisaient des terreurs; son œil ne voyait que la lumière de l'amour, cette étoile isolée qu'il saluait dans les cieux; son oreille n'entendait que les chants de Héro. « O vagues, ne séparez pas long-tems deux amans ! » — Cette histoire est vieille; mais l'amour peut encore inspirer assez deux jeunes cœurs pour prouver qu'elle est véritable.

2. Les vents sont soulevés, et les vagues d'Hellé roulent sombres et impétueuses; les ombres tom-

bantes de la nuit couvrent en vain ce champ humide d'une rosée sanglante ; ce désert, autrefois l'orgueil du vieux Priam ; les tombeaux, seuls vestiges de son règne ; tout — excepté les rêves immortels qui trompaient les ennuis du vieillard aveugle de l'île rocheuse de Scio.

3. Oh ! cependant, — car mes pas ont erré dans ces lieux ; ils ont foulé ces rivages sacrés ; cette vague bouillonnante m'a porté sur son sein ; — oh ! antique ménestrel ! puissé-je long-tems avec toi méditer, soupirer et parcourir ces scènes du passé, croyant que chaque tertre de gazon vert contient les cendres d'un héros non fabuleux, et qu'autour de ces lieux historiques ton *large Hellespont* se précipite encore [23], et froid serait le cœur de celui qui pourrait ici contredire tes chants !

4. La nuit est descendue sur la vague d'Hellé ; et elle n'a pas encore atteint le sommet de la colline d'Ida, cette lune qui brillait autrefois sur les exploits sublimes racontés par le grand poète ; aucun guerrier ne se plaint aujourd'hui de son paisible rayon ; mais les bergers reconnaissans bénissent toujours cet astre argenté. Leurs troupeaux paissent aujourd'hui sur le tertre de celui qui ressentit la flèche du berger dardanien. Cet immense amas de terre entassée, autour duquel le fils d'Ammon [24] se promena avec orgueil, monument élevé par des nations, couronné par des monarques, est aujourd'hui un tertre solitaire et sans nom ! Au dedans, — combien ta

demeure est étroite! Au dehors, — les étrangers seuls peuvent murmurer le nom de celui qui y fut enseveli. La poussière surpasse en durée la pierre tumulaire ; mais *toi*, — ta poussière même n'est plus !"

5. Tard — bien tard cette nuit, Diane viendra réjouir le berger et chasser les craintes du matelot ; jusqu'alors — aucun signal sur le rocher ne peut diriger la course de la nacelle luttant contre les flots ; toutes les lumières dispersées qui entourent la baie se sont éteintes une à une. La seule lampe allumée de cette heure solitaire scintille sur la tour de Zuleïka.

»Oui! là, dans cette chambre silencieuse, brille une lumière vacillante ; et sur l'ottomane de soie de la jeune fille sont jetés les grains d'ambre odoriférans, sur lesquels glissent ses doigts gracieux [25]. Près de ces grains, entouré d'émeraudes (comment pourrait-elle oublier ce bijou?) se trouve l'amulette béni de sa mère [26], sur lequel est gravé le texte même du *Koursi*, et dont la vertu pourrait rendre heureux en cette vie, ainsi qu'elle garantit la félicité pour l'autre. Auprès de son comboloio [27] est un Koran, orné d'enluminures, et plusieurs brillans manuscrits de poésie, décorés d'emblêmes, rachetés des injures du tems par d'élégans écrivains de la Perse. Sur ces manuscrits splendides repose son luth, négligé maintenant, mais qui autrefois n'était pas si souvent muet. Autour de sa lampe d'or ciselé s'épanouissent des fleurs dans des vases de porcelaine de Chine. Les plus riches tissus des fabriques de l'Iran, les tributs de parfums de Schiraz; tout ce qui peut faire les délices de la vue et des sens est rassemblé dans cet appartement somptueux; et cependant cette demeure a un air de tristesse et de mélancolie. Elle, la déesse de cette retraite de Péri, que fait-elle dans cette nuit si troublée et si décisive?

6. Enveloppée dans un de ces vêtemens tout noirs que les nobles musulmans ont seuls le droit de porter, et qu'elle a revêtu pour protéger contre les vents du ciel un sein aussi cher à Sélim que le ciel lui-même, elle s'avance d'un pas prudent dans les détours du bosquet, tressaillant chaque fois qu'à travers la clairière le vent par bouffées fait entendre de lourds gémissemens, jusqu'à ce que, parvenue à un sentier plus uni, son cœur timide batte plus librement. La jeune fille suit son guide silencieux; et quoique sa terreur la pousse à retourner sur ses pas, comment pourrait-elle se déterminer à abandonner son cher Sélim? comment apprendrait-elle ses lèvres caressantes à prononcer des paroles de reproches?

7. Ils atteignirent enfin une grotte creusée par la nature, mais agrandie par l'art, où souvent Zuleïka vint accoutumer son luth à rendre des sons harmonieux, et apprendre par cœur son Koran. Souvent, dans ses jeunes rêveries, elle s'efforçait de se figurer ce que pouvait être le Paradis. Où l'ame des

femmes devait aller après la mort, son prophète avait dédaigné de le dire ; mais la demeure de celle de Sélim était sûre, et, pensait-elle, il ne pourrait supporter long-tems un séjour dans d'autres mondes de félicité, sans *celle* qu'il avait tant aimée dans celui-ci ! Oh ! qui pourrait demeurer avec lui qui l'aimât autant que moi ? Quelle houri pourrait seulement lui offrir la moitié de mes soins ?

8. Depuis le jour où elle avait visité ce lieu, quelques changemens lui semblaient s'y être opérés. Peut-être était-ce seulement la nuit qui déguisait les objets qu'elle avait vus à la clarté du jour ; la lampe de bronze qui l'éclairait ne projetait qu'obscurément un rayon qui n'avait rien de la clarté du ciel. Mais, dans un coin de la caverne, son œil tomba sur un objet étrange. Là des armes étaient entassées, non semblables à celles que brandissaient les délis dans le champ de bataille. Les poignées et les lames en étaient d'une forme et d'une trempe étrangères ; une d'elles était rougie — peut-être par un crime ! Ah ! comment sans lui ce sang pourrait-il être répandu ? Une coupe aussi était placée à côté, qui ne semblait pas contenir le sorbet. Que signifie tout cela ? Elle se détourna pour chercher des yeux son cher Sélim. — « Oh ! se peut-il que ce soit lui ? »

9. Sa robe superbe était jetée de côté, son front ne portait point la haute couronne du turban ; mais à sa place un shall de couleur rouge, légèrement plissé, entourait sa tête. Cette dague, dont la poignée portait

un diamant digne du plus haut diadême, n'étincelait plus à sa ceinture, où des pistolets sans ornement étaient fixés, et à son baudrier pendait un sabre, et de son épaule descendait négligemment le manteau blanc, la mince capote qui couvre l'errant Candiote : en dessous — sa veste plaquée d'or — serrait comme une cuirasse sa poitrine ; les guêtres qui entouraient étroitement ses jambes étaient revêtues de plaques d'argent. Mais si ce n'eût été cet air impérieux du commandement qui éclatait dans ses regards, dans sa voix, dans ses gestes ; tout ce qu'un œil inattentif eût pu distinguer dans Sélim l'aurait fait prendre pour quelque jeune Galiongui [28].

10. — « Je t'ai dit que je n'étais pas ce que je te paraissais être, et maintenant tu vois que mes paroles étaient vraies. J'ai une histoire que tu n'as jamais rêvée ; si elle est véritable — sa vérité sera fatale à plusieurs. Il serait inutile maintenant de te cacher cette histoire. Je ne puis te voir la fiancée d'un Osmanli. Mais si ta propre bouche ne m'avait pas révélé combien j'avais de part à la tendresse de ton jeune cœur, je ne te découvrirais pas, je ne devrais pas te découvrir le sombre secret du mien. Je ne te parle pas maintenant de mon amour, de cet amour que le tems, la constance et le péril sauront te prouver. Mais d'abord — oh ! n'en épouse jamais un autre — Zuleïka ! je ne suis pas ton frère ! »

11. « Oh ! tu n'es pas mon frère ! — rétracte ces paroles. — Dieu ! Suis-je abandonnée seule sur la

terre pour y pleurer? — Je n'ose pas maudire —
le jour qui fut témoin de ma solitaire naissance!
Oh! tu ne m'aimeras plus dorénavant! mon cœur
défaillant prévoyait un malheur; mais reconnais-
moi encore pour tout ce que j'étais avant ce fatal
aveu : ta sœur — ton amie, ta Zuleïka. Tu m'as
fait venir en ce lieu peut-être pour me donner la
mort. Si tu as des motifs de vengeance, regarde :
je t'offre mon sein, — contente tes ressentimens!
plus heureuse cent fois de descendre parmi les
morts que de vivre ainsi, ne t'étant plus rien. Peut-
être dois-je redouter quelque chose de pire encore,
car je connais maintenant pourquoi Giaffir semblait
toujours ton ennemi. Et je suis, hélas! l'enfant de
Giaffir, par qui tu fus outragé, avili. Si je ne suis
pas ta sœur — si tu veux épargner ma vie, oh!
fais-moi ton esclave! »

12. « Mon esclave, Zuleïka! — non; je suis le tien;
mais, cher amour, calme ce transport; ta destinée
sera d'être unie à la mienne : je le jure par le temple
de notre Prophète; cette pensée sera un baume pour
tes chagrins. Ainsi, puissent les vers du Koran [29]
gravés sur la lame de mon sabre diriger mes coups,
à l'heure du danger, pour nous sauver tous deux,
si je suis fidèle à ce redoutable serment! Le nom
qui faisait battre ton cœur d'un amoureux orgueil
doit être changé; mais, ma Zuleïka, sache que ce
lien qui nous unissait s'est resserré, au lieu de
s'être rompu, quoique ton père soit mon plus mor-

tel ennemi. Le mien fut pour Giaffir tout ce que tu croyais que j'étais naguère pour toi-même. Ce frère conspira et occasiona la chute d'un frère ; mais il épargna du moins mon enfance ; il me berça d'une vaine déception dont il est tems encore de le récompenser. — Il m'a élevé, non avec des soins paternels, mais comme le neveu d'un Caïn [30] ; il me surveillait comme le petit d'un lion qui ronge déjà son frein, et qui pourra bientôt briser sa chaîne. Le sang de mon père bout dans toutes mes veines ; cependant, pour l'amour de toi, je suspendrai ma vengeance, quoique je ne doive plus rester ici. Mais d'abord, bien-aimée Zuleïka ! écoute comment Giaffir accomplit ses infâmes projets.

13. » Comment naquit et s'envenima la discorde de ton père et du mien ; fut-ce l'amour ou l'envie qui les rendit ennemis? peu importerait même si je ne l'ignorais pas. Dans des esprits fiers, irascibles, quelques torts légers sans intention suffisent pour troubler la paix. Le bras d'Abdallah était redoutable dans la mêlée ; il est encore célébré dans les chants bosniaques, et les hordes rebelles de Paswan [31] attestent assez combien elles redoutaient un pareil hôte. Sa mort, cruel effet de la haine de Giaffir, est tout ce que j'ai besoin de rappeler ici, et comment le secret de ma naissance qui me fut révélé, quel qu'en soit d'ailleurs le résultat, a déjà eu celui de me rendre libre.

14. » Lorsque Paswan, après plusieurs années de

combat, en dernier lieu pour affermir sa puissance, mais d'abord pour défendre sa vie, régnait trop orgueilleusement dans les murs de Widdin, nos pachas se rallièrent autour du gouvernement. Ni plus ni moins élevé dans le commandement militaire, chacun des deux frères conduisait une troupe séparée. Ils déployèrent leurs étendards de queues de cheval [32] au vent, et ils firent leur jonction dans la plaine de Sophie, où les troupes devaient être passées en revue : leurs tentes étaient plantées, leur poste assigné; mais à l'un d'eux, hélas! assigné en vain! Qu'est-il besoin de paroles? La coupe redoutable fut préparée, par l'ordre de Giaffir, avec un poison aussi subtil et aussi cruel que son ame; cette coupe, présentée à Abdallah, envoya son ame dans le ciel. Fatigué par une chasse pénible, il reposait dans le bain ses membres engourdis et fiévreux; il était loin de penser que la haine d'un frère lui destinait une telle coupe pour étancher sa soif. Ce fut un esclave gagné qui la lui présenta. Il en but une goutte [33], il n'en fallait pas davantage! Si tu doutes de la vérité de mon histoire, ô Zuleïka! appelle Haroun, il pourra te confirmer ce récit.

15. » Le crime une fois consommé, et la guerre avec Paswan en partie terminée, quoiqu'il n'eût pas été entièrement subjugué, le pachalik d'Abdallah fut gagné. Tu ne sais pas combien, dans notre divan, la richesse peut acquérir de considération au plus misérable des hommes. — Les honneurs d'Ab-

dallah furent obtenus par celui qui s'était souillé par le meurtre d'un frère. Il est vrai que les poursuites qu'ils lui occasionèrent pour les obtenir épuisèrent ses trésors acquis par un crime ; mais il les eut bientôt réparés. Voudrais-tu savoir par quels moyens ? Contemple ces déserts incultes, et demande au paysan couvert de haillons ce que deviennent les produits de ses sueurs ? Pourquoi le cruel usurpateur m'a-t-il épargné ? pourquoi a-t-il partagé avec moi son palais ? Je l'ignore. La honte, les regrets, les remords ; la faible crainte que lui inspirait la faiblesse d'un enfant ; en outre, l'adoption qu'il a faite de moi comme son fils, à lui, à qui le ciel n'en a point accordé ; ou quelque intrigue inconnue, quelque caprice ; voilà ce qui m'a ainsi préservé, — mais ce qui ne m'a pas laissé en paix. Lui ne peut dompter son caractère fier et hautain, et moi je ne lui pardonne point le sang de mon père.

16. » Il est des ennemis dans le palais de ton père ; tous ceux qui rompent son pain ne lui sont pas fidèles. Si je leur révélais mon secret, ses jours, ses heures même seraient peu nombreuses. Ils n'ont besoin que d'un courage qui les dirige, d'une main qui leur indique les coups qu'il faut frapper. Mais Haroun seul connaît ou a connu cette histoire, dont le dénouement est très-prochain. Il a été élevé dans le palais d'Abdallah, et il y occupait dans son sérail le poste qu'il occupe maintenant ici. — Il vit son

maître expirer ; mais que pouvait faire un simple esclave ? Venger son maître ? — hélas ! il était trop tard ; soustraire son fils à un sort semblable ? il choisit ce dernier parti ; et pendant que, tout fier d'avoir subjugué ses ennemis ou trahi ses amis, l'orgueilleux Giaffir s'endormait dans son triomphe, Haroun me conduisait, orphelin sans appui, à la porte du palais de Giaffir ; et ce ne fut pas vainement qu'il employa ses efforts pour sauver la vie de celui pour lequel il était venu l'implorer. Ma naissance fut cachée à tout le monde, et surtout à moi-même. Ainsi fut protégée la sûreté de Giaffir. Il quitta bientôt la Roumélie et les flots lointains du Danube pour revenir s'établir sur nos rives asiatiques, n'ayant avec lui qu'Haroun qui connût mon histoire — et ce Nubien a senti que les secrets d'un tyran ne sont que des chaînes que le captif brise avec joie ; voilà ce qu'il m'a révélé et d'autres choses encore. C'est ainsi que le juste Allah envoie au crime esclaves, instrumens, complices, — jamais amis !

17. » Tout cela, ô Zuleïka ! doit douloureusement retentir à tes oreilles ; mais la suite de mon histoire te sera encore plus pénible : quoique mes paroles blessent ta timide douceur, je dois cependant prouver et te faire connaître la vérité toute entière. Je t'ai vue frémir en regardant ce vêtement que je porte ; cependant je l'ai souvent porté, et je dois le porter encore long-tems. Ce Galióngui, auquel tu es liée par un serment, est le chef de ces hordes de

pirates dont la loi et la vie reposent sur leurs épées. D'entendre seulement leur effrayante histoire, ta joue pâle deviendrait bien plus pâle encore : ces armes que tu vois là, ce sont mes soldats qui les ont apportées ; les bras qui les brandissent ne sont pas éloignés : cette coupe aussi est remplie pour les brigands féroces. — Une fois vidée par eux, ils ne reculent jamais devant le danger. Notre Prophète peut pardonner à ces esclaves ; ils ne sont infidèles que pour cette liqueur défendue.

18. » Que pouvais-je faire ? proscrit dans ces lieux, blâmé pour avoir seulement désiré de voyager ; laissé dans l'oisiveté, — car les craintes de Giaffir me refusaient même un cheval et une épée. — Que de fois cependant, ô Mahomet ! que de fois en plein divan le despote ne m'a-t-il pas raillé, comme si *ma* faible main s'était refusée à manier la bride ou le cimeterre : lui allait toujours seul à la guerre, et me laissait ici inoccupé, inconnu. Abandonné avec les femmes aux soins d'Haroun, trompé dans mes espérances, privé de gloire, tandis que toi, — dont la douceur m'eût long-tems charmé, quoiqu'elle ait pu m'énerver, elle m'aurait du moins consolé, — tu étais envoyée dans les murs de Bruse pour y attendre l'issue des batailles. Haroun, qui vit mon esprit s'affaisser sous le joug pesant de l'inaction, brisa mes chaînes pendant une campagne, et libéra son captif malgré toutes ses craintes, sur la promesse de revenir avant la fin du commandement de Giaffir.

C'est en vain — ma langue ne peut exprimer toute l'ivresse de mon cœur; lorsque pour la première fois, ces yeux rendus à la liberté contemplèrent la terre, l'océan, le soleil et les cieux; comme si mon ame les eût pénétrés et en connût les plus intimes, les plus secrètes pensées! Un mot seul peut la peindre, cette sensation suprême : — j'étais libre! Je cessai même de soupirer pour ta présence : le monde, — oui — le ciel lui-même était à moi!

19. » La chaloupe d'un More fidèle me porta loin de cet oisif rivage: Je désirais voir les îles qui parent comme des diamans le diadême de pourpre du vieil océan; je les cherchais dans mon excursion nautique, et je les vis toutes[34]; mais quand et dans quel lieu me suis-je ligué avec cette troupe pour triompher ou périr; lorsque tout ce que nous désirons d'accomplir sera accompli, ce sera alors le tems de nous revoir de nouveau pour te raconter la fin de cette histoire.

20. » Il est vrai que c'est une troupe indisciplinée, sans lois, à formes rudes, à caractères farouches; toutes les croyances, toutes les nations ont trouvé avec eux, — et peuvent encore trouver place. Un caractère ouvert, le bras toujours prêt à frapper, l'obéissance au commandement de leur chef; une ame propre à toutes les entreprises, et ne voyant jamais avec les yeux de la crainte; de l'amitié pour chacun des leurs, de la fidélité à tous, de la vengeance vouée pour ceux qui succombent; voilà ce qui

les rend les utiles instrumens de mes projets et de plus encore. Et quelques-uns, — je les ai étudiés tous, — sont distingués de la foule vulgaire; mais j'appelle principalement à mon conseil la sagesse et la prudence du Franc. — Quelques autres aspirent à de plus hautes pensées, ce sont les derniers des patriotes de Lambro [35], qui jouissent déjà d'une liberté anticipée, et qui souvent, autour du feu de la caverne, discutent des plans chimériques pour arracher les Rayas [36] à leur sort. Qu'ils soulagent leurs cœurs en discourant sur l'égalité des droits que les hommes n'ont jamais connus; j'ai aussi, moi, un amour ardent de la liberté.

» Ah! laisse-moi errer comme le patriarche de l'Océan [37], ou ne connaître sur la terre que la demeure du Tartare [38]! Ma tente sur le rivage, ma galère sur la mer, sont pour moi plus que des cités et des sérails. Porté par mon cheval à travers le désert, où entraîné par ma voile au souffle du vent sur la mer orageuse; emporte-moi où tu voudras, toi, mon coursier! fais-moi voguer où tu voudras, toi, ma barque légère! Mais toi, sois l'astre bienfaisant qui guide le voyageur, ô ma Zuleïka! partage et bénis ma nacelle; sois la colombe de paix et d'espérance de ma destinée! ou, puisque l'espérance est refusée à ce monde de combats et de tribulations, sois mon arc-en-ciel au milieu des orages de ma vie. Sois pour moi le rayon du soir qui dissipe les nuages par un sourire, et teint les couleurs du matin d'un rayon prophétique ! Heureuse et fortunée pour moi — comme les accens du Muezzin qui partent des murs de la Mecque, et arrivent au pélerin pieux et prosterné à leur appel; douce — comme la mélodie des jours de la jeunesse qui dérobe une larme tremblante à la muette admiration; chère — comme les chants de la terre natale à l'oreille d'un exilé, sera ta voix bien aimée. Pour toi, dans ces îles brillantes et fortunées, j'ai préparé un asile aussi beau, aussi délicieux qu'Aden [39], aux premières heures de sa création. Un millier de glaives, sympathisant avec le cœur et le bras de Sélim, attendent — s'agitent — défendent — détruisent — à ton signal ! Enveloppé par ma troupe, Zuleïka à mes côtés, la dépouille des nations parera ma fiancée. Les languissantes, oisives et molles années du harem peuvent bien être échangées pour des soucis, — pour des plaisirs comme ceux-là. Je ne m'aveugle point sur ma destinée; je vois, dans quelques lieux que je porte mes pas, des périls innombrables ; mais un seul, un seul amour ! Oui, ce tendre cœur me récompensera bien de tous mes travaux, de toutes mes fatigues, quand même la fortune me serait contraire, ou que de faux amis me trahiraient. Qu'il m'est doux de rêver que, dans les heures les plus sombres de l'infortune, lorsque tout sera changé pour moi, je te trouverai toujours fidèle ! Que ton ame, comme celle de Sélim, se montre ferme et courageuse; que l'ame de Sélim te soit chère comme la tienne ; adoucissons mutuellement nos chagrins, partageons nos plaisirs, confondons toutes nos pensées, — mais que rien ne puisse jamais nous désunir! Une fois libres, c'est mon devoir de guider de nouveau notre bande ; amis entre eux, les hommes qui la composent sont les ennemis des autres hommes. Et toutefois nous ne faisons que suivre le penchant que la nature fatale a assigné à la race guerroyante des hommes. Regarde! Là où son carnage, où ses conquêtes ont cessé, il y a fait une solitude et il la nomme — paix! Je veux, comme les autres, user de mon adresse ou de ma force, mais je ne demande pas plus d'espace de terre que la longueur de mon sabre : le pouvoir ne gouverne que par la division. — Sa ressource la meilleure, c'est l'alternative de la ruse ou de la violence! que cette dernière soit la nôtre. La ruse pourra venir en son tems, si nous nous laissons emprisonner dans les cages des villes pour vivre en société. Mais là ton ame pourrait faillir. — Que de fois la corruption n'a-t-elle pas séduit des cœurs que le péril n'avait pu ébranler! et la femme, plus que l'homme, quand la mort, les malheurs, ou même la disgrâce, ont frappé l'objet de son amour, égarée dans les voies du plaisir, la femme se livre au déshonneur! — Loin de moi tout soupçon! il ne souillera point le nom de Zuleïka! Mais la vie est un hasard dans ce qu'elle a de plus heureux ; et ici il ne nous reste rien à espérer, mais beaucoup à craindre. Oui! des craintes! le doute, la peur de te perdre par le pouvoir d'Osman, ou par la sévère volonté de Giaffir. Cette crainte s'évanouira avec la brise favorable que l'amour a promise cette nuit à ma voile. Aucun danger n'effraie les amans que son sourire a rendus heureux; leurs pas peuvent errer dans la vie, mais leurs cœurs ne changent point. Avec toi, tous les dangers, toutes les fatigues me seront douces; chaque climat aura des charmes; sur la terre, — sur l'océan, — notre univers sera dans nos bras! Oh! que les vents impétueux soufflent sur notre tillac, pour que ces bras me serrent plus étroitement! Le plus profond murmure qui s'échappera de ces lèvres ne sera point un soupir pour ma sûreté; mais une prière pour toi! La guerre des élémens ne peut effrayer l'amour dont le poison le plus redoutable est l'artifice des hommes; *voilà* les seuls écueils qui puissent arrêter notre course. *Ici* nous n'avons que quelques instans de dangers; *là* sont des années de naufrage! Mais loin de nous, sombres pensées qui présentez ces horribles images! Cette heure nous donne ou nous ôte à jamais la faculté de fuir. Je n'ai que peu de mots à ajouter pour terminer mon histoire, tu n'en as qu'un seul à dire pour que nous soyons bientôt séparés de nos ennemis; oui, — ennemis! — La haine de Giaffir pour moi s'éteindra-t-elle? et Osman, qui voudrait nous séparer en t'arrachant à moi, n'est-il pas le tien?

21. » Pour préserver sa fidélité de tout soupçon et sa tête de la mort, je revins au tems fixé pour sauver mon gardien; peu de personnes apprirent,

et aucune ne répéta que, pendant ce tems, j'avais vogué sur la mer et erré d'île en île; et depuis, quoique séparé de ma troupe et que j'abandonne trop rarement la terre qui me sépare d'elle, elle n'a rien fait; elle ne fera rien avant que je n'en sois instruit et qu'elle n'ait reçu mes ordres. Je forme les plans, je distribue les dépouilles; il est juste que je partage aussi plus souvent les fatigues.

» Mais tu m'as déjà prêté trop long-tems ton attention. Le tems presse; une barque flotte déjà; nous ne laisserons derrière nous que la haine et la crainte. Demain, Osman arrivera avec sa suite; — cette nuit doit rompre ta chaîne; et si tu veux sauver ce bey orgueilleux, et peut-être aussi la vie de *celui* qui te donna la tienne, hâte-toi, hâte-toi de me suivre à l'instant! — Mais cependant, quoique tu sois à moi par un serment, voudrais-tu révoquer ton vœu volontaire, effrayée par les vérités que tu viens d'apprendre? — Je reste ici — non pour voir la femme d'Osman; mais pour que le péril retombe sur *ma* tête! »

22. Zuleïka, muette et immobile, ressemblait à cette statue de douleurs, lorsque, voyant son dernier espoir pour jamais évanoui, la mère désolée fut changée en pierre; tout ce que l'on pouvait apercevoir de différent dans Zuleïka, c'est qu'elle était une Niobé plus jeune. Mais avant que ses lèvres ou même ses yeux essayassent de parler ou de répondre par un regard, une torche enflammée répandit au loin son éclat perfide sous le porche du jardin! une au-

tre — une autre encore! — et puis une autre! — « Oh! fuis! — toi qui n'es plus — toi qui maintenant m'es plus qu'un frère! » Au loin, partout, à travers les bosquets les plus épais, les torches menaçantes brillent d'une lumière rougeâtre, et elles ne sont pas seules — car chaque main droite de ceux qui les portent est armée d'un glaive nu. Ils se séparent; ils poursuivent; ils reviennent; ils tournent avec le flambeau qui guide leurs recherches et le fer étincelant, et le dernier de tous, brandissant son sabre, le terrible Giaffir, se précipite dans sa fureur. Et bientôt les voilà qui touchent presque à la grotte — oh! cette grotte doit-elle être le tombeau de Sélim?

23. Il demeurait debout intrépide. « Le moment est venu — il sera bientôt passé — un baiser, Zuleïka — c'est mon dernier; mais cependant ma troupe, qui n'est pas loin du rivage, pourrait entendre mon signal et distinguer le feu de mon arme; elle serait toutefois trop peu nombreuse — l'entreprise serait d'un succès difficile : n'importe — encore un effort! »

Il se précipite à l'entrée de la caverne; la décharge de son pistolet fait retentir au loin l'écho. Zuleïka n'a point tremblé, n'a point versé de larmes; le désespoir avait glacé son œil et son cœur! — « Ils ne m'entendent point, ou s'ils arrivent à force de rames, ce sera seulement pour me voir mourir; cette détonnation n'a fait qu'attirer mes ennemis plus près. Alors, cimeterre de mon père! sors de ton fourreau!

tu n'auras jamais vu une lutte plus inégale! Adieu, Zuleïka! — douce amie! éloigne-toi : reste cependant dans la grotte — tu y seras plus en sûreté : la fureur de Giaffir se bornera pour toi aux emportemens et aux reproches. Demeure immobile, — afin d'éviter l'atteinte d'une arme ou d'une balle égarées. Crains-tu pour ton père? — Puissé-je expirer si je le cherche dans ce combat! Non — quoique ce poison ait été versé par lui; non — quand même il m'appellerait encore lâche! Mais recevrai-je paisiblement leur fer dans mon sein? non — leurs têtes vont ressentir mes coups, excepté celle de ton père! »

24. Il s'élance aussitôt, et il a gagné le rivage sablonneux; déjà le plus acharné de la troupe qui le poursuit est tombé à ses pieds : c'est une tête qui râle, un tronc qui s'agite dans ses dernières convulsions; un autre tombe — mais autour de lui se forme un cercle nombreux d'ennemis. Il s'ouvre un passage en frappant de droite à gauche, et il va atteindre les vagues qui le protègent : sa barque paraît — elle n'est plus même à la distance de cinq rames — ses compagnons font des efforts désespérés — oh! arriveront-ils encore à tems pour le sauver? Les premiers brisans baignent ses pieds; ses soldats plongent dans la baie; leurs sabres brillent avec éclat à travers l'écume — malgré les obstacles que leur opposent les vagues, — infatigables, ils luttent contre elles pour atteindre le rivage : — les voilà près du bord! ils arrivent — ce n'est que pour accroître le carnage — le sang le

plus pur du cœur de Sélim a déjà rougi la vague écumante !

25. Échappé aux coups des balles et aux blessures des sabres, ou à peine effleuré pour en ressentir les atteintes, Sélim, trahi, entouré, avait regagné le lieu où les vagues de la mer se brisent au rivage. Là, au moment où son dernier pas abandonnait la terre, où son bras frappait un dernier coup mortel; — hélas! pourquoi se retourna-t-il pour regarder celle que son œil cherchait en vain? Cette pause, ce fatal regard, ont décidé sa mort ou fixé ses chaînes. Triste témoignage d'amour au milieu du péril et de la peine! jusqu'à quelle extrémité l'espérance des amans ne se soutient-elle pas! Sélim avait derrière lui les vagues écumantes, et ses compagnons, serrés, prêts à combattre pour le défendre, quand tout-à-coup une balle siffle. — « Ainsi puissent tomber les ennemis de Giaffir! » Quelle voix a fait entendre ces paroles? quel est celui dont la carabine vient de détonner, dont la balle a sifflé à travers les ombres de la nuit, partie de trop près et trop perfidement dirigée pour s'égarer? C'est la tienne — meurtrier d'Abdallah! Le père essuya lentement l'effet de ta haine farouche; le fils a trouvé par ta main une mort plus prompte. Le sang s'échappe en bouillonnant de sa poitrine, et rougit la blanche écume de la mer. — Si ses lèvres essayèrent quelques gémissemens, les vagues mugissantes en étouffèrent la voix.

26. Le matin disperse lentement les nuages; on

aperçoit peu de trophées du combat; le silence a succédé au cri de guerre qui fit retentir la baie à l'heure de minuit; mais ces sables du rivage peuvent offrir quelques débris de la lutte mortelle dont ils ont été témoins, tels que des fragmens d'armes brisées, des empreintes laissées par les pieds des combattans, et des mains abattues, lancées, dans leurs dernières convulsions, sur l'arène sanglante. Non loin est une torche brisée, une barque sans rames, et mêlée aux algues marines qui sont amoncelées sur le rivage et penchent sur l'abîme. Là se découvre une capote blanche! elle est déchirée en deux lambeaux—l'un d'eux est souillé par une tache de sang noir que la vague s'efforce en vain d'effacer. Mais où est celui qui la portait? Vous! qui voulez pleurer sur ses restes, allez, cherchez-les où les lames mugissantes les ont déjà entraînés; vers les écueils de Sigée, ou sur les rivages de Lemnos. Les oiseaux de mer crient au-dessus de leur proie, sur laquelle leurs becs affamés diffèrent de s'abattre, tandis que, secouée sur son mobile coussin, la tête du cadavre est bercée par le balancement des vagues. Cette main, dont le mouvement n'est pas celui de la vie, tantôt soulevée en haut par les flots qui l'agitent, tantôt ramenée à leur niveau, semble encore faiblement menacer son ennemi.—

Qu'importe que ce cadavre repose dans un tombeau vivant? L'oiseau qui dévore ces traits, ces formes abattues, livides, n'a fait que dérober la proie du ver plus vil que lui. Le seul cœur qui eût saigné, le seul œil qui eût pleuré en le voyant mourir, le seul être qui eût recueilli ses membres dispersés et qui eût versé des larmes sur sa tombe ornée de son turban [40]; ce cœur s'est brisé—cet œil s'est fermé—oui—fermé avant celui qui surnage sur les flots.

27. Près des vagues d'Hellé s'élève une voix de deuil! et l'œil de la femme est humide—la joue de l'homme est pâle: Zuleïka! dernier rejeton de la race de Giaffir, l'époux qui t'était destiné est arrivé trop tard; il ne te voit pas—il ne verra jamais ton visage! Ne peut-il entendre les lourds *woul-woulleh* [41] qui l'avertissent dans son éloignement? Tes femmes qui pleurent aux portes du harem; les chantres du Koran qui répètent l'hymne de la mort; les esclaves silencieux qui attendent, les bras croisés sur leur poitrine; les soupirs dans le palais, les cris qui luttent contre les vents, lui apprennent ton histoire!

Tu ne vis pas tomber ton Sélim! A ce moment terrible où il quitta la grotte, ton cœur devint glacé: il était ton espoir—ta joie—ton amour—ton tout—et cette dernière pensée pour celui que tu ne pouvais sauver suffit pour te donner la mort; un cri déchirant s'échappa de ton sein, et tout fut silencieux.—Paix à ton cœur brisé, à ta tombe virginale! Oh! heureuse! heureuse encore de ne perdre que le pire de la vie! Cette douleur—quoique profonde—quoique fatale,—fut la première que tu éprouvas; trois fois heureuse de ne sentir ni de ne craindre les tourmens de l'absence, de la honte, de l'orgueil, de la haine, de la vengeance et du remords! et cette angoisse qui est plus que de la démence; ce ver rongeur qui ne sommeille, — qui ne meurt jamais; pensée de jours sombres et de nuits pleines de fantômes horribles; cette pensée qui craint les ténèbres, qui abhorre aussi la lumière, qui nous étreint et déchire le cœur frémissant! ah! pourquoi ne le consume-t-elle pas — pour s'enfuir ensuite!

Malheur à toi, cruel et implacable chef! Vainement tu couvres ta tête de cendres; vainement la haire et le cilice pressent tes membres abattus; Sélim est mort de la même main qu'Abdallah. Maintenant arrache ta barbe dans ton inutile douleur: l'orgueil de ton cœur, la fiancée du lit d'Osman, celle que ton sultan n'aurait pu voir sans la désirer pour épouse, ta fille est morte! Espoir de ta vieillesse, doux rayon de ton crépuscule, une étoile brillait dans toute sa beauté sur les rives de l'Hellespont: qui a éteint sa lumière? — c'est le sang que tu as répandu! Écoute! à la question précipitée du désespoir: « Où est mon enfant? » l'écho répond: « Où [42]? »

28. Dans l'enceinte des mille tombeaux qui apparaissent sous l'ombrage du mélancolique mais vivant cyprès, qui ne se flétrit jamais, quoique ses branches et ses feuilles soient empreintes d'une éter-

nelle douleur, comme un premier amour malheureux, il est un lieu qui fleurit toujours, même dans ce lugubre bosquet de mort. — Une rose isolée y répand son éclat solitaire : douce et pâle, on la dirait plantée par le désespoir; — si blanche, — si languissante, que le plus faible souffle du vent pourrait emporter ses feuilles dans les airs. Et cependant, c'est en vain que les orages et la pluie l'assaillent, que des mains plus rudes que les cieux d'hiver s'efforcent de l'arracher à sa tige; le lendemain la voit refleurir de nouveau! Quelque aimable génie du lieu la relève doucement et l'arrose de larmes célestes; car elles peuvent bien croire, les vierges d'Hellé, que ce ne peut pas être une fleur terrestre, celle qui se moque de l'heure flétrissante de la tempête, et s'épanouit sans être abritée par un bosquet de verdure. Elle ne languit pas, quoique le printems lui refuse sa rosée bienfaisante, que les rayons fécondans de l'été la privent de leurs caresses. Un oiseau inconnu, — mais peu éloigné, lui chante, pendant toute la nuit, des chants plaintifs et mélodieux. Invisibles sont ses ailes aériennes; mais doux comme les harpes dont jouent les houris, sont ses accords ravissans et prolongés! Ce serait le Bulbul*; mais sa voix, quoique plaintive, n'a pas des accens

---

* بلبل, nom du rossignol en persan, dont les amours avec la rose, كل, *gul*, sont le sujet de beaucoup de poèmes dans l'Orient.

(*N. du Tr.*)

si touchans : car ceux qui les entendent ne peuvent abandonner ce lieu, mais ils s'y attachent et pleurent comme s'ils avaient aimé en vain!... Et cependant les larmes qu'ils versent sont si douces, leur douleur est si peu mêlée de crainte, qu'ils peuvent à peine pardonner au matin de venir rompre ce charme mélancolique. Ils voudraient veiller et pleurer plus long-tems ; cet oiseau a des chants si étranges et si beaux! Mais lorsque le jour apparaît soudain dans les cieux, cette magique mélodie expire. Il en est qui ont cru (tant les rêves de la jeunesse sont décevans, mais ceux qui les blâment sont bien durs) que des accens si pénétrans et si profonds formaient et faisaient entendre le nom de Zuleïka [43]. C'est de la cime de son cyprès que ce nom aérien part et se perd dans les airs ; c'est à la poussière tendre et virginale de sa tombe que la pâle rose doit sa naissance et sa frêle vie. Un marbre avait été placé récemment sur cette tombe ; le soir le vit poser, — le matin il n'y était plus !

Ce ne fut pas un bras mortel qui transporta sur le rivage ce pilier de marbre fixé profondément ; la légende d'Hellé raconte qu'on le trouva le lendemain à l'endroit où était tombé Sélim, battu par les flots agités qui avaient refusé à ses restes une tombe plus sainte. Et là, pendant la nuit, on dit qu'on voit inclinée une tête livide enveloppée d'un turban ; et le marbre funéraire renversé par la vague se nomme — *l'oreiller du fantôme du Pirate!* C'est dans le lieu où il avait été d'abord placé que la fleur plaintive a fleuri, et qu'elle fleurit encore maintenant, solitaire, et couverte de rosée froide, pure et pâle, comme la joue de la beauté qui verse des larmes au récit de l'infortune.

FIN DE LA FIANCÉE D'ABYDOS.

NOTES

DE LA FIANCÉE D'ABYDOS.

NOTE 1, PAGE 69.

Gul, la rose, en turc et en persan.
(*Note de Lord Byron.*)

Le nom persan de la rose, *gul*, revient souvent dans les poésies orientales de Byron : c'est qu'en effet la rose, et le rossignol, *bulbul*, sont le sujet perpétuel des comparaisons et des amplifications poétiques de l'Orient ; et il y a tant de grâce et de fraîcheur dans les amours de cette reine des fleurs et de cet oiseau mélodieux personnifiés, que l'on ne doit pas être surpris de les voir si souvent reproduites. « Le printems est délicieux ! dit Sâdi ; oh ! *rose !* où as-tu été ? N'entends-tu pas les lamentations du *bulbul*, sur la longueur de ton absence ? ».

Les Mahométans, et particulièrement les Turcs, conservent une espèce de vénération religieuse pour la rose. Ils pensent qu'elle fut produite pour la première fois de la sueur de leur Prophète, et ils ne souffrent pas que ses feuilles soient foulées aux pieds.
(*N. du Tr.*)

NOTE 2, PAGE 70.

Souls made of fire, and children of the sun,
With whom revenge is virtue.
(Young's *Revenge.*)

« Ames formées de flammes, et enfans du soleil, pour lesquels la vengeance est une vertu. »

NOTE 3, PAGE 72.

MEDJNOUN et LEÏLA, les ROMÉO et JULIETTE de l'Orient. SADI, le poète moral de la Perse.
(*Note de Lord Byron.*)

جامي DJAMI, célèbre poète persan, auteur d'un poème sur *Joseph* et *Zuleïka*, en a aussi fait un sur *Medjnoun* et *Leïla*, qui a été traduit en français par M. Chézy, 2 vol. in-18. Son poème de *Jousouf et Zuleïka* a été publié en persan et en allemand à Vienne, par le comte de Rozenszweig, un vol. in-folio. سعدي SADI est encore plus célèbre que Djâmi. Il est l'auteur du كلستان *Gulistan*, ou *Jardin des Roses*, dont il existe deux mauvaises traductions en français; et du بستان, *Boustân*, qui n'a pas été traduit. Il est aussi l'auteur d'un *Pend Nameh*, ou *Livre des Conseils*, qui n'est pas si estimé que celui de *Féridun Attar*, publié et traduit par M. le baron Sylvestre de Sacy.

Quant au poème de *Medjnoun et Leïla* de *Djâmi*, nous citerons, pour en donner une idée, un passage de la traduction abrégée de M. Chézy; c'est la première entrevue de *Medjnoun* avec *Leïla*.

« De retour à sa tribu, Keïs (Medjnoun), l'ame navrée de tristesse, et l'imagination pleine encore de cette belle et perfide étrangère qui, semblable à un astre étincelant, éclipsait la beauté de ses jeunes compagnes, brûlait plus que jamais de rencontrer une amie sensible, dont la douce clarté pût dissiper les ténèbres qui enveloppaient sa couche solitaire; et il cherchait de nouveau, au milieu de mille beautés, celle qui pût remplir ses désirs. Chaque étranger qui arrivait de quelque tribu lointaine recevait de lui l'accueil le plus flatteur; il le caressait et le questionnait avidement sur cette

classe d'êtres favorisés de la nature, dont il était idolâtre.
Un jour, quelques voyageurs qui s'arrêtèrent chez lui s'apercevant de cette passion ardente dont il était dominé, lui indiquèrent une tribu où il existait une jeune fille dont la beauté égalait celle des houris. « Son nom est Leïla, lui dirent-
» ils; et de toutes parts mille jeunes gens prétendent au bon-
» heur de lui plaire. Ses charmes sont au-dessus de toute des-
» cription; vole toi-même vers elle, et juge de ses attraits.
» N'abandonne pas à ton oreille les fonctions de ton œil. » A ce récit, Keïs se lève, se pare de ses vêtemens les plus précieux; et déjà dévoré de l'amour le plus vif, il s'élance sur sa chamelle. Dans son impatience, il accélère encore sa marche précipitée, et se trouve bientôt rendu à l'habitation de Leïla. A la vue de ce jeune étranger, ses serviteurs l'accueillirent avec affabilité, l'introduisirent, et le firent asseoir à la place d'honneur. Cependant, de quelque côté qu'il tournât ses regards, il n'apercevait aucune trace de l'unique objet qu'il cherchait. Déjà privé d'espoir, son cœur éprouvait un tourment insupportable, lorsque tout-à-coup un bruit léger d'ornemens précieux se fait entendre : il voit alors paraître une jeune fille à la taille svelte et élégante, semblable dans sa démarche gracieuse à la perdrix des montagnes. Belle sans aucun fard, la nature avait coloré du rose le plus tendre ses joues brillantes de fraîcheur; son sourcil délié ressemblait à un arc délicat formé d'ambre précieux; et ses cils, comme autant de petites flèches de musc, pénétraient les cœurs. Ses lèvres avaient l'éclat du rubis sans en avoir la dureté : on eût dit qu'elles lui avaient dérobé sa couleur, et à l'ambroisie son parfum. Mais à quoi comparer cette bouche gracieuse, où l'on voyait errer le plus voluptueux sourire? On l'eût prise pour une abeille au milieu des fleurs, lorsque délicatement posée sur le calice d'une rose, elle en extrait avec art son

miel parfumé. Comme elle, elle blessait d'un aiguillon acéré, et répandait sur sa blessure un baume céleste. Son sourire enchanteur découvrait-il des dents aussi belles que les perles les plus pures? on croyait voir le bouton de la rose encore étincelant des larmes de l'aurore; et les pommes d'albâtre de son sein virginal, les doigts arrondis d'une main caressante eussent suffi pour en mesurer le gracieux contour. C'est au milieu de tous ces charmes que Leïla parut. Keïs ne fut plus maître de son cœur. Leur entrevue fut délicieuse. Elle laissa échapper avec négligence quelques boucles de sa longue chevelure, et Keïs brûla de désirs; elle souleva le voile léger qui tempérait ses charmes, et il perdit ce qui lui restait de raison. Leïla lui lança un trait mortel, et un soupir prolongé de Keïs lui fit connaître la profondeur de sa blessure. Enfin, tout ce que la beauté et les grâces peuvent offrir de charmes, elle le développa aux yeux de Keïs, dont le regard languissant semblait implorer son secours; et leurs cœurs aussi étroitement unis que les feuilles de la rose dans le bouton qui les renferme, se lièrent à jamais. Lorsque leurs regards satisfaits eurent ainsi parcouru toute l'étendue de leurs charmes, leurs lèvres frémissantes livrèrent passage aux plus tendres discours..... Une seule crainte les agitait : c'était de voir approcher la nuit, qui devait terminer pour eux ce jour de bonheur. Comment pourraient-ils vivre éloignés l'un de l'autre?... Soleil! monarque éclatant du jour! ô toi qui de ton sceptre de feu éloignes les ombres de la nuit, puisses-tu désormais ne te voiler jamais, et changer nos nuits en un jour éternel!... Obligés de se séparer, Keïs et Leïla restèrent plongés dans une douleur inexprimable ; l'un, porté par sa chamelle, reprit avec lenteur le chemin de sa tribu, et la triste Leïla demeura en gémissant sous sa tente solitaire. »

Les amours de *Joseph et Zuleïka* du même auteur, présentent des morceaux d'une très-grande beauté; l'amour y est élevé à une pureté souvent mystique.

(*N. du Tr.*)

NOTE 4, PAGE 72.

Tambour turc que l'on bat au lever du soleil, à midi et au crépuscule du soir.

NOTE 5, PAGE 74.

Les Turcs abhorrent les Arabes (qui leur rendent au centuple leur compliment) plus encore qu'ils ne haïssent les chrétiens.

NOTE 6, PAGE 75.

Cette expression a suscité plusieurs objections. Je ne m'en rapporterai pas à *celui qui n'a pas de musique dans son ame*, mais je prie simplement le lecteur de se rappeler, pour dix secondes, les formes de la femme qu'il croit être la plus belle; et si alors il ne comprend pas pleinement ce qui n'est que faiblement exprimé dans les vers précédens, j'en serai désolé pour nous deux. Voyez un passage éloquent du dernier ouvrage du premier écrivain féminin de notre âge, et peut-être de tous les âges, sur l'analogie (et la comparaison immédiate excitée par cette analogie) entre la peinture et la musique; *de l'Allemagne*, vol. III, chap. 10. Ce rapport de connexion n'est-il pas plus fort avec l'original qu'avec la copie? avec le coloris de la nature qu'avec celui de l'art? Après tout, c'est une chose que l'on peut plutôt sentir que décrire; aussi pensé-je qu'il se trouvera des personnes qui la comprendront, ou au moins qui l'auraient comprise s'ils avaient vu la figure dont l'harmonie parlante en a suggéré l'idée; car ce passage n'est pas le produit de l'imagination, mais de la mémoire : ce miroir que la douleur brise par terre, et qui, en regardant ses fragmens, n'y voit que la réflexion multipliée.

NOTE 7, PAGE 76.

Carasman-Oglou, ou *Kara Osman Oglou*, est le principal propriétaire en Turquie : il gouverne Magnésie. Ceux qui, par une espèce de droit féodal, possèdent des terres à condition de service sont appelés *Timariotes;* ils servent comme spahis, fournissent des soldats en proportion de l'étendue du territoire, et en envoient un certain nombre à l'armée, généralement de la cavalerie.

NOTE 8, PAGE 76.

Quand un pacha a des forces suffisantes pour résister, le messager, qui est toujours le premier porteur de sa condamnation à mort, est étranglé par ses ordres, et quelquefois cinq ou six de ces messagers le sont ainsi l'un après l'autre par l'ordre du pacha rebelle. Si au contraire il est faible et loyal, il se prosterne, baise la respectable signature du sultan, et se laisse complaisamment étrangler. En 1810, plusieurs présens de têtes de pachas furent exposés dans la niche de la porte du Sérail : parmi elles on remarquait la tête du pacha de Bagdad, brave jeune homme assassiné par trahison, après une résistance désespérée.

NOTE 9, PAGE 77.

C'est par certains battemens de mains qu'on appelle les domestiques. Les Turcs haïssent une dépense inutile de voix, et ils n'ont pas de clochettes.

NOTE 10, PAGE 77.

Chibouque, pipe turque : le tuyau de la bouche est ordinairement d'ambre, et quelquefois la culée qui contient les feuilles de tabac est ornée de pierres précieuses, si elle est portée par un homme riche.

NOTE 11, PAGE 77.

Maugrabis, mercenaires maures.

NOTE 12, PAGE 77.

Délis, braves qui forment la troupe perdue de la cavalerie, et commencent toujours l'action.

NOTE 13, PAGE 77.

Un *feutre* plissé est employé par les Turcs pour la manœuvre du sabre; et il n'y a guère qu'une arme musulmane qui puisse le fendre d'un seul coup. Quelquefois un turban très-dur est employé au même usage. Le *djerrid* est un combat à la javeline émoussée : ce jeu est pittoresque et très-animé.

NOTE 14, PAGE 78.

Ollahs, alla il allah, cri que les poètes espagnols appellent *leilies*, et dont le son est *ollah*. Pour un peuple taciturne, les Turcs sont vraiment prodigues de cette exclamation, particulièrement pendant le jeu du *djerrid* ou à la chasse, mais surtout au combat. Leur agitation sur le champ de bataille et leur gravité dans leur intérieur, avec leur pipe et leur comboloio (ou chapelet), forment un amusant contraste.

NOTE 15, PAGE 78.

Atar-gul, essence de roses. Celle de Perse est la plus fine.
(*Note de Lord Byron.*)

Les luxurieux Persans sont si passionnés pour la délicieuse essence de roses, que non-seulement ils répandent avec profusion dans leurs appartemens l'eau de ses feuilles distillées, mais après l'avoir préparée avec du cinnamon et du sucre, ils en font aussi une infusion avec du café qu'ils boivent ensuite. La rose de Schiraz est regardée comme la plus précieuse de l'Orient, et son essence est extrêmement estimée dans les contrées les plus éloignées de l'Inde. La poudre du bois de sandal est souvent ajoutée en distillation aux feuilles de cette fleur; mais la partie huileuse la plus exquise, ou la substance épaisse, qu'ils nomment عطر گل, *atar-gul*, ou essence de rose, est plus précieuse que l'or même. On voit que Lord Byron connaissait bien les usages de l'Orient.

(*N. du Tr.*)

NOTE 16, PAGE 78.

Les plafonds et les boiseries, ou plutôt les murs des appartemens dans les grandes maisons en Turquie, sont généralement recouverts de peintures qui représentent éternellement une vue très-coloriée de Constantinople, dont le principal mérite est un noble mépris de la perspective. Au-dessous, des armes, des cimeterres, etc., sont en général fantastiquement et non inélégamment disposés.

NOTE 17, PAGE 79.

On a long-tems douté si les accens de cet *amant de la rose* sont tristes ou gais; et les remarques de M. Fox sur cet objet ont provoqué quelques controverses savantes concernant les opinions que les anciens avaient sur ce sujet. Je n'ose hasarder une conjecture sur ce point, quoiqu'un peu incliné à l'*errare mallem*, etc., si M. Fox *s'était* trompé.

NOTE 18, PAGE 80.

Azraël, — l'ange de la mort.

NOTE 19, PAGE 81.

Les trésors des sultans préadamites. Voyez d'Herbelot, article *Istakar*.

(*Note de Lord Byron.*)

Istakar est l'ancienne *Persépolis*, ville capitale de la Perse proprement dite, sous les rois des trois premières races ; car ceux de la quatrième, qui sont les Cosroès, avaient établi leur siége royal dans celle de Madain. Elle est située à 88° 30' de longitude, et à 30° de latitude, selon le calcul des tables arabiques.

L'auteur du *Lebtarikh* écrit que Kischtasb, fils de Lohorasb, cinquième roi de la race des Kainides, y établit sa demeure ; qu'il y fit bâtir plusieurs de ces temples dédiés au Feu, que les Grecs appellent *Pyraea* et *Pyrateria*, les Persans *Atesch Khane* et *Atesch Gheda*; et que fort près de cette ville, dans la montagne qui la joint, il fit tailler dans le roc des sépulcres pour lui et ses successeurs : l'on en voit encore aujourd'hui les ruines, avec des restes de figures et de colonnes, lesquelles, quoiqu'effacées par la longueur du tems, marquent assez que ces anciens rois avaient choisi leur sépulture en ce lieu.

Il ne faut pas confondre ces monumens avec un superbe palais que la reine Homaï, fille de Bahaman, fit bâtir au milieu de la ville d'Istakar : on le nomme aujourd'hui, en langue persane, *Gihil* ou *Tchilminar*, les *quarante phares* ou *colonnes*. Les Musulmans en firent autrefois une mosquée ; mais la ville s'étant entièrement ruinée, on s'est servi de ses décombremens pour bâtir celle de Schiraz, qui n'en est éloignée que de douze parasanges, et qui a pris la place de capitale de la province proprement dite, *Fars* ou *Perse*.

Ce que le même auteur écrit de la grandeur ancienne de cette ville paraît fabuleux... mais il est certain que tous les historiens de la Perse en parlent comme de la plus ancienne et de la plus magnifique ville de toute l'Asie.

Ils écrivent que ce fut *Giamschid* qui en fut le premier fondateur, et quelques-uns font remonter son ancienneté jusqu'à Houschenk, et même jusqu'à Kainmarath, premier fondateur de la monarchie de Perse. Il est vrai cependant qu'elle a tiré son principal lustre de la seconde dynastie des rois qui abandonnèrent le séjour de la ville de Balkhe, en Khorassan, pour demeurer à Istakar.

On peut ajouter ici que le superbe palais de la ville d'Istakar, que la reine Homaï fit bâtir, pourrait bien être un de ces ouvrages tant vantés de Sémiramis, laquelle n'est pas inconnue aux Orientaux, puisqu'ils font mention de deux *Semirem* dans leurs histoires, dont la seconde, qui pourrait avoir été la même qu'Homaï, n'est pas entièrement ignorée des Grecs.

Je finis ce titre en disant que la tradition fabuleuse des Persans porte que cette ville a été bâtie par les Péris, c'est-à-dire par les fées, du tems que le monarque Gian Ben Gian gouvernait le monde, long-tems avant le siècle d'Adam, ce qui n'est attribué à aucune autre ville d'Asie qu'à Istakar et à Balbek.

(D'Herbelot.)

NOTE 20, PAGE 81.

Muselim, gouverneur, le premier en rang après le pacha; le waywode est le troisième, ensuite vient l'aga.

NOTE 21, PAGE 81.

Egripo, Négrepont. Selon le proverbe, les Turcs d'Egripo, les Juifs de Salonique et les Grecs d'Athènes sont les plus détestables de leurs races respectives.

NOTE 22, PAGE 84.

Tchocadar, domestique qui précède un homme d'autorité.

NOTE 23, PAGE 87.

On ne sait si l'épithète d'Homère signifie *le large Hellespont* ou *l'immense Hellespont*, et quelle est sa signification précise. J'ai même entendu sur les lieux une dispute à ce sujet ; et ne prévoyant pas une prompte conclusion à la controverse, je m'amusai pendant ce tems à passer à la nage le détroit : et j'aurai probablement encore le tems de le passer plusieurs fois avant que la controverse soit terminée. Dans tous les cas, la question touchant la vérité de *l'histoire de la divine Troie* n'est pas encore résolue, car la principale difficulté repose sur le mot ἄπειρος. Probablement qu'Homère avait la même notion de la distance qu'une coquette du tems, et quand il parle d'une largeur sans limites, il entend la moitié d'un mille ; comme lorsque la coquette, par une semblable figure, parle d'un *éternel* attachement, elle veut dire simplement une durée de trois semaines.

NOTE 24, PAGE 87.

Avant son invasion en Perse, Alexandre visita le tombeau d'Achille, et le couronna de lauriers, etc. Il fut ensuite imité par Caracalla dans sa race. On croit que ce dernier empoisonna aussi un ami, nommé Festus, dans le but de pouvoir instituer de nouveaux jeux patrocliens. J'ai vu les moutons paître sur les tombes d'Aesicte et d'Antiloque : le premier est au centre de la plaine.

NOTE 25, PAGE 88.

Quand l'ambre est frotté, il est susceptible de produire un parfum qui est léger, mais non désagréable.

NOTE 26, PAGE 88.

La croyance aux amulettes gravés sur gemmes ou renfermés dans des boîtes d'or, contenant des passages du Koran, et portés autour du cou, du poignet ou du bras, est encore universelle dans l'Orient. Le verset du *Koursi* (trône), au second chapitre du Koran, décrit les attributs du Très-Haut, et il est gravé de cette manière et porté par les Musulmans pieux, comme la plus estimée et la plus sublime des sentences.

NOTE 27, PAGE 88.

Comboloio, — rosaire turc. Les manuscrits, particulièrement ceux des Persans, sont richement ornés et enluminés. Les femmes des Grecs sont tenues dans la dernière ignorance, mais un grand nombre de jeunes filles turques reçoivent une éducation parfaite; quoi qu'elles puissent être, elles ne seraient pas bien vues dans une coterie chrétienne. Peut-être quelques-unes de nos *bleues* (savantes) n'en vaudraient pas moins pour *blanchir* un peu.

NOTE 28, PAGE 91.

Galiongee ou *Galiongui*, marin, c'est-à-dire marin turc; les Grecs naviguent, les Turcs se battent. Leur costume est pittoresque; et j'ai vu plus d'une fois le capitan pacha le porter comme une espèce d'incognito. Leurs jambes cependant sont généralement nues. Les jambières qui sont décrites dans le texte comme revêtues de plaques d'argent, sont décrites d'après celles d'un pirate arnaute chez lequel j'ai logé (il a quitté sa profession) à son Pyrgo, près Gastouni, en Morée. Elles étaient plaquées d'écailles placées l'une sur l'autre, comme le dos d'une armadille.

NOTE 29, PAGE 92.

Les caractères gravés sur tous les sabres turcs contiennent quelquefois le nom du lieu de la manufacture où ils ont été fabriqués, mais plus généralement un texte du Koran gravé en lettres d'or. Parmi ceux que j'ai en ma possession, il en est un dont la lame est d'une forme singulière : il est très-large, et le tranchant est entaillé en sinuosités, comme les ondulations de la vague ou de la flamme. Je demandai à l'Arménien qui me l'avait vendu de quel avantage pouvait être une pareille disposition. Il me répondit, en italien, qu'il l'ignorait; mais que les Musulmans avaient dans l'idée que des armes semblables font des blessures plus dangereuses; et qu'ils les préféraient parce qu'elles étaient *piu feroce*. Je ne pus admirer la raison, mais je l'achetai pour sa singularité.

NOTE 30, PAGE 93.

Il est à observer que toute allusion à une chose ou à un personnage de l'Ancien-Testament, comme l'Arche, ou Caïn, est également le privilége du Musulman et du Juif. Bien plus, les premiers professent être plus instruits sur les vies, vraies ou fabuleuses, des patriarches, que nous ne le sommes par notre propre Écriture-Sainte; et non contens de remonter à Adam, ils ont une biographie des préadamites. Salomon est le monarque de toute la nécromancie, et Moïse un prophète inférieur seulement au Christ et à Mahomet. Zuleïka est le nom persan de la femme de Putiphar, et ses amours avec Joseph constituent un des plus beaux poèmes de leur langue *. C'est pourquoi ce n'est pas une violation du costume que de placer les noms de Caïn et de Noé dans la bouche d'un Musulman.

NOTE 31, PAGE 93.

Paswan Oglou, le rebelle de Widdin, qui, pendant les dernières années de sa vie, brava la puissance de la Porte.

NOTE 32, PAGE 94.

Queue de cheval, étendard d'un pacha.

---

* Byron veut dire la langue persane, car c'est en persan qu'il existe un poème et même plusieurs sur les amours de Joseph et de Zuleïka. Voyez notre note, page 114.

(*N. du Tr.*)

NOTE 33, PAGE 94.

Giaffir, pacha d'Argyro-Castro ou Scutari, je ne sais au juste laquelle de ces deux villes, fut alors empoisonné par l'Albanien Ali, de la manière décrite dans le texte. Ali Pacha, pendant que j'étais encore dans le pays, se maria avec la sœur de sa victime, quelques années après l'événement arrivé dans un bain à Sophie ou Andrinople. Le poison fut mêlé dans une tasse de café, qui est présentée avant le sorbet par le garçon de bain, après que l'on s'est habillé.

NOTE 34, PAGE 98.

Les notions géographiques turques sur presque toutes les îles ne s'étendent pas plus loin que l'Archipel, mer à laquelle le texte fait allusion.

NOTE 35, PAGE 99.

Lambro Canzani, Grec fameux par les efforts qu'il fit en 1789-90 pour rétablir l'indépendance de sa patrie. Abandonné par les Russes, il devint pirate, et l'Archipel fut le théâtre de ses entreprises. On dit qu'il vit encore à Saint-Pétersbourg. Lui et Riga sont les deux plus célèbres des révolutionnaires grecs.

NOTE 36, PAGE 99.

Rayahs. Tous ceux qui paient la taxe de capitation appelée *haratch.*

NOTE 37, PAGE 99.

Ce premier des voyages est du petit nombre de ceux que les Musulmans professent bien connaître.

NOTE 38, PAGE 99.

La vie errante des Arabes, des Tartares et des Turkomans

est détaillée dans chaque volume de voyages au Levant. On ne peut nier que ce genre de vie ne possède un charme tout particulier. Un jeune renégat français avoua à Châteaubriand qu'il ne s'était jamais trouvé seul, galopant dans le désert, sans éprouver une sensation qui approchait du ravissement et qui est ineffable.

NOTE 39, PAGE 100.

Djannat al Aden, le séjour perpétuel, le paradis des Musulmans.

NOTE 40, PAGE 108.

Un turban est gravé en pierre sur les tombes des hommes seulement.

NOTE 41, PAGE 108.

Le chant de mort des femmes turques. Les *esclaves silencieux* sont les hommes que les idées de *décorum* empêchent de gémir *en public*.

NOTE 42, PAGE 109.

« Je suis venu au lieu de ma naissance, et j'ai crié : « Les » amis de ma jeunesse où sont-ils ? » et un écho m'a répondu : « Où sont-ils ? »

(*Extraits d'un manuscrit arabe.*)

La citation ci-dessus (d'où l'idée du texte est empruntée) doit être déjà très-familière à chaque lecteur : — elle est donnée dans la première note des *Plaisirs de la Mémoire* (*The Pleasures of Memory, by Samuel Rogers*), poème si connu qu'il est inutile de le citer, mais aux pages duquel on sera charmé de recourir.

NOTE 43, PAGE 111.

And airy tongues that syllable men's names.

(MILTON.)

« Et des voix aériennes qui prononcent les noms des hommes. »

Pour trouver des personnes qui croient que les ames des morts habitent la forme des oiseaux, il n'est pas nécessaire d'aller en Orient. L'histoire du revenant de lord Littleton; la duchesse de Kendal, qui croyait que George Ier était venu voltiger autour de sa fenêtre, sous la forme d'un corbeau (voyez *Oxford's Reminiscences*), et beaucoup d'autres exemples nous montrent cette superstition dans nos propres demeures. Le plus singulier fut la fantaisie d'une dame de Worcester, qui, s'étant imaginé que sa sœur vivait sous la forme d'un oiseau chantant, remplit littéralement son prie-dieu, dans la cathédrale, avec des cages pleines d'oiseaux de la même espèce. Comme elle était riche, et qu'elle embellissait l'église par ses bienfaits, on ne s'opposa point à son innocente folie. — Pour cette anecdote, voyez les *Oxford's Letters*.

FIN DES NOTES DE LA FIANCÉE D'ABYDOS.

LE CORSAIRE.

POÈME.

I suoi pensieri in lui dormir non ponno.
(Tasso, *Gerusalemme liberata*, canto X.)

A

THOMAS MOORE, ESQ.

Mon Cher Moore,

Je vous dédie la dernière production que j'imposerai pendant quelques années à la patience du public et à votre indulgence; et j'avoue que je me trouve heureux de pouvoir profiter de cette opportunité, qui est peut-être la dernière, pour orner mon poème d'un nom consacré par des principes politiques inébranlables, et par les talens les plus incontestables et les plus variés. Tandis que l'Irlande vous range parmi les plus fermes de ses patriotes, tandis que vous restez, dans son estime, le premier de ses poètes, et que la Grande-Bretagne répète et ratifie ce jugement, permettez à celui dont le seul regret, depuis notre première liaison, est dans les années qu'il a perdues avant cette liaison ; permettez-lui d'ajouter l'humble, mais sincère suffrage de son amitié, à la voix unanime de plusieurs nations. Il vous prouvera du moins que je n'ai jamais oublié les avantages que j'ai retirés de votre société, ni abandonné l'espoir d'en jouir encore, quand vos goûts et vos loisirs vous permettront de faire oublier à vos amis votre trop longue absence. On dit parmi ces amis, et j'aime à le croire, que vous êtes engagé dans la composition d'un poème dont la scène sera placée en Orient ; personne ne peut rendre avec autant de vérité que vous de pareilles scènes. Les souffrances de votre propre contrée (l'Irlande), le caractère noble et fier de ses enfans, la beauté et la sensibilité de ses filles pourront s'y retrouver ; et Collins, quand il donnait à ses églogues orientales le surnom d'*irlandaises*, ne se doutait pas combien était juste une partie au moins de son parallèle. Votre imagination créera un soleil plus ardent et un ciel moins nuageux ; mais la fierté, la tendresse et l'originalité font partie de vos titres nationaux à une origine orientale, à laquelle vous avez déjà prouvé vos droits plus clairement que les plus zélés antiquaires de votre nation.

Me permettrez-vous d'ajouter quelques mots sur un sujet pour lequel on suppose que tout le monde a un penchant assez vif, mais qui ne plaît nullement aux autres? — soi-même. J'ai écrit beaucoup; j'ai publié même plus qu'il ne faudrait pour autoriser un silence plus long que celui que je médite actuellement; mais, pour quelques années au moins, c'est mon intention de ne pas provoquer le jugement *des Dieux, des hommes et des colonnes*. Dans la composition actuelle, j'ai essayé un rhythme qui n'est pas le plus difficile, mais qui est peut-être la mesure la mieux appropriée à notre langue : c'est la bonne vieille et héroïque strophe, maintenant négligée. La stance de Spencer est peut-être trop lente et trop pompeuse pour une narration; cependant, je l'avoue, c'est la mesure que je préfère de beaucoup. Scott seul, de notre tems, a jusqu'ici complètement triomphé de la fatale facilité du vers de huit syllabes; et ce n'est pas le moindre triomphe de ce génie fertile et puissant. Dans les vers blancs, Milton, Thompson et nos poètes dramatiques sont les signaux qui brillent dans les ténèbres, mais qui nous avertissent d'éviter les rochers rudes et stériles sur lesquels ils sont allumés. Le couplet héroïque n'est pas certainement la mesure la plus populaire; mais comme je n'en ai pas cherché une autre par le désir de flatter ce que l'on nomme l'opinion publique, je bornerai ici mon apologie, et courrai encore une fois la chance avec un rhythme dans lequel je n'ai encore écrit que des compositions dont la publicité qu'elles ont reçue est une partie de mes regrets actuels comme elle le sera de mes regrets futurs.

Pour ce qui concerne mon histoire, et toutes mes histoires en général, je me croirai heureux si j'ai rendu mes personnages plus parfaits et plus aimables, s'il est possible; d'autant plus que j'ai été quelquefois critiqué et considéré comme non moins responsable de leurs actions et de leurs défauts que si ces actions et ces défauts m'étaient personnels. Soit. — Si j'ai été entraîné à la triste vanité de *peindre d'après soi-même*, les portraits sont probablement ressemblans, puisqu'ils sont si défavorables; ou sinon, ceux qui me connaissent ne s'y trompent point, et ceux qui ne me connaissent pas, j'ai peu d'intérêt à les détromper. Je n'ai pas le désir spécial que personne, excepté mes amis, croie l'auteur meilleur que les personnages créés par son imagination; mais je ne puis me soustraire à une légère surprise, et peut-être à une certaine gaîté, sur quelques singulières et critiques exceptions dans l'exemple actuel, en voyant plusieurs bardes (bien supérieurs, je l'avoue) dans une condition vraiment estimable, et tout-à-fait exempts de toute participation aux défauts de ces héros, qui, néanmoins, n'ont guère plus de moralité que *le Giaour*, et peut-être — mais non : — je dois admettre que *Childe-Harold* est un personnage tout-à-fait odieux; et, quant à son identité, ceux qui aiment à la reconnaître peuvent lui donner tel type qu'il leur plaira.

Si cependant il valait la peine de détruire cette impression, il serait important pour moi que l'homme qui fait les délices de ses lecteurs et de ses amis, le poète de tous les cercles et l'idole du sien, me permît en cette occasion et toujours de me souscrire

Son très-dévoué, très-affectionné
Et obéissant serviteur,

BYRON.

2 janvier 1814.

Chant Premier.

> *Nessun maggior dolore,*
> *Che ricordarsi, del tempo felice*
> *Nella miseria............*
>
> (Dante.)

1. « Sur les ondes joyeuses de la mer sombre et bleue, nos pensées sont sans limites et nos ames sont libres : aussi loin que la brise peut nous porter, aussi loin que les vagues écument, contemple notre empire et regarde notre patrie ! Ce sont là nos royaumes, et aucune frontière ne leur est imposée ; — notre pavillon est un sceptre auquel tous ceux qui le rencontrent obéissent. Elle est nôtre aussi la vie sauvage et tumultueuse qui passe de la fatigue au repos et du repos à la fatigue, avec la même gaîté dans chaque changement. Oh ! qui pourrait raconter — ce n'est pas toi, luxurieux esclave ! dont l'ame tomberait en défaillance sur la vague soulevée ; ni toi, souverain orgueilleux de l'indolence et du luxe ! que le sommeil ne délasse point, — pour qui le plaisir n'a plus d'attraits. — Oh ! qui, excepté celui dont le cœur a été éprouvé, et qui a dansé en triomphe sur les flots écumans, pourrait raconter les

transports exaltés, — le mouvement frénétique du pouls qui agitent ceux qui voyagent sur ces plaines sans vestiges? Qui pourrait raconter comment nous aimons le combat pour le combat lui-même, et changeons en délices ce que d'autres appellent des dangers; comment nous recherchons avec avidité ce qu'évite le lâche; et comment, où le faible tremble, — c'est seulement là que nous commençons à sentir — sentir — avec toute l'énergie de la sensation la plus intime, quand l'espérance se réveille et redouble le courage.

» Aucune peur de la mort, — si nos ennemis meurent avec nous : — excepté qu'elle nous paraît plus ennuyeuse encore que le repos. Qu'elle vienne quand elle le voudra : — nous jouissons avec profusion de la vie * —; quand on la perd, — qu'importe — que ce soit par la maladie ou par le combat? Que celui qui rampe sur la terre, amoureux de ses propres ruines, se cramponne sur sa couche, et végète ainsi languissamment pendant de longues années; arrache péniblement son souffle de sa poitrine, en secouant sa tête paralysée : pour nous, — le frais gazon, et non pas un lit fiévreux. Tandis que, dans son épuisement, soupir par soupir, l'homme décrépit expectore son âme, la nôtre, dans une seule convulsion, — par un seul bond, — échappe à tout contrôle. Son cadavre peut s'enorgueillir de

* *We snatch the life of life.*

son urne et de son étroit tombeau ; ceux qui maudissaient sa vie pourront dorer sa tombe. Pour nous sont des pleurs, quoique peu nombreux, mais sincèrement versés, quand l'Océan nous couvre de son immense linceul et ensevelit nos cadavres; des banquets remplacent des regrets superflus, et la coupe se remplit pour honorer notre mémoire. Une brève épitaphe n'est pas omise au jour du danger, quand ceux qui survivent partagent les dépouilles, et s'écrient, avec un triste souvenir empreint sur chaque front : « Oh! que *ce moment* eût été beau » pour le brave qui est tombé dans la mêlée! »

2. Tels étaient les accens qui partaient de l'île du Pirate, autour du feu nocturne de la garde; tels étaient les sons qui retentissaient le long des rochers du rivage, et qui semblaient un chant à des oreilles aussi sauvages! Les pirates en groupes dispersés sur le sable doré, jouent, — boivent à la ronde, — conversent — ou aiguisent leurs armes tranchantes, choisissent celles qui sont les plus meurtrières, — assignent à chacun sa lame, et regardent sans émotion le sang qui ternit son éclat. Ils réparent la chaloupe, replacent les mâts ou les rames, tandis que d'autres errent en rêvant sur le rivage. Ceux-là tendent des piéges aux oiseaux sauvages, ou déploient au soleil les filets trempés dans la mer, et épient dans le lointain, avec toute l'ardeur d'une curiosité avide, si quelque voile distante se détache sur l'horizon; d'autres racontent les histoires de plus d'une

nuit de danger et de fatigue, et se demandent avec inquiétude quand ils pourront encore s'emparer de dépouilles. Peu leur importe dans quel lieu : — ce soin est l'affaire de leur chef; la leur, c'est de ne jamais douter du succès de leur entreprise et des projets de leur chef. Mais quel est ce Chef? Son nom est fameux et redouté sur chaque rivage : — ils n'en demandent et n'en connaissent pas davantage.

Il ne se mêle avec eux que pour les commander; peu nombreuses sont ses paroles, mais son œil est perçant et sa main hardie. Jamais il ne mêle à leurs banquets joyeux un sourire de gaîté; mais ils oublient son silence en faveur de ses succès. Jamais ils ne remplissent la coupe pour ses lèvres dédaigneuses : le verre passe devant lui sans qu'il daigne le goûter; — et quant à ses mets, — les plus austères de sa troupe voudraient aussi qu'ils passassent devant lui sans qu'il les goûtât. Le pain le plus dur de la terre, les racines les plus simples du jardin, et rarement le luxe des fruits d'été, composent humblement ses courts repas qu'un ermite pourrait à peine refuser. Mais tandis qu'il se prive des jouissances les plus grossières des sens, son esprit semble nourri de cette abstinence. « Que l'on vogue vers ce rivage! » — ils voguent. — « Faites ceci! » — cela est fait. « Que l'on se réunisse et que l'on me suive! » — les dépouilles sont dans leurs mains. Aussi prompts sont ses ordres, aussi promptes ses actions, et tous obéissent; il en est peu qui s'informent du motif de sa volonté. A ceux-là, une brève réponse et un regard de mépris et de blâme : c'est tout ce qu'ils obtiennent.

3. « Une voile ! — une voile ! » — une dépouille promise à leur avide espérance ! « Sa nation ? — son pavillon ? — que dit le télescope ? » Ce n'est pas une prise, hélas ! — mais c'est une voile amie : le pavillon couleur de sang se déroule au souffle de la brise. Oui, — elle est des nôtres : — c'est un navire qui rentre au port. — Souffle agréablement, ô brise ! — qu'il jette l'ancre avant la nuit. Déjà le cap est doublé ; — notre baie reçoit cette proue qui fend orgueilleusement l'écume des flots. Comme il tire majestueusement et avec grâce sa bordée ! Ses voiles blanches sont déployées au vent : — elles ne fuient jamais devant l'ennemi. — Il s'avance sur les ondes comme un être animé, et semble avoir l'audace de défier les élémens au combat. Qui ne voudrait pas affronter les décharges de la mêlée — et le naufrage — pour se sentir le monarque de ce navire peuplé ?

4. Le câble retentissant glisse rudement sur les flancs du vaisseau; les voiles sont ployées, et la chute de l'ancre fait balancer le navire. Les spectateurs oisifs de l'île distinguent le canot qui descend des larges ouvertures de la proue. Il est équipé ; — les rames se meuvent de concert vers le rivage, jusqu'à ce que sa quille creuse le sable bruissant. Salut au cri de bien-venue ! — On se parle amicalement !

une main serre une autre main qui l'attend au rivage ; on se sourit, on s'interroge, on se répond brièvement : tous les cœurs se promettent une fête.

5. Les nouvelles se répandent et la foule augmente sans cesse. Le bruit confus des voix, le rire prolongé de l'allégresse, et les tendres et inquiets accents de la femme s'entendent confusément : — chaque parole exprime le nom d'un ami, — d'un mari — ou d'un amant. « — Oh ! sont-ils sauvés ? nous ne nous informons pas du succès, — mais les verrons-nous ? aurons-nous le bonheur d'entendre encore leurs accens ? Là où la bataille s'est donnée, — où les flots se sont levés en courroux, — sans doute ils se sont conduits en braves ; — mais qui sont ceux qui ont échappé ? qu'ils se hâtent de venir jouir de notre bonheur et de notre surprise, et, par des baisers, chasser le doute de nos yeux enchantés ! » —

6. « — Où est notre chef ? pour lui nous apportons un message, — et nous doutons que la joie — qui salue notre arrivée — dure long-tems ; mais sincère comme elle est, — elle est douce pour nous, quoique de si courte durée. Mais, Juan, conduis-nous sur-le-champ à notre chef. Nos devoirs de civilités étant remplis, nous reviendrons nous réjouir avec vous ; et chacun pourra entendre ce qu'il désire qui lui soit raconté. »

Ils montent lentement un sentier creusé dans le roc sur lequel est placée la tour d'observation qui domine la baie, entourée de buissons touffus, de fleurs sauvages épanouies. Là une douce fraîcheur s'exhale des sources argentées dont les ondes sinueuses jaillissent de bassins de granit, se précipitent dans un courant animé *, et invitent par leur pureté à étancher la soif; ils montent de rochers en rochers. —

— Près de cette grotte prochaine, quel est cet homme solitaire qui contemple la profondeur des ondes, appuyé dans une posture méditative sur son sabre qui ne sert pas souvent d'appui à sa main sanglante ? « C'est lui, — c'est Conrad; — c'est là — qu'il se plaît — à être seul. Va, — Juan! — va, — et fais connaître l'objet de notre visite. Il a vu le vaisseau; — dis-lui que nous venons lui apprendre des nouvelles qu'il doit être pressé d'entendre. Nous n'osons pas cependant approcher; — tu connais son humeur, lorsque des étrangers ou des personnes non invitées s'introduisent près de lui. »

7. Juan l'aborde et l'instruit de leur dessein. — Il ne parle pas; — mais un signe a fait connaître son consentement. Juan appelle les messagers : — ils arrivent. — Il répond à leur salut par une légère inclination, mais ses lèvres restent muettes. « Ces lettres, chef, sont du Grec, — l'espion, qui nous avertit quand le butin ou le péril sont près de nous. Quelles que soient ses nouvelles, nous pouvons bien

---

* *Leap into life.*

dire que — » « Paix! paix! » Il impose silence à leur discours. Dans leur étonnement, ils se détournent, confondus, en se faisant part tout bas, l'un à l'autre, de leurs conjectures ; ils épient ses regards d'un œil clandestin, pour voir avec quelle contenance ce chef recevra les nouvelles qu'ils lui apportent. Mais, comme s'il eût deviné leur intention, il a détourné la tête, peut-être par suite de quelque émotion, par doute ou par fierté. Il lit la lettre. — « Mes tablettes, Juan, écoute. — Où est Gonsalvo! »

— « Sur le vaisseau à l'ancre. » — « Qu'il y reste. — Porte-lui cet ordre; et vous, retournez à vos devoirs. — Préparez-vous pour ma course : vous serez cette nuit de mon entreprise. » — « Cette nuit, seigneur Conrad ? »

— « Oui ! au coucher du soleil : la brise fraîchira à la fin du jour. Mon armure, — mon manteau, — une heure — et nous sommes partis. Ceins ton cor ; — veille à ce que, dépouillé de sa rouille, il ne trompe pas ma légitime attente. Que le tranchant de mon large sabre soit aiguisé; que la garde en remplisse mieux ma main; et que l'armurier l'arrange à la hâte. La dernière fois, ce sabre a plus fatigué mon bras que les ennemis : fais attention que l'on tire exactement le coup de signal qui nous avertit que l'heure d'attente est expirée. ».

8. Ils obéissent, et se retirent à la hâte pour aller de nouveau chercher des dangers sur la vaste mer.

Cependant ils ne murmurent point : — c'est Conrad qui les guide ! Et qui oserait mettre en question ce qu'il a décidé ? Cet homme de solitude et de mystère, que l'on ne voit presque jamais sourire et plus rarement soupirer ; dont le nom seul intimide les plus hardis de sa troupe, et teint leurs visages basanés d'une couleur plus pâle, sait gouverner leurs ames avec cet art du commandement qui éblouit, dirige et fait trembler les courages vulgaires.

Quel est ce charme, ce charme que sa troupe indisciplinée reconnaît et envie, sans oser cependant s'y opposer ? Que peut-il être, ce pouvoir qui s'empare ainsi de la confiance des siens ? c'est le pouvoir de la pensée, — la magie de l'intelligence ! conquise d'abord par le succès, et conservée par l'habileté qui façonne la faiblesse des autres à sa volonté, se sert de leurs propres mains, mais sans qu'ils s'en doutent, et fait que leurs exploits les plus glorieux paraissent lui appartenir.

C'est ce qui est arrivé, — qui arrivera toujours — sous le soleil : le plus grand nombre se sacrifient pour la gloire d'un seul ! c'est la loi de la nature. — Mais que le malheureux qui travaille n'accuse pas, ne haïsse pas *celui* qui profite de ses sueurs. Oh ! s'il connaissait le poids des chaînes dorées, que ses peines obscures, mises dans la balance, lui sembleraient légères !

9. Différent des héros des antiques races, démons par leurs actions, mais dieux au moins par leur vi-

sage, Conrad n'avait rien dans ses traits qui pût exciter l'admiration, quoique ses sourcils noirs ombrageassent un regard de feu. Robuste, sans être un Hercule, — sa taille commune n'avait rien de la stature d'un géant. Cependant, sur le tout, celui qui le considérait avec attention distinguait en lui quelque chose de plus que n'en aperçoit la foule des hommes vulgaires, ce quelque chose qui finit par exciter la surprise et l'admiration, — que l'on a vu tel sans pouvoir se l'expliquer. Ses joues étaient brûlées par le soleil; son front élevé et pâle était ombragé par les boucles noires de ses cheveux abondans; et souvent le mouvement de ses lèvres révélait des pensées fières qu'il contenait à peine, mais qu'il dissimulait rarement; quoique sa voix fût douce, que son maintien habituel fût calme, il semblait qu'il y avait quelque chose qu'il eût voulu en retrancher. Les lignes profondes de ses traits et la couleur changeante de son visage faisaient naître parfois dans ceux qui l'approchaient un inexplicable embarras, comme si, dans la sombre profondeur de cette ame, eussent été renfermés des sentimens redoutables et indéfinis. Qu'il en eût été ainsi, — personne ne pouvait l'assurer avec certitude : — son sévère regard eût bientôt glacé l'ame de celui qui aurait voulu le sonder de trop près. Il se serait trouvé peu d'hommes susceptibles d'affronter la fixité de son œil pénétrant. Il avait l'art, quand le regard de la curiosité essayait d'épier les mouvemens de son cœur et les changemens de sa physionomie, de surveiller lui-même les mouvemens de l'observateur, et de le forcer à se tenir sur ses gardes, afin de ne pas trahir aux yeux de Conrad quelque secrète pensée, plutôt que de découvrir celle de ce chef puissant. Il y avait un démon ricanant dans son sourire dédaigneux qui suscitait à la fois des émotions de rage et de crainte; et là où tombait le geste de sa sombre colère, l'espérance disparaissait flétrie, — et la compassion soupirait son adieu!

10. Légères sont les marques extérieures de la pensée du mal; c'est au dedans, — c'est au dedans que l'impression en est profonde! L'amour découvre toutes ses émotions; — la haine, l'ambition, la fourberie ne se trahissent que par un sourire amer. Le mouvement le plus imperceptible de la lèvre, la plus légère pâleur jetée sur une contenance maîtrisée indiquent seuls de grandes passions; et pour juger de leur violence, il faut que l'observateur les voie sans être vu lui-même. Alors se découvrent — les pas précipités, l'œil levé vers le ciel, les mains jointes, le silence du désespoir qui écoute, tremblant que des pas trop rapprochés ne le surprennent dans ses transes. Alors se découvrent, dans chaque expression des traits, les mouvemens du cœur, qui se manifestent dans toute leur force sans s'éteindre; cette lutte convulsive — qui s'élève; — ce froid de glace ou cette flamme qui brûle en

passant, sueur froide sur les traits, ou abattement soudain sur le front. Alors, étranger ! si tu l'oses sans trembler, contemple son ame, — considère le repos qui devrait soulager ses tourmens ! Regarde — comment ce cœur solitaire et flétri consume la pensée déchirante d'années maudites ! Regarde ! — mais qui a vu — ou qui verra jamais l'homme tel qu'il est, — donnant un libre cours à ses secrètes pensées ?

11. Cependant Conrad n'avait pas été destiné par la nature à commander des criminels, — les pires instrumens du crime ; — son ame fut changée avant que ses actions l'eussent entraîné à faire la guerre à l'homme et à renier le ciel. Trompé par le monde à l'école du désappointement, il fut trop sage dans ses paroles et insensé dans sa conduite. Trop ferme pour céder, et beaucoup trop fier pour s'arrêter ; condamné par ses propres vertus à être dupe, il maudit ces vertus comme la cause de ses maux, au lieu de maudire les perfides qui le trahissaient toujours : il ne s'imaginait pas que ses bienfaits, accordés à des hommes meilleurs, lui auraient donné du bonheur, en lui procurant les moyens d'en accorder de nouveaux. Craint, — évité, — calomnié, — avant que sa jeunesse eût perdu sa vigueur, il haïssait trop l'homme pour éprouver le remords ; et il pensa que la voix de la colère était un avertissement sacré, pour se venger sur tous les hommes des injures de quelques-uns. Il se sentit lui-même coupa-

ble; — mais il lui sembla que le reste des hommes ne valait pas mieux que lui : et il méprisa les meilleurs comme des hypocrites qui cachaient des actions que des esprits plus hardis ne craignaient pas de commettre publiquement. Il savait qu'il était détesté ; mais il savait aussi que ceux qui le haïssaient rampaient devant lui et le redoutaient. Solitaire, farouche, étrange, il vivait exempt pareillement de toute affection et de tout mépris. Son nom inspirait de la crainte et ses actions de la surprise ; mais ceux qui le craignaient n'osaient pas le mépriser. L'homme foule aux pieds le ver de terre, mais il hésite avant de réveiller le venin du serpent : le premier peut se retourner, — mais non se venger ; le dernier expire, — mais il ne laisse pas vivant son ennemi. Il s'attache à celui qui l'a frappé pour sa condamnation ; il peut être écrasé — mais non vaincu, — car il conserve son dard !

12. Personne n'est entièrement méchant. — Dans le cœur de Conrad subsistait encore avec force un sentiment tendre qu'il n'avait pu chasser. Souvent il avait souri de pitié à la faiblesse de ceux qui se laissent séduire par des passions dignes d'un fou ou d'un enfant. Cependant il avait vainement lutté contre cette passion, et même chez lui cette passion exigeait le nom d'amour ! Oui, c'était l'amour, — l'amour constant, — impérissable, éprouvé pour une personne à laquelle il ne fut jamais infidèle. Quoique les plus belles captives eussent été journelle-

ment offertes à ses regards, il ne les évitait ni ne les recherchait, mais il passait froidement auprès d'elles. Quoique plus d'une beauté pleurât sa liberté dans la prison d'un bosquet, aucune ne put jamais attendrir sa sévère indifférence. Oui, — c'était l'amour, — si des pensées de tendresse éprouvées par la tentation, alimentées par le malheur, non ébranlées par l'absence, constantes dans tous les climats, et cependant — oh! plus que tout cela encore! — ineffacées par le tems; pensées que ni ses espérances déçues, ni ses projets détruits, ne purent rendre tristes et sombres près du sourire de celle qu'il aimait; que sa colère ne pouvait troubler ni la douleur ternir, en jetant sur elle un murmure de mécontentement; dont il savait aborder l'objet avec gaîté, le quitter avec calme, de crainte que l'aspect de ses chagrins ne pénétrât jusqu'à son cœur; dont rien ne put altérer la tendresse, ni ne menaça de l'altérer. — S'il y eut jamais amour parmi les mortels, — ce fut assurément de l'amour! Il était criminel — oui, — les reproches pleuvaient sur lui; — mais sa passion ne l'était pas, ni les effets de cette passion, qui prouvaient seulement, toutes les autres vertus évanouies, que le crime lui-même n'avait pu éteindre la plus aimable des vertus!

13. Il s'arrêta un moment, — jusqu'à ce que ses hommes, marchant à la hâte, eussent passé le premier détour du sentier qui conduisait à la vallée. — « Étranges nouvelles! — moi qui ai couru tant

de dangers, je ne sais pourquoi celui que je vais affronter me paraît le dernier! Toutefois, si mon cœur a des pressentimens, il ne peut éprouver de craintes, et mes compagnons ne me trouveront point indigne de moi. Il est téméraire d'aller au-devant de la mort; mais il est plus dangereux d'attendre qu'on vienne nous porter un trépas certain. Et si mes projets, quoique sans succès, sont favorisés par un sourire de la fortune, nous aurons des pleurs à nos funérailles. Oui, — qu'ils se livrent au sommeil; — paisibles soient leurs rêves! le matin ne les aura jamais réveillés avec des rayons de feu aussi brillans que ceux qui seront allumés cette nuit (mais souffle, ô brise!) pour réchauffer ces tardifs vengeurs des mers. Maintenant à Médora. — Oh! mon cœur, cœur défaillant, que le sien puisse être long-tems moins troublé que tu ne l'es! Cependant je fus brave : — vain orgueil d'une bravoure dont chacun peut se vanter! Les insectes eux-mêmes tirent leurs aiguillons pour l'objet qu'ils cherchent à conserver. Ce courage commun que nous partageons avec les brutes, et qui doit ses plus redoutables efforts au désespoir, peut mériter quelques éloges; — mais j'ai eu l'espérance plus noble d'apprendre à ma faible troupe de se mesurer avec de nombreux ennemis. Je les ai long-tems conduits là — où le sang n'était pas inutilement versé. Point de milieu maintenant : — nous devons périr ou vaincre! Qu'il en soit ainsi : — ce n'est pas de mourir qu'il m'inquiète;

c'est d'entraîner mes compagnons dans des lieux d'où ils ne pourront fuir. Mon sort m'a jusqu'ici peu occupé ; mais mon orgueil souffre d'être ainsi joué dans une embûche. Est-ce le cas d'employer mon habileté ? ma force ? Faut-il engager d'un seul coup espérances, pouvoir et vie ? Oh ! destin ! — Accuse ta folie, non le destin ; — il pourrait te sauver encore : — car il n'est pas trop tard. »

14. C'est ainsi que Conrad s'entretenait avec ses pensées, jusqu'à ce qu'il eût atteint le sommet de sa colline couronnée d'une tour. Là, il s'arrêta près du portail ; — car, tendre en même tems que farouche, il prêta l'oreille à ces accens qu'il ne s'était jamais lassé d'entendre. A travers les jalousies élevées du balcon s'échappent les doux chants de sa bien-aimée; et voici les paroles que son oiseau de beauté chantait :

I.

Profond dans mon ame demeure caché ce tendre secret, solitaire et perdu à jamais pour la clarté du jour ; excepté quand, pour répondre au tien, mon cœur palpite d'amour : mais bientôt il tremble seul en silence comme avant.

II.

Là, dans ce cœur, une lampe sépulcrale brûle en jetant une flamme lente, éternelle, — mais invisible ; que les ténèbres du désespoir ne peuvent éteindre, quoique ses rayons soient aussi inutiles que s'ils n'avaient jamais existé.

III.

Souviens-toi de moi ; — oh ! ne passe pas auprès de ma

tombe sans donner une pensée à celle dont elle contient les restes : la seule angoisse que mon cœur n'oserait soutenir, serait de trouver l'oubli dans le tien.

IV.

Écoute mes plus tendres, — mes plus faibles — et mes derniers accens : la vertu ne peut blâmer de gémir sur l'être qui n'est plus ; alors accorde-moi tout ce que je t'ai jamais demandé ; — une larme, la première, — la dernière, — la seule récompense de tant d'amour !

Il franchit le portail, — traversa le corridor, et pénétra dans la chambre à l'instant où les chants venaient de cesser : « Ma Médora ! oh ! que ton chant est triste ! » — « Voudrais-tu qu'il fût gai en l'absence de Conrad ? Quand tu n'es pas ici pour prêter l'oreille à mes chants, ils doivent trahir mes pensées et les sentimens de mon ame : chacun de mes accens doit être en harmonie avec mon cœur ; car ce cœur parlerait — quand même mes lèvres seraient muettes ! Oh ! plus d'une nuit, penchée sur cette couche solitaire, mes songes craintifs prêtaient aux vents les ailes des tempêtes, quand la brise languissante enflait à peine tes voiles : prélude murmurant de l'ouragan réveillé ; quoique douce, cette brise me semblait l'hymne lugubre et prophétique qui gémissait sur toi devenu le jouet d'une mer orageuse. Alors je me levais pour aller raviver les feux du fanal, de crainte que des gardiens moins fidèles ne laissassent expirer cette lumière. Et que d'heures

sans repos j'ai passées à contempler chaque étoile !
Le matin survenait — et tu n'étais pas venu ! Oh !
comme la bise froide glaçait alors mon cœur ! le
matin paraissait redoutable à mes yeux troublés, et
je ne cessais de contempler la mer ; — pas une
proue ne venait satisfaire mes larmes, — ma fidélité, — mes vœux ! Enfin — l'heure de midi arrivait ; — je saluais et bénissais un mât qui frappait
ma vue, — il approchait — hélas ! et disparaissait
soudain ! Un autre se présentait, — ô Dieu ! c'était
le tien enfin ! Ces jours d'angoisses ne seraient-ils
pas à jamais passés ! Ne voudras-tu jamais, mon
Conrad, apprendre à partager les joies de la paix ?
Assurément tu as plus que de la fortune ; et plus
d'une demeure aussi belle que celle-ci nous invite
à renoncer à la vie errante. Tu sais que ce n'est pas
le péril que je crains : je ne tremble que lorsque tu
n'es pas près de moi ; et alors ce n'est point pour ma
vie, mais pour cette vie cent fois plus chère qui fuit
l'amour et ne languit que pour le combat. — Qu'il
est étrange qu'un cœur si tendre encore pour moi
lutte avec la nature et ses plus doux penchans ! »

— « Oui, il est étrange, en effet, que ce cœur
soit ainsi changé depuis long-tems ; il avait été foulé
aux pieds comme le ver de terre, — il s'est vengé
comme la vipère, sans autre espérance sur la terre
que ton amour, et attendant à peine une lueur de
pardon d'en haut. Cependant les mêmes sentimens
que tu condamnes, mon tendre amour pour toi et ma

haine pour les hommes, sont tellement confondus, que, s'ils étaient séparés, je cesserais de t'aimer lorsque j'aimerais le genre humain. Mais ne crains pas cela; — les épreuves du passé garantissent pour l'avenir que mon amour pour toi sera mon dernier sentiment. Oh! Médora! donne de l'énergie à ton tendre cœur; une heure encore — et nous nous séparons, — mais non pour long-tems. »

— « Dans une heure nous nous séparons! — mon cœur l'avait prévu : c'est ainsi que se flétrissent pour jamais mes rêves enchantés de bonheur. Dans une heure! — cela ne peut être; — dans une heure, séparés! Un navire là-bas vient à peine de jeter l'ancre dans la baie; son compagnon de voyage est encore absent, et son équipage a besoin de repos avant de se remettre en mer. Mon amour! tu te moques de ma faiblesse; et voudrais-tu prémunir mon cœur pour le préparer à la douleur d'une véritable séparation? Mais ne te joue pas plus long-tems de ma douleur; il y a plus que de l'amertume dans ce jeu folâtre. N'en parle plus, Conrad! — mon plus cher ami! viens partager le repas que j'ai préparé de mes mains avec délices; peine légère! que d'être chargée de préparer et de servir ton repas frugal! Vois, j'ai cueilli les fruits qui m'ont paru les plus suaves; et quand je n'en étais pas sûre, indécise, mais joyeuse, j'ai choisi ceux qui m'ont paru les plus beaux. Trois fois mes pas ont parcouru la colline pour rencontrer la source la plus fraîche.

Oui ! ton sorbet va ce soir s'échapper avec douceur ; regarde comme il pétille dans son vase d'albâtre ! Le jus réjouissant de la grappe ne délecte jamais ton cœur ; tu montres plus de rigidité qu'un Musulman à l'aspect de la coupe. Ne pense pas que je t'en fasse un reproche ; — car je me réjouis de ce que les autres appellent privations dans tes habitudes. Mais viens ; la table est préparée ; notre lampe d'argent est disposée, et ne crains pas le souffle du sirocco. Mes suivantes, pour te faire trouver le tems moins long, formeront des danses avec moi, ou feront entendre des chants. Ma guitare, que tu aimes encore à entendre, te délassera ou te charmera par ses accords ; — ou, si cela déplaît à tes oreilles, nous changerons de divertissemens, nous lirons les histoires racontées par l'Arioste : celle des amours et des malheurs de la belle Olympie [1]. Ainsi — tu serais plus coupable que celui qui rompt ses vœux en faveur de cette pauvre damoiselle, si tu m'abandonnais maintenant ; plus coupable même que ce chef inconstant. — Je t'ai vu sourire lorsque le ciel pur nous faisait apercevoir l'île d'Ariane, que je t'ai souvent montrée du haut de ces rochers. Alors, livrée tout à la fois à la joie et à la crainte, je disais, avant que le tems n'eût élevé ce doute à quelque chose de plus que de la crainte : Ainsi Conrad, hélas ! m'abandonnera pour l'Océan ! Et il m'abusait ; — car — il revenait encore ! ».

— « Encore, — encore, — et toujours encore,

— mon amour ! Tant que la vie lui restera ici-bas, et l'espérance en haut, il reviendra près de toi ; — mais maintenant les momens sur leurs ailes rapides apportent l'instant du départ : le pourquoi, — le où, — qu'est-il besoin de te le dire? Puisque tout doit finir dans ce monde sauvage, — adieu ! Cependant j'aimerais, — si le tems me le permettait, — à te découvrir — ne crains pas, — ces ennemis ne sont pas redoutables ; et ici veillera une garde plus nombreuse que de coutume, préparée pour un siége imprévu et pour une longue défense. Tu ne restes pas seule, — quoique ton amant s'éloigne ; nos matrones et tes compagnes demeurent avec toi. Et que ceci te donne du courage : — quand nous nous reverrons, la sécurité rendra notre repos plus doux. Écoute ! — c'est le son du cor ; — Juan le fait retentir avec force. — Un baiser, — encore un, — un autre encore ! — oh ! Adieu ! »

Médora s'est levée, — s'est élancée, — s'est précipitée dans les embrassemens de Conrad ; elle y reste jusqu'à ce que son cœur succombe, accablé par la douleur de Médora. Il n'osait pas lever sur elle cet œil bleu qui est fixé vers la terre dans une sèche agonie. Les longs cheveux de Médora flottent sur les bras de Conrad, dans tout le désordre de ses charmes dévoilés ; à peine sent-il battre ce cœur où son image est si profondément gravée, — et que le sentiment semble rendre comme insensible ! Écoutez ! — la détonnation du canon de départ fait entendre ses mugissemens! il annonce le coucher du soleil, — coucher qu'il maudit. Encore, — encore; — il presse avec une fureur insensée cette femme charmante dont les étreintes et les caresses muettes imploraient sa pitié! Il va la déposer en chancelant sur sa couche; — la contemple un moment — comme s'il ne devait plus la contempler; éprouve — qu'elle seule l'attache à la terre; baise son front glacé, — se détourne — Conrad est-il parti?

15. « Est-il parti? » — Dans sa solitude soudaine que de fois cette question terrible sera répétée! — « Il y a à peine un instant de passé — qu'il était là! et maintenant — » Elle se précipite hors du porche, et là ses larmes coulent enfin en liberté, amères, — brillantes — et abondantes, comme jamais elle ne l'a éprouvé. Ses larmes coulent de ses beaux yeux; mais ses lèvres refusent de prononcer — adieu! car dans ce mot, — ce mot fatal, — quelles que soient nos promesses, — nos espérances, — notre foi, — il n'y respire que du désespoir.

Sur chaque trait de ce visage calme et pâle, le chagrin a déjà gravé ce que le tems ne peut jamais effacer. Le bleu tendre de ces grands yeux languissans est devenu glacé en contemplant sa solitude déserte, jusqu'à ce que — oh! à quelle distance! — ils aient encore aperçu Conrad; alors ils fondirent en larmes, — et la frénésie sembla respirer dans ces longs, noirs et brillans regards humides de cette sombre tristesse qui devait si souvent se renouveler. — « Il est parti ! » Médora presse ses mains sur son cœur, par un mouvement convulsif, — et les élève ensuite tristement vers le ciel ; elle jeta un regard et vit le soulèvement des vagues, la voile blanche qui voguait : — elle n'osa pas regarder de nouveau. Mais se retournant, l'ame défaillante, du côté de la porte : — « Ce n'est pas un rêve, — je suis livrée à la désolation ! »

16. Descendant de rocher en rocher — et précipitant sa course, le sévère Conrad n'a pas une seule fois détourné la tête ; mais craignant que quelque détour du sentier n'offrît à ses regards les objets qu'il fuit, sa solitaire mais charmante demeure située sur le sommet de la montagne, qui le salue la première quand il rentre au port après une longue course ; et elle, — cette étoile sombre et mélancolique, dont les charmans rayons l'atteignaient de loin ; il ne doit point jeter sur elle un dernier regard, il ne doit point penser qu'il pouvait rester là auprès d'elle, — mais seulement sur le bord de l'abîme. Cependant il s'arrête un instant, — il est sur le point d'abandonner son destin au hasard — et ses projets à la merci des ondes ; mais non — il n'en doit pas être ainsi ; — un chef digne de sa fortune peut s'attendrir, mais il ne se laisse point séduire par la douleur d'une femme. Il voit son navire ; il remarque combien le vent est beau, et recueille courageusement toute l'énergie de son ame. Il reprend sa marche, — et, comme il écoute, le bruit du tu-

multe vibre à ses oreilles qui sont frappées de sons confus, du bruissement du rivage, des cris du signal et de la rame qui fend les flots. Il remarque le mousse au haut du mât, l'ancre qu'on lève, les voiles qui se déploient dans les airs, les mouchoirs flottans de la foule qui envoie ce muet adieu à ceux qui s'éloignent; et plus que tout, son pavillon rouge hissé dans les airs, et il s'étonne comment son cœur a pu éprouver tant de faiblesse. Le feu dans les regards et l'impétuosité bouillante dans le cœur, il sent qu'il est redevenu lui-même. Il bondit, — il se précipite; — jusqu'à ce qu'il ait atteint le pied de la colline où commence la baie; là, il arrête sa course précipitée, moins pour respirer la fraîcheur de la brise qui s'élève de la mer, que pour reprendre son attitude ordinaire de dignité, afin que, par cette précipitation, il ne parût troublé aux yeux du vulgaire : car l'habile Conrad avait appris à soumettre la foule par ces artifices qui déguisent les puissans et leur servent souvent de sauve-garde. Sa démarche était imposante, et son maintien, tenu à distance, semblait éviter les regards, — et inspirait le respect à ceux qui en étaient juges. Il avait le front plein de gravité, et le regard fier qui repousse toute familiarité vulgaire, sans manquer de courtoisie : c'est par là qu'il commandait l'obéissance. Mais lorsqu'il désirait se lier avec quelqu'un, sans forcer son caractère, sa bienveillance dissipait la crainte de ceux qui l'écoutaient; et les dons des autres n'étaient rien au prix d'une de ses paroles, lorsqu'elle faisait pénétrer dans les cœurs la profonde mais tendre mélancolie de sa voix. Toutefois cette condescendance était si étrangère à ses manières habituelles qu'il s'inquiétait peu de dominer par la persuasion, mais bien de subjuguer. Les mauvaises passions de sa jeunesse lui avaient fait moins apprécier l'affection — que l'obéissance.

17. Autour de lui est rangée en ordre sa garde prête au départ. Juan est debout devant lui. — « Tous les hommes sont-ils prêts? »

« Oui; — ils sont plus que prêts — ils sont embarqués; la dernière chaloupe n'attend plus que mon maître. »

— « Mon épée et mon manteau. »

Aussitôt son épée est fortement ceinte et son manteau placé sur ses épaules. « Fais venir Pédro! ». Il vient, — et Conrad s'incline pour le saluer, avec toute la courtoisie qu'il accordait à ses amis. — « Accepte ces tablettes, observe leur contenu avec soin; des instructions d'une haute importance, et qui contiennent des révélations dignes de foi, y sont consignées. Double la garde; et quand la barque d'Anselme arrivera, qu'il prenne également connaissance de ces ordres. Dans trois jours (si la brise nous est favorable) le soleil éclairera notre retour; jusque-là, puisses-tu rester en paix! »

Cela dit, il serra la main de son frère pirate, et il se dirige vers sa chaloupe avec une attitude fière.

Les rames brisent les vagues et répandent tout autour une lueur phosphorique ²; ils abordent le vaisseau. — Il est debout sur le tillac; le sifflet perçant siffle; — toutes les mains manœuvrent; — il admire avec quelle légèreté le navire obéit à cette manœuvre, — la bonne tenue de sa troupe, — et il daigne lui en témoigner sa satisfaction. Ses yeux pleins d'orgueil se tournent vers Gonsalvo. — Pourquoi s'arrête-t-il soudain et semble-t-il gémir intérieurement? Hélas! ses yeux ont aperçu sa tour du rocher, et sa pensée un moment s'est fixée sur l'heure des adieux. Elle — sa Médora — aperçoit-elle le vaisseau qui l'emporte? Ah! jamais il n'avait la moitié tant aimé qu'en ce moment! Mais cependant il lui reste encore beaucoup à faire avant la chute du jour. — Il recueille de nouveau son courage, détourne ses regards, et descend dans la cabine de Gonsalvo pour lui faire connaître son plan, — ses moyens de le faire réussir, — et son but. Devant eux brûle une lampe; il développe la carte et fait apporter tous les instrumens nécessaires à l'art nautique. Ils prolongent leurs débats jusqu'à minuit; aux yeux inquiets et aux esprits agités quelle est l'heure qui paraît jamais avancée?

Pendant ce tems, la brise propice souffle avec sérénité, et le vaisseau fuit rapide comme un faucon. Il a passé les hauts promontoires des îles groupées au milieu des flots; et il gagne le port; long-tems — long-tems avant le premier sourire du matin. Ils découvrent bientôt, à travers le miroir de la nuit, l'étroite baie où est mouillée la flotte du pacha. Ils comptent chaque voile, — et remarquent avec quelle insouciance les Musulmans se gardent à la clarté de la nuit. Tranquille et sans être aperçu, le vaisseau de Conrad passe à côté de cette flotte, et il a jeté l'ancre dans le lieu où il a résolu de se tenir en embuscade. Il est à l'abri d'une surprise par un rocher projeté du cap, qui élève dans les airs sa forme fantastique. Il n'a pas besoin d'exciter sa troupe à ses devoirs, — ni de la tirer de son sommeil, — préparée qu'elle est également aux luttes de terre et de mer ; tandis que, porté sur les flots, le chef s'entretient avec calme, — et cependant, avec ses compagnons, c'est de sang qu'il s'est entretenu !

Chant Deuxième.

Conoscesta i dubiosi desiri?
(Dante.)

1. Dans la baie de Coron se balancent avec grâce de nombreuses galères; à travers les jalousies des fenêtres de Coron brillent les lampes nocturnes; car Seyd, le pacha, donne une fête cette nuit; une fête à l'occasion des triomphes qu'il se promet dans une lutte prochaine, quand il emmènera dans ses prisons les pirates chargés de fers. Il l'a juré par Allah et son épée; et fidèle à son firman et à sa parole, il a réuni ses vaisseaux le long de la côte, rassemblé ses soldats orgueilleux comme lui d'un prochain triomphe. Déjà ils se sont partagé les captifs et les dépouilles, quoique l'ennemi qu'ils méprisent ainsi soit encore éloigné. Ils sont prêts à mettre à la voile; — aucun doute qu'au soleil de demain ils verront les pirates enchaînés — et leur port conquis! Pendant ce tems la garde peut se livrer au sommeil si elle veut; ils peuvent non-seulement se dispenser de faire sentinelle avant le combat, mais encore rêver la mort de leurs ennemis, quoique tous ceux qui en ont

la liberté se débandent sur le rivage, et vont chercher à essayer leur bouillante valeur sur le Grec : comme de semblables prouesses conviennent aux héros de turban, — de faire briller le tranchant de leurs sabres devant les yeux d'un esclave! Ils pillent sa maison, — mais ils épargnent sa vie; — leurs armes sont puissantes, mais aujourd'hui ils veulent être généreux! et ils ne daignent pas frapper, parce qu'ils pourraient le faire impunément! à moins qu'un joyeux caprice n'inspire leurs coups, afin de s'exercer pour l'ennemi futur. La débauche et les festins trompent les heures fugitives des Grecs; et ceux qui désirent porter encore quelque tems leur tête cherchent à sourire; que leurs lèvres feignent aux yeux des Musulmans toute la gaîté dont ils sont susceptibles, et accumulent dans le silence leurs malédictions, jusqu'à ce que la côte en soit à jamais purgée!

2. Seyd, avec son turban, est mollement étendu dans la haute salle de son palais; autour de lui sont les chefs à longue barbe qui l'accompagnent dans son expédition. Le banquet est achevé, ainsi que la dernière rasade,—breuvage défendu, dit-on,—qu'il a osé vider, tandis que des esclaves distribuent aux autres chefs, observateurs plus rigides des lois de Mahomet, un jus plus sobre [3]. Un nuage de fumée s'échappe ensuite de la longue chibouque [4], tandis que [5] les Almès dansent à des accords sauvages. Le lever du matin verra l'embarquement de tous ces chefs; mais les vagues sont quelquefois traî-

tresses pendant la nuit, et ceux qui se sont livrés à la débauche peuvent dormir plus sûrement sur leur couche de soie que sur le perfide élément. Qu'ils se réjouissent pendant qu'il leur est permis : — jusqu'à l'heure du combat, ils peuvent oublier ses hasards ; et qu'ils se fient moins à la victoire qu'aux paroles de leur Koran. Cependant les nombreux soldats du pacha, qu'il mènera contre l'ennemi, pourraient lui faire espérer des exploits plus glorieux que ceux dont il s'enorgueillit déjà.

3. L'esclave chargé de veiller à la porte extérieure s'avance avec une précaution respectueuse ; il incline profondément la tête, — et sa main salue le plancher de l'appartement avant que sa langue prononce le message qui lui est confié. « Un derviche échappé du nid des pirates est ici : — lui-même demande à raconter le reste. » Seyd a fait un signe d'assentiment qui est compris par l'esclave ; il amène bientôt le saint homme en silence près du pacha[6]. Ses bras étaient croisés sur son vêtement d'un gris foncé, sa démarche était chancelante, son regard abattu semblait plutôt l'être par les austérités que par les années, et sa joue était pâle de pénitence et non de crainte. Voué à son Dieu, — il portait une chevelure noire qui soulevait orgueilleusement son haut capuchon. Autour de lui était jetée une longue robe traînante qui enveloppe un cœur qui ne bat plus que pour le ciel. Soumis, mais plein d'une noble assurance, il supporte avec calme les

regards curieux qui l'examinent pour chercher à deviner le but de sa mission, avant que la volonté du pacha lui ait permis de s'exprimer.

4. « D'où viens-tu, derviche ? »

— « De la caverne indépendante des pirates ; je suis un fugitif. »

« Où fus-tu pris et dans quel tems ? »

— « Dans une traversée du port de Scalanovo à l'île de Scio, sur un saïque marchand bien monté ; mais Allah ne nous fut pas favorable dans notre navigation ; — les corsaires s'emparèrent du butin des marchands ; nos membres furent chargés de chaînes. Je ne craignais pas la mort ; je n'avais point de richesses à déplorer, excepté la liberté de voyager qui me fut enlevée. Enfin, une humble barque de pêcheur que je découvris pendant la nuit me fit naître quelque espérance, en m'offrant des chances de pouvoir échapper par la fuite. Je saisis l'heure, et j'y ai trouvé ma délivrance. — Avec toi, — très-puissant pacha ! qui pourrait éprouver de la crainte ? »

— « Que font ces pirates, mis hors la loi des nations ? Sont-ils bien préparés à défendre leurs richesses conquises par le pillage, et leurs rochers déserts ? Songent-ils à notre expédition prochaine, destinée à réduire en cendres leur nid de scorpions ? »

— « Pacha ! l'œil gémissant du captif enchaîné, pleure sa liberté, mais il jouerait mal le rôle d'espion. Je n'entendais que le mugissement continuel des vagues, de ces vagues qui se refusaient à me transporter loin de ce rivage; je ne remarquais que le glorieux soleil, et le ciel, trop brillant, — trop bleu — pour ma captivité; et je n'éprouvais — que tout ce qui peut consoler le cœur qui aspire à sa délivrance, et à voir briser ses chaînes avant de pouvoir sécher ses larmes. Tu peux juger au moins, par ma fuite, que les pirates ne pensent guère au péril d'une surprise; autrement j'aurais vainement imploré ou cherché le hasard qui m'amène devant toi, — s'ils se gardaient avec vigilance : la garde négligente qui n'a pas aperçu ma fuite, veille sans doute aussi négligemment pour prévenir ton attaque prochaine. Pacha! — mes membres sont défaillans, — et la nature demande des alimens pour se soutenir. Permets-moi de me retirer; — la paix soit avec toi! la paix avec tous ceux qui t'entourent! — J'ai besoin maintenant de repos — et de nourriture. »

— « Demeure, derviche! J'ai encore à t'interroger. — Demeure, je te le commande; — assieds-toi; — veux-tu m'entendre? — obéis! Je dois t'interroger encore; et des esclaves vont t'apporter de la nourriture : tu ne languiras pas de faim au milieu d'un banquet. Ton souper fini, — prépare-toi à me répondre clairement et amplement : — je n'aime pas le mystère. »

Ce fut vainement que l'on chercha à connaître ce qui se passa dans l'esprit du saint homme qui ne regarda pas le divan avec satisfaction. Il ne montra pas beaucoup de goût pour les mets du banquet, et encore moins de respect pour chaque convive. Un mouvement peu dissimulé de dépit passa un instant sur sa figure, qui reprit aussitôt son calme. Il s'assied en silence, et son front a recouvré la sérénité qu'il avait un moment oubliée. Il est servi avec empressement; — mais il évite les mets somptueux comme s'ils étaient mêlés de poison. Pour un homme si long-tems condamné aux austérités et aux privations, il est étrange qu'il profite si peu d'un si riche festin. — « Qu'as-tu donc, derviche? mange. — Pourrais-tu supposer que l'on te sert un repas de chrétien? ou penses-tu que mes amis ne sont pas les tiens? Pourquoi évites-tu le sel? ce gage sacré qui, une fois partagé, émousse le tranchant du sabre, opère la réunion des tribus divisées, et fait paraître des ennemis comme des frères! »

— « Le sel assaisonne les mets recherchés, — et ma nourriture est encore la plus humble racine, ma boisson, le plus humble ruisseau; mes vœux austères et les lois de mon ordre [7] s'opposent à ce que je rompe ou que je mêle le pain avec amis ou ennemis. Cela peut te paraître étrange; — s'il y a quelque chose à craindre, le péril ne menace que ma tête. Mais pour toute ta puissance; oui, bien plus encore, — pour le trône de ton sultan, je ne goûte ni de ton pain, ni de tes mets — à moins d'être seul. Si j'enfreignais la règle de notre ordre, la colère de notre Prophète pourrait empêcher mon pélerinage à la Mecque. »

— « Bien, — comme il te plaira, — ascétique que tu es *. — Réponds à une question ; et tu pourras alors te retirer en paix. Combien sont-ils ? — Ah ! ce n'est assurément pas encore le jour ? Quel astre, — quel soleil, éclatant resplendit dans la baie ? elle rayonne comme un lac de feu ! — Aux armes ! — aux armes ! Ho ! trahison ! mes gardes ! mon sabre ! Nos galères sont livrées aux flammes, — et je suis loin d'elles ! Maudit derviche ! — voilà donc tes nouvelles, — misérable espion ! — Qu'on le saisisse, — qu'on l'écartelle, — qu'il soit mis à mort sans délai ! »

Le derviche s'est levé à l'éclat subit de cette lumière. Son changement de forme n'excite pas moins de terreur. Il s'est levé le derviche, — non dans l'accoutrement d'un religieux, mais comme un guerrier qui bondit sur son cheval d'Ukraine. Il a foulé aux pieds son capuchon et déchiré sa robe ; sa cotte de maille frappe les regards, et la lame de son sabre a brillé comme un éclair ! Son casque étroit, mais étincelant ; son noir panache, son œil noir encore plus brillant, et l'ombre encore plus noire de ses noirs sourcils, tout le fait paraître aux yeux des Mu-

---

* La simplicité du pacha veut dire صوفي, *soufy*; religieux ascétique turque et persan.

(*N. du Tr.*)

sulmans comme un Afrite dont les coups mortels et infernaux ne laissent pas d'espoir de salut. Le tumulte le plus confus, les noirs tourbillons de flamme qui montent dans les airs, et les torches qui promènent l'incendie; les cris de terreur et les cliquetis du fer qui se croise : — car les sabres commencent à frapper; et les mugissemens qui s'élèvent, tout répand sur ce lieu de carnage comme un aspect de l'enfer !

Éperdus et fuyant çà et là, les esclaves dispersés ne voient qu'un rivage sanglant et des vagues enflammées. Ils ne tiennent aucun compte du cri menaçant du pacha : « *Qu'ils* saisissent le derviche ! Saisissez le *Zatanaï*[8] ! » Conrad a vu leur terreur, — et a réprimé le premier mouvement de désespoir qui ne lui offrait que de résister et périr dans ce palais, puisqu'il avait été si prématurément et si bien obéi. L'incendie avait été allumé avant qu'il en eût donné le signal. Il a vu leur terreur; — il détache son cor de son baudrier, — en tire un son, — mais un son perçant. On lui répond. — « Bien, courage ! ma valeureuse troupe ! Comment ai-je pu douter de leur promptitude à me secourir? et comment ai-je pu penser qu'ils m'avaient ici abandonné ? » Son bras puissant a décrit un cercle autour de lui ; — ce mouvement rapide de rotation qu'il a imprimé à son sabre répand une terreur qui répare son fatal délai. Sa fureur achève ce que la frayeur avait commencé; il abat, comme un troupeau ses lâches assaillans. Les turbans mis en pièces jonchent les appartemens, et à peine un bras ose encore se lever pour se défendre. Seyd lui-même, troublé par la rage et l'étonnement, recule devant lui, en continuant de le menacer. Il ne demande pas quartier, Seyd; — mais il redoute cependant les coups de l'étranger, tant le désordre a rendu cet étranger redoutable! Les galères enflammées de Seyd frappent toujours ses regards. Il s'arrache la barbe, et se retire du combat en écumant de rage [9] : car les pirates ont déjà dépassé la porte du harem, et se précipitent dans l'intérieur; — s'arrêter un instant de plus, c'était attendre la mort. Là les cris d'épouvante, — les supplications des hommes qui jettent leurs armes en demandant quartier — sont poussés en vain; — le sang coule par torrens ! Les corsaires qui affluent se précipitent où le cor de Conrad a sonné, et où les gémissemens des victimes expirantes et les supplications les avertissent de la manière courageuse avec laquelle il soutient la terrible lutte. Ils le comblent de leurs acclamations en le voyant seul, terrible et farouche comme un tigre qui se rassasie dans le sang qui inonde son repaire ! Mais courtes sont leurs félicitations, — plus courte la réponse : — « C'est bien; — mais Seyd est échappé, — et il doit mourir. Beaucoup a été fait, — mais il reste encore plus à faire. — Leurs galères brûlent; — pourquoi leur ville n'est-elle pas encore en flammes? »

5. A peine a-t-il parlé, et déjà chacun d'eux a

saisi une torche; et l'incendie est allumé du minaret au porche du palais. Un farouche plaisir se remarquait dans les yeux de Conrad; mais il frémit soudain : — car à son oreille ont retenti les cris des femmes; et, comme un glas de mort, ils ont ému ce cœur qui était resté insensible aux râlemens plaintifs des mourans dans la mêlée. « Oh! enfoncez les portes du harem; — n'outragez pas, sur votre vie, aucune femme : souvenez-vous que nous aussi — *nous* avons des femmes. La vengeance pourrait faire retomber sur elles un pareil outrage. C'est l'homme qui est notre ennemi; et c'est sur lui qu'il faut frapper : nous devons épargner la proie la plus faible. Oh! je l'avais oublié; — mais que le ciel ne l'oublie pas, si par mon ordre des êtres sans défense cessaient de vivre. Que ceux qui le voudront me suivent! — j'y vais : — nous avons encore le tems de soulager nos ames au moins d'un crime. »

Il monte l'escalier qui craque déjà atteint par les flammes. — Il enfonce la porte; il ne sent pas ses pieds que brûle le plancher ardent. Sa respiration est étouffée par des volumes épais de fumée; mais il continue à se précipiter d'appartement en appartement. Ils cherchent, — ils trouvent, — ils sauvent. Chacun d'entre eux emporte dans ses bras robustes des charmes respectés par les regards; ils calment les terreurs de ces femmes éplorées; soutiennent leurs corps défaillans avec tous les soins que réclame la beauté sans défense, tant Conrad avait d'empire sur le caractère farouche de ses compagnons pour retenir des mains toutes couvertes de sang. Mais qui est-elle, celle que les bras de Conrad enlèvent du milieu des appartemens enflammés et des débris du combat? — Elle! c'est la bien-aimée de celui dont il a juré la mort! c'est la reine du harem! — c'est l'esclave de Seyd!

6. Conrad n'a qu'un moment pour adresser quelques paroles à Gulnare [10], pour rassurer cette tremblante beauté; car dans cette suspension du combat donnée à la pitié, l'ennemi qui se retirait en toute hâte s'étonne de ne pas se voir poursuivi. Sa fuite est moins précipitée; — il s'est rallié — et rangé en bataille. Seyd s'en est aperçu; il a reconnu d'abord le petit nombre des compagnons du corsaire, comparé avec sa troupe, et il rougit de sa méprise, en voyant que sa défaite a été causée par la terreur et la surprise. *Alla il alla!* c'est le cri de vengeance qu'il pousse. — La honte se change en rage; il veut maintenant vaincre ou périr! Les flammes doivent répondre aux flammes, et le sang au sang! Des flots de ce sang vont couler de nouveau pour le triomphe; — car la fureur vaincue va renouveler le combat, et ceux qui attaquaient pour vaincre se défendent pour conserver leur vie. Conrad voit le danger; — il voit ses compagnons succomber sous le nombre toujours croissant des ennemis. — « Un effort, — encore un effort — pour nous ouvrir le cercle de nos ennemis! » Ils se rallient, — se ser-

rent, — chargent, — chancellent; — tout est perdu! Serrés étroitement de toutes parts, — assaillis par le nombre, sans espoir, mais non sans courage, ils se défendent encore vaillamment. — Ah! maintenant le désordre est dans leurs rangs; — criblés de blessures, — culbutés de toutes parts; chacun d'eux combat isolément, — sans pousser un cri. — Ils tombent épuisés de fatigues plutôt que vaincus; et frappent encore jusqu'à ce que la lame échappe à leurs mains roidies par la mort.

7. Mais avant que l'ennemi rallié eût recommencé le combat, et eût opposé rang d'hommes à rang d'hommes et cimeterre à cimeterre, Gulnare et toutes ses compagnes du harem avaient été mises en sûreté dans une maison de la ville, par ordre de Conrad, qui avait commis une garde à leur protection; ces femmes essuyaient les larmes que la crainte de la mort et du déshonneur leur avait fait répandre. Et quand la jeune Gulnare, cette dame aux yeux noirs, se rappela ces pensées qu'avait fait naître son désespoir, elle s'étonna beaucoup de la courtoisie qui respirait dans les accens de Conrad et dans la douceur de ses regards. Il était étrange — *qu'un* brigand, ainsi souillé de sang, lui parût plus aimable que Seyd, dans ses manières les plus tendres. Le pacha aimait comme s'il lui eût semblé que son esclave dût s'estimer fort heureuse de l'amour qu'il voulait bien lui témoigner. Le corsaire lui avait offert sa protection, avait calmé ses terreurs, comme si son hommage

était dû de droit à la beauté. « Le désir en est coupable ; — et ce qui est pire pour une femme, — il est inutile ; cependant je désire revoir ce chef; afin de lui faire mes remerciemens, ce que la crainte m'a fait oublier, pour la vie qu'il m'a conservée, — et dont mon amoureux seigneur ne s'est pas souvenu ! »

8. Elle l'aperçut, au plus épais du carnage, se défendant au milieu des cadavres sanglans, loin de sa troupe, et luttant avec un ennemi qui semble chèrement acheter le terrain que Conrad est forcé de céder, couvert de blessures, — perdant son sang, — ne pouvant trouver la mort qu'il cherche, et pris enfin pour expier tous les maux qu'il a causés ; épargné pour languir dans les tourmens et pour vivre en vain, tandis que la vengeance méditera de nouveaux plans de tortures. Celle-ci étanche son sang pour le verser plus tard — mais goutte par goutte : car l'œil insatiable de Seyd voudrait le voir toujours mourant, — jamais mourir ! Est-il possible que ce soit lui ! lui qu'elle a vu naguère triomphant; quand le signe impérieux de sa main sanglante était une loi ! C'est bien lui ! — désarmé, mais non abattu; n'ayant qu'un seul regret, celui de conserver la vie. Ses blessures sont trop légères, quoiqu'il eût volontiers baisé la main qui lui aurait donné la mort. Oh ! il n'a pu recevoir aucun coup de ceux si nombreux qui ont été portés, pour envoyer son ame — dans ce lieu dont il se souciait à peine, — au ciel !

CHANT DEUXIÈME.

Il doit donc, seul de tous les siens, conserver ce souffle de vie, lui qui, plus qu'aucun autre, s'est exposé à le perdre? Il sent profondément — ce que les cœurs mortels sont destinés à ressentir, lorsque, renversés sur la roue de l'inconstante fortune, les traitemens du vainqueur leur présagent l'expiation de leurs crimes dans de languissantes tortures. — Il le sent profondément, tristement; mais le coupable orgueil qui l'a conduit à commettre ces actions — l'aide maintenant à dissimuler. On remarque encore dans son attitude fière et recueillie l'air d'un vainqueur plutôt que d'un vaincu. Quoique épuisé par les fatigues mortelles de la lutte et le sang qu'il a répandu, il en est peu, dans le nombre de ceux qui le considèrent, dont le regard soit aussi calme et assuré que le sien. Ceux que son bras avait tenus à distance, et que son regard seul faisait trembler, l'accablent maintenant de clameurs insolentes; les braves qui l'ont vu de près n'insultent pas l'ennemi qui leur a appris la crainte, et les gardes farouches qui le conduisent à sa prison le contemplent en silence, pénétrés d'une secrète terreur.

Le médecin lui a été envoyé, — mais non par compassion; c'est pour savoir ce que peut encore supporter son reste de vie. Ce médecin lui en trouve assez pour lui faire porter les plus pesantes chaînes, et pour espérer qu'il ne sera pas insensible aux aiguillons de la douleur. Demain — oui — au coucher du soleil de demain, commencera pour lui le supplice affreux du pal ; et levés avec les premiers rayons du matin ; ses ennemis viendront voir comment il supportera courageusement ou lâchement ses angoisses. De tous les supplices, celui-ci est le plus long et le plus cruel; il ajoute la soif à toutes les autres agonies, soif que chaque jour la mort oublie de venir étancher, tandis que les vautours affamés voltigent autour de la fourche patibulaire. « Oh ! de l'eau ! — de l'eau ! » — La haine, souriant de contentement, se refuse à la prière de la victime ; — car, s'il boit, — la mort finit ses tourmens.

Ce destin lui était réservé. — Le médecin, les gardes sont partis ; ils ont laissé l'orgueilleux Conrad seul, couvert de chaînes.

10. Il serait inutile de peindre les sentimens qu'il éprouve ; — il serait même douteux si lui-même en avait connaissance. Il est une lutte, un chaos dans l'ame : c'est lorsque tous ses élémens sont en convulsions, — sont confondus, — qu'ils se heurtent avec une sombre et puissante énergie ; en grinçant les dents d'un impénitent remords; ce démon décevant * — qui n'avait pas encore élevé la voix, — mais qui crie maintenant : « Je t'avais averti ! » lorsque l'œuvre est consommée. Voix inutile ! l'ame qui se consume sans être domptée peut se tordre, — se révolter ; — le faible seul se repent ! même à cette heure solitaire, lorsque les sentimens se foulent, et

---

* That juggling fiend.

que l'ame se révèle à elle-même avec tous les souvenirs du passé, — sans qu'aucune passion, aucune pensée dominante s'empare souverainement d'elle, en lui dérobant les autres. Mais la sombre et déserte perspective de l'ame qui passe en revue ses souvenirs du passé, — souvenirs qui se précipitent à travers mille issues; les rêves expirans de l'ambition, les regrets de l'amour, la gloire en danger, la vie elle-même emprisonnée; les joies non goûtées, le mépris ou la haine contre ceux qui triomphent de notre destinée de misères; le passé sans espérance, l'avenir qui s'avance avec trop de rapidité pour penser à l'enfer ou au ciel; les actions, les pensées, les paroles peut-être jamais rappelées d'une manière si aiguë jusqu'à cet instant, bien que jamais oubliées; choses légères ou charmantes dans leur tems, mais maintenant offertes comme des crimes à l'austère réflexion; le sentiment flétrissant du mal non révélé, non moins dévorant pour avoir été plus caché; — tout, en un mot, tout ce qui peut faire reculer d'effroi; ce sépulcre ouvert, — le cœur mis à nu, où sont ensevelies tant de douleurs, étalent leurs misères, jusqu'à ce que l'orgueil se réveille pour arracher ce miroir à l'ame, — et le brise.

Oui, — l'orgueil peut voiler et le courage braver tout — tout — tout : — l'avenir, — le passé, — la plus terrible des défaites. Chacun a des craintes, et il n'y a qu'un hypocrite qui les dissimule pour s'attirer des louanges. Le lâche aussi dissimule, lui dont la forfanterie ne sait que fuir loin du danger ; mais celui qui ne sait point cacher les mouvemens de son ame, envisage la mort de sang froid — et meurt. Il a parcouru sa carrière en homme réfléchi, et il lui en coûte peu d'épargner à la mort la moitié de sa course !

11. C'est dans la chambre la plus élevée de sa plus haute tour que le pacha a jeté Conrad et l'a fait charger de chaînes. Son palais a été consumé par les flammes : — cette forteresse sert à la fois de prison à son captif et de retraite à sa cour. Conrad n'a pas beaucoup à blâmer cette sentence ; si son ennemi eût été vaincu, il eût éprouvé le même sort. Il est seul ; — et dans sa solitude, il est descendu dans son cœur coupable : mais il avait endurci ce cœur contre l'infortune. Il n'est qu'une seule pensée qu'il ne peut — qu'il n'ose aborder : « Oh ! comment Médora va-t-elle supporter ces nouvelles? » Alors — seulement alors — il soulève ses mains en les frappant l'une contre l'autre, et repousse avec rage les fers dont elles sont chargées. Mais tout-à-coup il trouva, — ou feignit de trouver, — ou ne fit que rêver une espérance, et il sourit en se moquant lui-même de sa douleur : « Que la torture vienne quand elle le voudra — ou quand elle le pourra ; n'ai-je pas plus besoin de repos pour me préparer à ce jour fatal ? ». Cela dit, il se traîne lentement vers sa natte ; et quelles qu'aient été ses visions, il fut promptement endormi.

Il était à peine minuit lorsque cette mortelle attaque avait commencé. Les plans que Conrad avait médités mûrement étaient exécutés; et le démon du carnage met si bien à profit la fuite précipitée du tems, qu'il avait laissé à peine un crime à commettre. Une heure vit Conrad lutter avec les vagues, — déguisé, — découvert, conquérant, vaincu; saisi, condamné, — tour à tour chef de bande sur terre — et pirate sur la mer, — détruisant, — sauvant, — emprisonné — et endormi!

12. Il paraît sommeiller dans un calme profond,— car sa respiration est à peine sensible. — Ah! trop heureux si elle avait cessé pour toujours! Il dort; — mais qui se penche sur son sommeil paisible? ses ennemis se sont retirés — et il n'a pas d'amis dans ces lieux. Serait-ce quelque séraphin envoyé d'en haut pour lui apporter sa grâce? non, c'est une forme terrestre avec des traits divins! Son bras blanc porte une lampe — qu'elle tient soigneusement cachée, de peur que les rayons de cette lampe ne frappent soudainement la paupière de cet œil fermé, qui ne s'ouvrira plus qu'à la douleur pour se refermer encore, — se refermer pour jamais. Quelle est cette beauté, à l'œil si noir, à la joue si belle et si fraîche, au front couronné par des touffes épaisses de cheveux tressés et ornés de pierreries, à la forme si aérienne, — aux pieds nus qui brillent comme de la neige, et se posent si silencieusement sur la terre? — Comment est-elle parvenue jusqu'en ces lieux, à

travers les gardes et la nuit la plus épaisse? Ah! demandez plutôt ce qu'une femme ne peut oser, une femme que la jeunesse et la pitié conduisent comme toi, ô Gulnare!

Elle n'avait pu dormir; — et tandis que le pacha repose dans des songes troublés par l'image de son prisonnier, Gulnare s'est échappée de sa couche — en emportant l'anneau qui lui sert de sceau, et dont souvent elle avait orné sa main dans ses jeux folâtres. — Munie de ce signe respecté, à peine questionnée, elle pénètre à travers les gardes assoupis qui obéissent à ce signe tout puissant sur eux. Harassés de fatigues, épuisés par les coups échangés dans le combat, leurs yeux envient le repos de Conrad. Abattus, et laissant à chaque instant retomber leur tête appesantie par le sommeil, ils étendent leurs membres, et cessent de veiller; ils n'ont fait que lever leurs têtes pour saluer l'anneau du pacha, sans demander qui le porte et quel est l'usage qui en doit être fait.

13. Gulnare est étonnée de ce qu'elle voit. « Peut-il dormir avec calme, dit-elle, tandis que d'autres yeux pleurent sa défaite ou le carnage de son bras, et que mon inquiétude sans repos me fait errer la nuit dans ce lieu? — Quel charme soudain m'a rendu cet homme si cher? Il est vrai — c'est à lui que je dois ma vie, et plus que la vie, car il nous a sauvées, moi et mes compagnes, d'un sort pire que le malheur. Cette réflexion est tardive; — mais chut!

— son sommeil s'interrompt; — comme il soupire pesamment! — il a fait un mouvement. — il s'éveille!».

Conrad a soulevé sa tête, — et ébloui par la clarté de la lampe, son œil doute de la réalité de ce qu'il voit; il a remué sa main; — le froissement de sa chaîne l'a averti trop rudement qu'il vivait encore. « Quelle est cette forme? si ce n'est pas une figure aérienne, mon geolier est doué d'une merveilleuse beauté! ».

« Pirate! tu ne me connais pas; — mais je suis un être reconnaissant pour une action que tu as trop rarement accomplie. Regarde-moi, — et rappelle-toi celle que tu as sauvée des flammes et des mains de ta bande encore plus effrayante. Je viens te voir au milieu des ténèbres; — je sais à peine pourquoi; — cependant ne frémis point, — je ne voudrais pas te voir mourir. »

« S'il en est ainsi, compatissante dame! ton œil est le seul ici qui ne se fera pas une fête de mon supplice. Mes ennemis ont eu pour eux les chances du hasard; — qu'ils usent de leurs droits. Mais, quoiqu'il en soit, je les remercie de leur courtoisie ou de la tienne pour m'envoyer un confesseur aussi aimable que toi. »

Quelqu'étrange que cela paraisse, — cependant il existe une espèce de gaîté dans l'extrême infortune, — gaîté qui n'apporte pas de soulagement, — car la gaîté du malheur ne trompe jamais; son sourire est plein d'amertume, — mais c'est encore un sourire. Quelquefois même il a accompagné les plus sages et les plus vertueux jusque sur l'échafaud ¹¹, qui a été l'écho de leurs plaisanteries ! Cependant cette gaîté apparente n'est point réelle pour eux ; elle peut tromper tous les cœurs, excepté ceux qu'elle déguise. Quel que fût le sentiment qui se manifesta d'abord sur les traits de Conrad, un sourire sauvage a déridé son front indompté ; et ces accens qu'il proféra exprimaient la gaîté, comme si c'était la dernière dont il dût jouir sur la terre. Cependant elle était contraire à sa nature ; — car, pendant la durée de sa courte vie, il eut peu de pensées étrangères à la tristesse et aux combats.

14. « Corsaire ! ta sentence est prononcée ; — mais j'ai le pouvoir d'adoucir la colère du pacha dans ses heures les plus cruelles. Je voudrais te sauver ; — oui, bien plus, — je voudrais te sauver dès à présent ; mais — ni le tems qui presse, — ni tes forces épuisées ne me permettent de l'espérer. Cependant tout ce qui sera en mon pouvoir, je le voudrai ; au moins je ferai tout pour retarder l'exécution de la sentence qui te laisse à peine un jour. Tenter davantage maintenant perdrait tout ; — toi-même tu te refuserais à une tentative qui ne nous procurerait qu'une perte commune. »

« Oui ! — je m'y refuserais ; — mon ame est préparée à tout : je suis tombé trop bas pour craindre une nouvelle chute. Ne t'expose pas toi-même au danger; je ne pourrais me bercer de l'espérance d'échapper à des ennemis avec lesquels je ne puis pas combattre. Incapable de vaincre, — fuirai-je lâchement, le seul de ma troupe qui n'aura pas voulu mourir? Cependant il est un être — vers lequel se reporte ma pensée, et je sens que ces yeux s'attendrissent pour elle jusqu'aux larmes. Mes seules ressources dans le chemin de la vie que j'ai parcouru étaient — mon navire, — mon épée, — mon amie, — mon Dieu! Le dernier, je l'ai abandonné dans ma jeunesse; — il m'abandonne maintenant: — l'homme qui m'humilie aujourd'hui ne fait qu'accomplir ses volontés. Je n'ai pas la pensée de me moquer de son trône par des prières arrachées aux souffrances d'un lâche et rampant désespoir; c'est assez que je respire — pour que je puisse tout supporter. Mon épée est tombée de cette indigne main qui eût dû mieux répondre à la bravoure de la troupe qu'elle commandait; mon navire est englouti dans les flots, où il est au pouvoir du pacha; — mais mon amie, — pour elle encore ma voix pourrait monter en prière vers le ciel. Oh! elle est tout ce qui peut me rattacher à la terre. — Ma mort va briser un cœur qui a pour moi plus qu'une légitime tendresse, une forme si belle — que, jusqu'à ce que j'aie vu la tienne, ô Gulnare! mes yeux n'avaient jamais demandé s'il s'en trouvait sur la terre d'aussi belle! »

— « Tu en aimes donc une autre! — Mais que

m'importe à moi cela? — cela ne m'importe pas, — non, sans doute, jamais cela ne m'importera. Mais cependant — tu aimes : — et — oh! j'envie ceux dont les cœurs peuvent se reposer sur des cœurs aussi fidèles qu'eux, et qui n'ont jamais éprouvé ce vide — cette pensée inquiète qui soupire après des visions — comme la mienne en est tourmentée. »

« O femme! — j'avais pensé que tu aimais celui pour lequel mon bras t'avait sauvée d'une tombe enflammée! »

« Moi, avoir de l'amour pour le farouche Séyd! oh! — non — non — non, jamais. Cependant ce cœur, qui ne fait plus d'efforts pour l'aimer, s'est efforcé autrefois de répondre à sa passion, — mais il n'a pu réussir. Je l'ai éprouvé — et je l'éprouve encore, — l'amour ne peut exister qu'avec la liberté. Je suis une esclave, une esclave favorite, il est vrai, destinée à partager la splendeur de mon maître, et à paraître la femme la plus heureuse! Souvent je suis condamnée à entendre cette question : « M'aimes-tu? » et je brûle de répondre : « Non! » Oh! il est dur de supporter cette tendresse, et de s'efforcer vainement de la payer de retour; mais il est encore plus dur de supporter les répugnances du cœur, et de cacher aux yeux de celui qui l'inspire un sentiment différent de celui de l'amour. Il me prend une main que je ne lui donne pas — ni ne refuse; — le pouls de cette main n'est ni plus lent

— ni plus rapide, — mais il reste calme et froid;
et quand elle m'est rendue, elle retombe comme un
poids inanimé; en s'éloignant de l'homme que je
n'ai jamais aimé assez pour le haïr. Mes lèvres,
après avoir reçu ses caresses, n'en sont pas plus
brûlantes, et le souvenir qu'elles me laissent glacé
tous mes sens. Oui, — si j'avais jamais éprouvé le
dévouement de la passion, j'aurais pu lui faire succéder la haine; mais encore — je le vois partir sans
que j'en éprouve de regrets, — et revenir sans que
je le désire, — et souvent, lorsqu'il est près de
moi, — il est bien loin de ma pensée. Quand la réflexion arrivera, — et elle doit arriver — je crains
qu'elle m'apporte le dégoût. Je suis son esclave; —
mais en dépit de l'orgueil, le titre de sa fiancée,
pour moi serait pire que l'esclavage. Oh! que cette
dot de son cœur ne m'est-elle enlevée! ou, s'il en
cherchait une autre, et qu'il me laissât en repos —
hier encore — j'aurais dit en paix! Oui, si je feins
maintenant une tendresse qui ne m'est pas habituelle, pour lui, souviens-toi, — captif! souviens-
toi que c'est pour briser tes chaînes, pour te payer
la vie que je te dois, pour te rendre à cette femme
qui t'est si chère, et qui partage un amour tel que
je n'en connaîtrai jamais. Adieu! — le matin commence à poindre, — je dois te quitter : il m'en
coûtera cher, — mais ne crains pas la mort d'aujourd'hui! »

15. Elle pressa ses mains enchaînées contre son

cœur, baissa la tête, puis se retira sans bruit et disparut comme un songe. Était-ce bien elle qui était là? et Conrad est-il seul maintenant? Quelle perle précieuse est tombée et a brillé sur ses fers? c'est une des larmes les plus sacrées, versée sur les malheurs d'un étranger, qui s'échappe une fois — brillante — pure, des yeux de la pitié, déjà polie par une main divine!

Oh! elle est trop persuasive, — trop dangereusement chère — la larme inappréciable qui tombe des yeux de la femme! cette arme de sa faiblesse qu'elle peut employer pour attendrir, — sauver, — subjuguer; — tout à la fois sa lance et son bouclier. Évitez-la, — la vertu s'amollit et la sagesse tombe dans l'erreur, pour se confier trop tendrement à cette expression de douleur de la beauté! Qui a perdu un monde et fait fuir un héros? la larme timide de l'œil de Cléopâtre. Cependant la faute du tendre triumvir doit être excusée ; pour une larme, — combien perdent non-seulement la terre, — mais le ciel! livrent leurs ames à l'éternel ennemi de l'homme, et comblent leur malheur pour épargner celui de quelque beauté volage!

16. Il est jour, — et sur les traits altérés de Conrad viennent jouer ses rayons — sans lui ramener les espérances de la veille. Que deviendra-t-il avant la nuit? peut-être un corps sans vie sur lequel les corbeaux agiteront leurs ailes funèbres, que son œil éteint et fermé n'apercevra point, tandis que ce so-

leil se couchera, et que la rosée du soir froide, — humide — et épaisse tombera sur ses membres roidis, en rafraîchissant la terre — et en ranimant tout dans la nature, excepté son cadavre! —

Chant Troisième.

> *Come vedi — ancor non m'abandonna.*
> (Dante.)

1. Brillant d'une plus aimable splendeur sur la fin de sa carrière, le soleil couchant s'abaisse avec lenteur le long des collines de la Morée. Il ne brille pas d'un éclat obscurci, comme dans les climats du Nord, mais c'est un rayonnement sans nuage d'une flamme vivante! Le rayon jaune qu'il jette sur l'abîme silencieux dore les vagues verdâtres, étincelantes de ses tremblans reflets. C'est sur le vieux rocher d'Égine et sur l'île d'Hydra que le dieu de la gaîté répand son dernier sourire. Se complaisant sur ses propres domaines, qu'il quitte à regret, c'est là qu'il aime à verser ses rayons, quoique ses autels n'y reçoivent plus l'encens de ses adorateurs. Les ombres des montagnes descendent au loin et baisent ton golfe glorieux, invincue Salamine! Leurs arcs d'azur rencontrent les doux regards du soleil dans la vaste étendue des airs, colorés d'une pourpre plus foncée, et des teintes plus tendres, jetées sur leurs cimes, marquent sa course triomphante, et reproduisent les couleurs du ciel; jusqu'à ce que, dérobé

par une ombre profonde à la terre et à l'océan, le soleil disparaissé derrière son rocher de Delphes pour se jeter dans les bras du sommeil.

Ce fut dans un soir pareil qu'il jeta ses rayons les plus pâles, lorsque, Athènes! le plus sage de tes enfans le salua pour la dernière fois. Avec quelle inquiétude les meilleurs de tes enfans attendaient son dernier rayon d'adieu qui devait terminer le dernier jour de leur sage [12] condamné injustement à boire la ciguë ! « Pas encore, — pas encore, — le soleil s'arrête sur la colline, — l'heure précieuse de l'adieu dure encore; mais triste est sa lumière aux yeux agonisans ; et sombres sont les teintes des montagnes qui lui paraissaient autrefois si chères. » Phébus sembla couvrir de voiles lugubres la contrée délicieuse qui n'avait encore connu que son sourire; mais avant qu'il eût disparu derrière la cime du Cithéron, la coupe fatale fut vidée, — l'esprit vital avait fui; l'ame de celui qui dédaigna de craindre ou de fuir, — qui vécut et mourut comme nul mortel ne peut vivre ou mourir !

Mais regardez ! depuis les hauteurs de l'Hymette jusqu'à la plaine, la reine de la nuit impose son règne silencieux [13]. Aucune nébuleuse vapeur, messagère de l'orage, ne couvre sa belle face, n'entoure d'un cercle sa forme lumineuse. Là, la blanche colonne, avec sa corniche scintillant aux rayons de la lune qui se jouent dans ses ciselures, reçoit ses grâcieux baisers, et, couronné de ses tremblans rayons, l'emblême de Phébé étincelle sur le haut minaret. Les bosquets d'oliviers dispersés au loin comme des taches sombres, là où le modeste Céphise verse son onde épuisée; le cyprès qui jette une ombre mélancolique près de la sainte mosquée; la brillante tourelle du gai kiosque [14]; triste et sombre au milieu du calme religieux, le palmier solitaire près du temple de Thésée : tous ces objets, empreints de diverses couleurs, arrêtent les regards, — et stupide serait celui qui passerait sans émotion dans ces lieux.

Plus loin la mer Égée, dont le mugissement ne se fait plus entendre, assoupit par des caresses le courroux de son vaste sein soulevé par la guerre des élémens, et déploie dans des teintes plus douces une immense surface de saphir et d'or, mêlée avec les ombres de maintes îles lointaines qui offrent un aspect menaçant — là où l'aimable océan semble sourire [15].

2. Je m'écarte de mon sujet. — Pourquoi tourné-je mes pensées vers toi, contrée du soleil? Oh! qui peut contempler la mer qui baigne tes rivages, et ne pas s'arrêter à ton nom, quel que soit le sujet que l'on traite, tant il y a de magie dans tout ce qui parle de toi? Quel est celui qui, ayant vu se coucher le soleil sur toi, ô belle Athènes! pourrait jamais oublier la scène que tu présentes à cette heure merveilleuse du soir? Ce n'est pas celui — dont le cœur ne connaît ni tems ni distance, et qu'un charme magique retient dans le parage des Cyclades! Cet

hommage ne paraîtra point étranger à ses chants ; l'île de son corsaire fit autrefois partie de ton domaine : — puisse-t-elle, en recouvrant la liberté, redevenir encore la tienne!

3. Le soleil s'est couché ; — et, plus sombre que la nuit, le cœur de Médora défaille près du signal de feu placé sur la hauteur de la tour. — Le troisième jour s'est écoulé : — avec lui Conrad n'arrive pas, — n'envoie pas de message, — l'infidèle! Le vent a été beau, quoique faible, et il ne s'est point élevé de tempête. Hier au soir le navire d'Anselme est rentré dans la baie ; et cependant les seules nouvelles qu'il apporte, c'est qu'il n'a point rencontré Conrad! Cruelle, comme elle l'est maintenant, bien différente serait l'histoire, si Conrad eût attendu cette voile pour combattre.

La brise de la nuit commence à fraîchir ; — Médora a passé ce jour à épier tout ce que l'espérance peut lui faire prendre pour un mât; elle est assise tristement sur la hauteur. — L'impatience l'entraîne sur le rivage de la mer à l'heure de minuit ; là elle erre désolée, sans sentir l'écume des flots qui souvent venait jaillir sur ses vêtemens, et l'avertissait de s'éloigner. Elle ne la voyait pas, — ne la sentait pas, — ne pouvait quitter ce rivage ; elle ne sentait pas le froid de cette écume : — le froid seul qu'elle éprouvait était sur son cœur. Ce retard lui occasionna une telle certitude du malheur, —

que la vue du vaisseau de Conrad lui eût fait perdre également la vie ou la raison.

Enfin arrive — un pauvre bateau tout brisé, dont l'équipage a d'abord aperçu celle qu'il cherche. Quelques-uns d'entre ces hommes ont des blessures sanglantes : — tous sont dans un état pitoyable. — Ils sont peu nombreux ; — à peine comprennent-ils comment ils ont pu échapper : — *c'est là tout ce qu'ils savent*. Silencieux, abattus, chacun d'eux paraît attendre que la triste voix de son compagnon exprime ses doutes sur le sort de Conrad. Ils auraient pu dire quelque chose ; mais ils semblaient craindre de confier leurs paroles à l'oreille de Médora. Elle les a compris, et cependant elle n'a point succombé, — elle n'a pas même tremblé — en apprenant ce malheur accablant, ce délaissement terrible.

Sous les traits délicats et tendres de Médora se cachaient de hauts sentimens, qui ne se manifestaient que lorsqu'ils avaient acquis toute leur énergie. Cependant, aussi long-tems que l'espérance lui restait, — ces sentimens s'exprimaient par de l'attendrissement, — du désordre — et des larmes ; — quand tout était perdu, — cette sensibilité ne s'éteignait pas, — mais elle sommeillait ; et de ce sommeil apparent naissait cette énergie qui lui disait : « Puisqu'il ne te reste rien à aimer, — il ne te reste également rien à craindre. » Cette énergie était supérieure à la nature ; elle était semblable à ce brûlant et puissant délire qui naît de l'accès de la fièvre dévorante.

« Vous restez silencieux, — dit-elle. — Je ne voudrais pas entendre ce que vous pouvez me raconter ; — ne parlez pas, — ne murmurez pas ce nom : — car je sais bien tout. — Cependant je voudrais vous demander — mes lèvres se refusent presque à le dire ; — que votre réponse soit brève : — dites-moi où il repose ? »

« Madame ! nous l'ignorons, — à peine avons-nous pu sauver notre vie ; mais il y en a un d'entre nous qui soutient qu'il n'est pas mort : il l'a vu saisir, couvert de blessures sanglantes, — mais vivant encore. »

Elle n'en put entendre davantage : c'était en vain qu'elle s'y efforçait ; — le sang bout dans ses veines ; — toutes ses pensées s'agitent, — jusqu'à ce que, dans cette lutte opiniâtre, son âme accablée succombe à ces paroles. Elle chancelle, — tombe, et les vagues allaient peut-être l'arracher sans vie à un autre tombeau ; mais ces hommes aux mains rudes, bien que leurs yeux soient noyés de larmes, se sont empressés de venir à son aide avec la promptitude que commande la pitié. Ils versent sur cette joue pâle comme la mort la rosée de l'Océan, relèvent Médora, — agitent l'air sur sa figure, — et la soutiennent jusqu'à ce qu'elle revienne à la vie. Ils réveillent ses femmes, et laissent aux mains des matrones cette forme défaillante dont l'aspect les fait gémir de douleur. Ils s'en vont à la caverne d'Anselme pour lui faire part de ces affligeantes nouvelles — et de leur courte victoire.

4. Dans cette assemblée farouche retentissent des paroles hardies et étranges; il s'élève des pensées de rançon, de guerre et de vengeance, de tout, excepté de paix ou de fuite. L'esprit de Conrad respire encore dans leur conseil et leur défend le désespoir. Quel que soit son destin, — les cœurs qu'il a inspirés et commandés le sauveront vivant, ou apaiseront son ombre irritée. Malheur à ses ennemis! il reste encore un petit nombre de ses braves dont les actions sont audacieuses, comme leurs cœurs sont fidèles.

5. Le cruel Seyd est dans la chambre secrète du harem rêvant au sort de son captif. Ses pensées sont alternativement partagées entre l'amour et la haine, tantôt avec Gulnare, et tantôt dans la prison de Conrad. Étendue à ses pieds, la belle esclave épie les mouvemens de son front. — Elle voudrait adoucir les noires pensées de son ame, en jetant sur lui les regards inquiets de son œil large et noir; qui cherche inutilement dans les siens un retour de sympathie; il fait semblant de *les* tenir constamment sur les grains de son chapelet [16]; mais c'est seulement sur les tortures de sa victime qu'il les tient fixés.

— « Pacha! la victoire de ce jour t'appartient; elle s'est fixée sur la crête de ton cimier : — Conrad est pris, — le reste est tombé! Le sort de Conrad est résolu : — il doit mourir, et il a bien mérité ce châtiment; — cependant il me paraît trop indigne de ta haine. Je pense qu'en le délivrant un moment, pour lui parler de rançon, en exigeant tous ses trésors, serait un moyen plus sage. La renommée vante beaucoup ses richesses de pirate; — que mon pacha n'en est-il le maître! Pendant ce tems, abattu, — affaibli par ce fatal combat, — surveillé, — suivi, — il serait toujours une proie facile; mais une fois mort, — le reste de sa troupe embarquera ses richesses et les leurs pour chercher une retraite plus sûre. »

« Gulnare! — si pour chaque goutte de son sang on m'offrait un diamant aussi riche que le diadême de Stamboul; si pour chacun de ses cheveux, on faisait briller à mes yeux une mine massive d'or vierge; si tout ce que nos contes arabes racontent ou font rêver de trésors et de richesses était devant moi, — tous ces trésors ne pourraient racheter le pirate! Ils ne retarderaient pas seulement son supplice d'une heure, si je ne le savais enchaîné et en mon pouvoir; et si, dans ma soif de vengeance, je ne méditais encore sur les tortures qui durent le plus longtems et tuent le plus tard possible. »

« C'est bien, — Seyd! — Je ne cherche pas à comprimer ta rage; elle est trop justement excitée pour souffrir la pitié : mes pensées étaient seulement de t'assurer ses richesses. — Ainsi relâché, il n'aurait pas été libre. Rendu incapable de te nuire, privé de la moitié de sa troupe, il pourrait retomber entre tes mains à ton premier signal. »

— « Il *pourrait* retomber en mes mains ! — et je le relâcherais alors pour un jour, — quand le misérable est déjà dans mes mains? Relâcher mon ennemi ! — à la prière de qui? — de la tienne ! belle sollicitouse ! — C'est là cette vertueuse reconnaissance que t'inspire la conduite du giaour envers toi et les autres femmes, sans doute parce qu'il t'a épargnée, — sans s'inquiéter si sa capture était belle ! Mes remerciemens et mes éloges lui sont aussi dûs. — Maintenant écoute ! j'ai un conseil à faire entendre à ton oreille gentille : je me défie de toi, femme ! et chacune de tes paroles imprime le sceau de la vérité aux soupçons qui m'ont été inspirés. Portée dans ses bras à travers les flammes qui consumaient le sérail, — dis, avais-tu du regret d'être ainsi emportée par lui? Tu n'as pas besoin de répondre; — ta confusion parle, par la rougeur qui monte déjà à tes joues coupables. Alors, aimable dame, pense à toi ! et prends garde : ce n'est pas seulement *sa* vie qui demande un tel soin ! Encore une parole — oui — je n'en demande pas davantage. Maudit fut le moment où il t'emporta loin des flammes ; mieux eût valu — mais — non — alors j'aurais gémi sur toi avec la douleur d'un amant, — maintenant c'est ton maître qui t'avertit, — femme perfide ! Ne sais-tu pas que je puis couper tes ailes volages ? Ce n'est pas seulement par des paroles que je châtie ceux qui m'outragent ; prends garde à toi : — ne pense pas que ta perfidie reste impunie ! »

Il se lève — et il s'éloigne lentement, l'air sévère, la rage dans les regards et la menace dans ses adieux. Ah ! peu en a été émue cette reine des femmes fortes — qu'un front irrité n'a jamais effrayée, que les menaces n'ont jamais subjuguée. Seyd ne connaissait guère ton cœur, ô Gulnare ! il ne savait pas combien l'amour avait sur lui d'empire, et de quelle audace la persécution pouvait le rendre capable. Les soupçons du pacha lui parurent des outrages, — car elle ne connaissait pas encore combien étaient profondes les racines d'où naissait sa compassion. — Elle était une esclave ; — par cela seul tout captif avait des droits à son intérêt, et ce sentiment ne différait d'un autre que de nom. Démêlant à peine les motifs des sentimens qui l'agitent, — ne tenant nul compte de la colère du pacha, elle voulut s'exposer à de nouveaux dangers, en essayant encore de calmer sa haine, — jusqu'à ce que s'éleva dans son esprit ce combat de la pensée, source des malheurs de la femme !

6. Cependant — pleins d'anxiété — tristement longs — calmes et uniformes s'écoulent les jours et les nuits de Conrad. — Si son ame n'avait pas su dompter la terreur, elle n'eût pu supporter ce redoutable intervalle du doute et de la crainte, lors-

que chaque heure pouvait le condamner à un supplice pire que la mort ; lorsque chaque pas que répétait l'écho de la porte de sa prison pouvait être celui de l'homme qui devait le conduire où le pieu fatal l'attendait ; lorsque chaque voix qui frappait son oreille pouvait être la dernière qu'il lui était permis d'entendre : si son ame n'avait pu dompter la terreur, — cet esprit austère et haut eût prouvé qu'il était aussi peu disposé à mourir qu'incapable de s'en préserver. Il était abattu ; — peut-être vaincu ; — cependant il supportait en silence ce conflit de pensées plus redoutables que tout ce qu'il avait essuyé jusqu'alors. La chaleur du combat, le fracas des tempêtes laissent à peine une idée assez inactive pour être un tourment ; mais emprisonné et chargé de fers dans une étroite solitude, se torturer, en proie à tous les souvenirs les plus divers ; méditer sans cesse sur son propre cœur, sur ses irréparables fautes, sur son destin futur ; — se voir dans l'impossibilité d'éviter ce dernier — et de réparer les premières ; — compter les heures qui nous poussent impérieusement à notre fin, sans avoir un ami pour nous consoler, et redire aux autres que la mort a été reçue par nous comme un bien ; autour de nous des ennemis toujours prêts à mentir sur notre vie passée, et à calomnier nos derniers instans ; avoir devant soi des tortures que l'ame se sent capable de braver, quoiqu'elle doute si la chair frémissante sera assez forte pour les supporter, et si un simple cri ne déshonorera pas les plus beaux sentimens, et ne lui ravira pas la plus noble gloire, celle du courage; la vie que l'on perd ici-bas, se la voir déniée en haut par ceux qui s'arrogent le monopole des faveurs du ciel; et surtout se voir ravir, quelque chose de plus qu'un paradis douteux — le ciel de nos espérances terrestres — celle qui est la bien-aimée de nos cœurs; telles sont les pensées dont un captif est assiégé, et qui lui font éprouver des angoisses qui surpassent les douleurs mortelles : ce sont ces pensées qui assiégeaient Conrad. — Les supporte-t-il lâchement ou avec courage? puisqu'il n'y succombe pas, il faut bien qu'il en soit ainsi!

7. Le premier jour est passé, il n'a pas vu Gulnare; — le second — le troisième — elle n'est pas encore revenue; mais ce que ses paroles avaient avancé, ses charmes l'ont accompli, ou autrement il n'aurait pas vu un autre soleil. Le quatrième s'est écoulé, et avec la nuit une tempête est venue mêler sa puissance de terreur à celle des ténèbres. Oh! comme Conrad prêtait avidement l'oreille aux mugissemens de l'abîme, qui jusqu'alors n'avaient pas encore interrompu son sommeil! et son imagination sauvage s'égare dans de plus sauvages désirs, inspirée qu'elle est par la lutte de son propre élément! Souvent il s'était élancé sur ces vagues ailées, et il aimait leur rudesse impétueuse qui rendait sa course plus rapide. Et maintenant le mugissement de l'océan qui retentit à son oreille est pour lui une

voix depuis long-tems connue, qui lui dit — hélas! que c'est vainement qu'elle est si près de lui!

Le vent au-dessus de lui fait entendre de lourds sifflemens ; et, doublement retentissans, les nuages qui portent le tonnerre ébranlent la tourelle de sa prison ; la foudre reluit à travers les barreaux, et réjouit plus le cœur de Conrad que l'astre de la nuit. Il traîne sa lourde chaîne vers ces barreaux éclairés pour y attirer le tonnerre, en désirant *que ce péril* ne fût pas vain. Il soulève ses bras chargés de fers vers le ciel, en le priant de lancer dans sa pitié un de ses carreaux enflammés pour l'anéantir : le fer qu'il porte et sa prière impie les attirent également. — La tempête roule au loin et dédaigne de frapper ; ses voix retentissantes s'affaiblissent dans le lointain, — elles s'éteignent. — Conrad se retrouve seul, comme si quelque ami infidèle eût dédaigné d'écouter ses gémissemens.

8. L'heure de minuit est passée, — et un pas léger s'approche de la porte massive ; — il s'arrête, — il s'approche de nouveau ; le verrou criant et la clef au son triste tournent légèrement : son cœur l'a devinée, — c'est la belle Gulnare! Quels que soient ses péchés, cette femme est pour lui un ange protecteur, et belle aussi comme l'imagination d'un ermite pourrait la peindre. Cependant elle est changée depuis qu'elle est venue pour la première fois dans cette prison ; sa joue est plus pâle, sa démarche plus chancelante. Elle tourne vers le prisonnier son œil

noir et inquiet, et ce regard exprime avant ses paroles ces mots : « Tu dois mourir ! oui, tu dois mourir ; il ne te reste qu'une ressource, la dernière; — la pire de toutes, — si les tortures ne la surpassaient encore. »

« Femme ! je n'en dénie aucune ; — mes lèvres expriment ce qu'elles ont déjà exprimé : — Conrad est toujours le même. Pourquoi veux-tu chercher à sauver la vie d'un condamné, et l'arracher à la sentence qu'il a méritée ? Oui, je l'ai bien méritée — non seul ici peut-être — j'ai bien mérité la vengeance de Seyd par de nombreuses actions coupables. »

— « Tu me demandes pourquoi ? pourquoi — oh ! n'as-tu pas sauvé ma vie d'un sort plus horrible que celui de l'esclavage ? Tu me demandes pourquoi ? — le malheur t'a-t-il aveuglé sur les tendres entreprises de l'esprit d'une femme ? et dois-je te le dire ? quoique mon cœur ressente tout ce que la femme peut ressentir, sans pouvoir l'avouer — en dépit de tes crimes — ce cœur le ressent pour toi. Il a éprouvé pour toi de la crainte, — de la reconnaissance, — de la pitié, de la folie, — de l'amour. Ne réplique pas, ne me conte plus ton histoire, ne me dis plus que tu en aimes une autre — et que je t'aime en vain. Quoiqu'elle soit aussi tendre que moi, qu'elle soit plus belle, je me précipite dans un danger qu'elle n'oserait pas affronter. Son cœur, auquel le tien est si fidèle, est-il digne du tien ? Si je t'appartenais, — tu ne serais pas seul ici maintenant. Épouse d'un proscrit, — elle laisse son époux errer seul sur les vagues! Qui retient dans sa demeure une si galante dame? Mais assez de paroles, — et sur ta tête et sur la mienne un sabre tranchant est suspendu par un simple fil; si tu as encore du courage, et que tu veuilles être libre, prends ce poignard, lève-toi et suis-moi! »

« Oui, — et mes chaînes! mes pieds, parés de ces ornemens, traverseront avec grâce les gardes endormis! Tu l'as oublié, — est-ce là un accoutrement pour fuir? ou est-il plus propre que tout autre au combat? »

« Défiant corsaire! j'ai gagné la garde, toujours prête à se révolter et avide d'or. Une seule de mes paroles fera tomber tes chaînes; sans un pareil secours comment pourrais-je rester ici? Depuis que nous nous sommes rencontrés, j'ai mis le tems à profit; et si je me suis rendue coupable, c'est toi qui a causé mon crime. Un crime! — ce n'est pas être criminelle que de punir ceux de Seyd. Ce tyran détesté, Conrad, — il doit mourir! Je te vois frémir; — mon ame est bien changée : — elle a été outragée, — méprisée, — avilie; — elle sera vengée. — Accusée d'une trahison que jusqu'ici mon cœur avait dédaignée, — trop fidèle, quoique enchaînée dans une servitude trop amère; oui, tu souris! — mais il avait peu de motifs de se plaindre : je n'étais pas alors perfide, — et toi, tu ne m'étais pas encore si cher. Mais Seyd l'a soutenu ; — et les jaloux, ces tyrans qui, en nous tourmentant, nous portent à les trahir, méritent bien le sort que leurs lèvres toujours maussades prédisent. Je ne l'ai jamais aimé ; — il m'acheta — quelque peu cher — puisqu'avec moi se trouvait un cœur qu'il n'avait pu acheter. Je fus une esclave docile ; il a dit que, pour sa récompense, j'aurais fui volontiers avec toi. C'était faux, tu le sais ; — mais que de tels augures se repentent de leurs prévisions ! leurs paroles sont des outrages qui rendent leurs prévisions véritables. Ce n'était pas à ma prière qu'il suspendait ta mort ; cette grâce éphémère n'était que pour lui donner le tems de préparer de nouveaux supplices pour te torturer, et pour augmenter mon désespoir. Il a aussi menacé ma vie ; mais sa folie amoureuse * me réserve encore pour les caprices de sa seigneurie. Quand il sera plus rassasié de ces charmes qui se flétrissent et de moi, alors s'ouvrira le sac, — et la mer roule près de ces lieux ! Quoi ! suis-je donc destinée à lui servir dans ses caprices, comme un jouet d'enfant que l'on rejette dès qu'il a perdu ses dorures ? Je t'ai vu, — je t'ai aimé, — je te dois tout ; — je voudrais te sauver, quand ce ne serait que pour te prouver combien une esclave est reconnaissante. Mais quand même le pacha n'aurait pas ainsi menacé ma vie et mon honneur (et il tient

* *His dotage.*

bien ses sermens prononcés dans des momens de colère), je t'aurais encore sauvé; — mais lui eût été épargné. Maintenant je suis toute à toi — à tout préparée. Tu ne m'aimes pas, — tu ne me connais pas, — ou, si tu me connais, c'est de la manière la plus défavorable. Hélas! cet amour — ou cette haine m'est pour la première fois connue. — Oh! que ne peux-tu éprouver ma constance, tu ne me repousserais pas; tu ne refuserais pas l'amour ardent dont brûle un cœur oriental. Il est maintenant le phare de ton salut, — maintenant il te montre dans le port la proue d'un Maïnote; mais dans une chambre par où nos pas doivent nous conduire, dort — il ne doit pas se réveiller — le barbare tyran Seyd! »

« Gulnare! — Gulnare! — je n'avais jamais, jusqu'à ce moment, senti si fortement mon abjecte fortune, ma renommée flétrie si humiliée. Seyd est mon ennemi; il eût balayé ma troupe de la terre, avec un bras impitoyable, mais frappant à découvert. C'est pourquoi je suis venu ici, sur mon vaisseau de guerre, pour émousser le cimeterre par le cimeterre; telle est mon arme, — et non le secret poignard : — qui épargne la vie et l'honneur d'une femme, épargne aussi celle d'un ennemi qui dort. C'est avec joie que je te sauvai, ô femme; ce n'était pas pour cela : — ne me laisse pas penser que tu n'étais pas digne de ma pitié. Maintenant, adieu donc! — que plus de paix soit réservé à ton cœur!

La nuit s'écoule : — c'est la dernière de mon repos terrestre ! »

« Repose ! repose ! au soleil levant commenceront tes souffrances nerveuses, et tes membres se tordront sur le pieu qui t'attend. J'ai entendu donner les ordres, — j'ai vu — mais je ne le verrai plus. — Si tu veux périr, je périrai avec toi. Ma vie, — mon amour, — ma haine, — tout ce que je possède ici-bas dépend de cette résolution, corsaire ! Mais il n'y a que cette tentative ! sans elle la fuite serait inutile. — Comment ! les poursuites assurées de Seyd, mes injures non vengées, ma jeunesse déshonorée, — les longues, longues années consumées dans les regrets — un seul coup nous délivre de toutes nos craintes à venir. Mais puisque la dague convient moins à ton bras que l'épée, j'essaierai la fermeté d'une main de femme. Les gardes sont gagnés ; — encore un moment, et tout sera consommé. — Corsaire ! nous nous rencontrerons en lieu sûr, ou nous ne nous rencontrerons plus. Si ma faible main faillit, le nuage du matin roulera sur ton échafaud et sur mon linceul. »

9. Elle se détourna et disparut avant que Conrad eût pu lui répondre, mais il la suit long-tems d'un œil inquiet ; et recueillant, comme il faut, les anneaux des chaînes qui le pressent, pour diminuer leur longueur ainsi que le bruit de sa marche, il suit Gulnare, autant que le lui permettent ses mem-

bres enchaînés, car les verroux ne retiennent plus ses pas. Elle était noire et sinueuse la marche qu'il devait suivre, et il ne savait pas où ce passage conduisait. Il n'y avait là ni lampes ni gardes. Il aperçoit bientôt une sombre lueur : — cherchera-t-il ou évitera-t-il une clarté si indistincte et si faible? Le hasard guide ses pas, — une fraîcheur soudaine semble frapper son front, comme si c'était l'air du matin. — Il a atteint une galerie découverte; — à ses regards brille la dernière étoile de la nuit dans un ciel qui s'éclaircit. Cependant à peine Conrad y fait-il attention. Une autre lumière, partie d'une chambre solitaire, frappe sa vue. Il se dirige de ce côté. Une porte entr'ouverte lui a laissé voir cette clarté dans l'intérieur, mais rien de plus. Une figure se présente d'un pas précipité; elle s'arrête, — se détourne, — s'arrête encore, — c'est elle enfin! Point de poignard dans sa main, — aucun indice de crime. — « Grâces soient rendues à ce cœur tendre, — elle n'a pu le tuer! » Il la regarde de nouveau; ses regards sauvages et égarés semblent reculer de frayeur à la vue du jour. Elle s'arrête, — rejette en arrière ses longues tresses de cheveux noirs qui voilaient presque tout son visage et son beau sein : on dirait que sa tête mal assurée sort d'un état de doute ou de terreur. Ils se rencontrent; — sur le front de Gulnare, — inconnue par elle — oubliée — sa main précipitée a laissé — une tache légère.

— Conrad en observe la couleur et devine — Oh ! léger mais certain est le gage du crime : — c'est du sang !

10. Conrad avait vu des combats ; — il s'était nourri, dans la solitude de son cachot, des tortures qui apparaissent d'avance au coupable condamné ; il avait été séduit, — châtié, — et la chaîne emprisonnait encore ses bras qui pouvaient la porter à jamais : mais les combats, — la captivité, — le remords, — tout ce qu'il a éprouvé de plus terrible, — ne l'ont jamais fait frissonner, — n'ont jamais fait frémir le sang dans ses veines comme cette tache de pourpre qui le glace d'horreur. Cette goutte de sang, cette légère mais criminelle tache a fait disparaître tous les charmes de cette beauté ! Le sang qu'il a vu, — il aurait pu le voir couler sans émotion ; — mais alors c'eût été dans le combat, ou versé par une main d'homme !

11. « C'en est fait ! — il allait se réveiller, — mais c'en est fait. Corsaire ! il n'est plus : — tu me coûtes bien cher. Toute parole serait vaine en ce moment, — fuyons, — fuyons ! Notre barque nous attend, il est déjà presque jour. Le petit nombre de gardes que j'ai séduits me sont maintenant tout dévoués, et ces hommes viendront rejoindre ce qui survit de ta troupe. Bientôt ma voix saura justifier mon bras, quand notre voile nous emportera loin de ce rivage détesté. »

12. Elle frappa des mains, — et à travers la ga-

lerie accourent, équipés et armés pour le combat, ses serviteurs — Grecs ou Maures. Ils s'arrêtent silencieux, mais empressés; les chaînes de Conrad tombent. Encore une fois ses membres sont libres comme le vent des montagnes ! mais sur son cœur pèse une telle tristesse qu'il semble que le poids des fers l'accable maintenant. Aucunes paroles ne sont prononcées; — au signal de Gulnare, une porte qui s'ouvre révèle une secrète issue qui conduit au rivage. La cité est laissée en arrière; — ils se hâtent, ils atteignent les vagues joyeuses qui bondissent sur le sable jaune. Et Conrad, se laissant guider par Gulnare, suit ses volontés; ne s'inquiétant pas s'il est sauvé ou trahi. La résistance était aussi inutile que si Seyd eût encore vécu, pour se rassasier de la vue du supplice que sa vengeance avait ordonné.

13. Ils sont embarqués, la voile est déployée, la brise légère souffle; — que la mémoire de Conrad a d'objets à passer en revue ! Il tombe absorbé dans la contemplation, jusqu'au cap où il avait la dernière fois jeté l'ancre, et qui élève dans les airs sa forme gigantesque. Ah ! — depuis cette fatale nuit, quoique courts aient été les instans, il avait balayé un siècle de terreur, de peines et de crimes. Au moment où l'ombre immense du rocher passa noire sur le mât du navire, Conrad voila son visage, et éprouva dans cet instant une douleur amère. Il se rappela tout, — Gonsalve et ses compagnons, son triomphe éphémère et sa cruelle défaite; il pense aussi à elle,

à son amie délaissée : il se retourna et vit — Gulnare, l'homicide !

14. Elle observait sa contenance et les mouvemens de ses traits. Bientôt elle ne put supporter cet aspect glacé, cette contenance froide qui la repoussait ; et cette sombre férocité qui était étrangère à ses regards s'éteignit dans des larmes trop tardives. Elle s'agenouilla devant Conrad et pressa sa main : — « Tu devrais encore me pardonner, quand Allah lui-même m'accablerait de son courroux ; sans cet attentat ténébreux, que devenais-tu ? Accable-moi de tes reproches ; — mais non cependant — oh ! épargne-moi *maintenant* ! Je ne suis pas ce que je te parais être ; — cette nuit terrible a égaré ma raison : ne te révolte pas contre moi ! Si je n'avais jamais aimé, — quoique moins criminelle, tu n'aurais pas vécu — pour me haïr, — quand même tu l'aurais voulu. »

15. Elle s'est trompée sur les pensées de Conrad, ces pensées l'accusent plutôt qu'elle ; il se croit la cause, quoique involontaire, de ses misères. Mais muettes, profondes, sombres et inexprimées, ces pensées dévorent silencieusement son cœur. Cependant le vent est favorable, les flots ne sont point soulevés, les vagues bleues se jouent devant la proue du navire. Mais sur la ligne lointaine de l'horizon apparaît un point noir — un mât — une voile — un vaisseau armé ! Les hommes de quart sur le tillac signalent leur petite barque, et une ample voile que

le vent arrondit dans les airs rend sa course plus rapide. Il s'approche avec majesté, se presse sur sa proue, et ses flancs présentent un aspect formidable. Une lueur subite est aperçue, — un boulet dépasse la barque et glisse en sifflant sous les flots. Le pénétrant Conrad sort tout-à-coup de sa rêverie silencieuse; une joie depuis bien long-tems éteinte brille dans ses regards : « C'est mon pavillon — mon pavillon rouge! Allons — allons — je ne suis pas encore abandonné de tout sur l'Océan! ». Les pirates reconnaissent le signal, ils répondent au salut; ils mettent la chaloupe en mer, et les voiles sont baissées. « C'est Conrad! c'est Conrad! » Le commandement ne peut réprimer les transports et les acclamations qui s'élèvent du tillac! C'est avec une vive allégresse et un sentiment d'orgueil qu'ils le voient monter de nouveau sur son vaisseau. Un sourire s'épanouit sur chacun de ces rudes visages; ils peuvent à peine s'empêcher de presser leur chef dans leurs francs embrassemens. Lui, oubliant à demi ses dangers et sa défaite, répond à leur accueil comme un chef doit y répondre, serre avec un mouvement cordial la main d'Anselme, et il sent qu'il peut encore vaincre et commander!

16. Ces premiers momens de joie passés, les sentimens qui débordent les corsaires sont des regrets de ramener leur chef sans avoir frappé un seul coup. Ils avaient mis à la voile, préparés pour la vengeance; — s'ils avaient su que c'était la main d'une

femme qui avait délivré leur chef et leur avait enlevé cette gloire, — moins scrupuleux que l'orgueilleux Conrad, ils l'auraient nommée leur reine. Par maint sourire interrogatif, et par une surprise d'admiration, ils se communiquent tout bas leurs pensées en regardant Gulnare. Mais elle, tantôt au-dessus, — tantôt au-dessous de son sexe; elle, que le sang n'a point épouvantée, est troublée par leurs regards. Elle tourne vers Conrad un regard faible et suppliant, baisse son voile, et se tient silencieuse à ses côtés. Ses bras sont doucement croisés sur ce cœur qui — Conrad sauvé — a résigné le reste au destin. Quoique quelque chose de pire que la frénésie puisse remplir ce cœur, extrême en amour comme en haine, en bien comme en mal, le dernier des crimes l'a laissée encore femme après son exécution!

17. Conrad l'a remarquée, et il a éprouvé — ah! pouvait-il moins? il a éprouvé de l'horreur pour cette action, — mais de la pitié pour sa position cruelle. Ce qu'elle a fait, des torrens de larmes ne pourront jamais l'effacer, et le ciel la punira au jour de sa colère. Mais — ce qu'elle a fait, il le sait : quel que soit son crime, c'est pour lui que le poignard a frappé, que le sang a été versé; et il est libre! — et pour lui elle a donné tout ce qu'elle possédait sur la terre, et plus que tout dans le ciel! Alors il se tourne vers cette esclave aux yeux noirs qui baisse les yeux vers la terre en rencontrant son

regard. Elle lui paraît changée et humiliée, — faible et timide; mais variant souvent la couleur de ses joues jusqu'aux teintes les plus profondes de la pâleur, — tout ce qui en reste rouge est cette tache terrible qui a rejailli sur elle de la blessure faite par le poignard! Conrad prend sa main; — elle a frémi : — il est maintenant trop tard. — Cette main si douce au toucher de l'amour, — si puissante dans les inspirations de la haine, Conrad a serré cette main; elle a frémi, — et la sienne a perdu sa fermeté, et sa voix est altérée. « Gulnare! » — mais elle ne répond rien. — « Chère Gulnare! » Elle a levé les yeux : — c'est sa seule réponse; — elle se précipite dans ses bras. S'il l'avait repoussée de cet asile de repos, son cœur eût été au-dessus ou au-dessous d'un cœur mortel; mais — bien ou mal — il ne la repoussa point de ses bras. Peut-être, sans les murmures de sa conscience, sa dernière vertu alors serait allée rejoindre les autres. Cependant Médora elle-même aurait pu pardonner ce baiser qui ne demandait rien de plus d'une femme si belle; le premier et le dernier que la fragilité humaine déroba à la constance — sur des lèvres où l'amour avait exhalé tout son souffle; sur des lèvres — dont les soupirs interrompus répandaient un parfum semblable à celui que ce dieu venait de rafraîchir par l'agitation de son aile!

148. Ils atteignent, à l'heure du crépuscule, leur île solitaire. Les rochers semblent leur sourire; le

port retentit de murmures joyeux; les signaux brillent en tournant sur les hauteurs; les chaloupes plongent dans la baie tranquille, et les joyeux dauphins les poussent à travers l'écume; le cri aigu de l'oiseau de mer les salue lui-même de sa voix discordante. Près de chaque lampe qui brille à travers les fenêtres de leurs demeures, leur imagination se peint les amis qui en entretiennent la clarté. Oh! qui peut sanctifier les joies du foyer comme l'aimable rayon de l'espérance qui sourit du sein des vagues soulevées de l'Océan?

19. Les feux sont allumés sur la montagne et parmi les bosquets de l'île; Conrad cherche au milieu d'eux la tour de Médora. Il regarde en vain; — c'est étrange : — tous font la même remarque de surprise; au milieu de tant de signaux, cette tour est seule dans l'obscurité. C'est étrange; — autrefois son phare de salut n'avait jamais manqué. Maintenant il n'est peut-être pas éteint, mais seulement voilé. Conrad descend avec la première barque qui se porte au rivage, et contemple avec impatience la lenteur des rames. Oh! que n'a-t-il des ailes plus rapides que celles du faucon, pour le porter comme une flèche sur la cime de la montagne! Au premier repos que prennent les rameurs, il n'attend pas, — ne perd pas de tems à considérer; — il se jette dans les flots, lutte contre les vagues, traverse la baie, et monte par le sentier familier à sa vue.

Il parvient à la porte de sa tour, — s'arrête un

instant. — Aucun bruit ne s'échappe de l'intérieur ; et la nuit sombre régnait autour de lui. Il frappe avec force, — aucune démarche, aucune réponse ne lui présage que quelqu'un l'a entendu ou l'a cru dans le voisinage. Il frappe encore, — mais faiblement, — car sa tremblante main se refusait de venir au secours de son cœur troublé. La porte s'ouvre ; — c'est un visage bien connu, — mais ce n'est pas la forme qu'il est impatient de serrer dans ses bras. On ne lui dit rien, — deux fois ses lèvres ont essayé de parler sans pouvoir exprimer ce qu'il désire de savoir. Il saisit le flambeau : — sa clarté va lui donner une réponse à tout ; — cette lampe s'échappe de sa main, et s'éteint dans sa chute. Il ne voudrait pas attendre qu'elle soit rallumée ; il lui en coûterait encore plus d'attendre la clarté du jour. Mais, vacillant à travers le sombre corridor, un autre flambeau jette des lueurs par intervalle. Conrad se précipite dans l'appartement, — ses yeux contemplent tout ce que son cœur ne pouvait croire, — bien qu'il l'eût pressenti !

20. Il ne s'est point détourné, — ne parle point, — ne défaille point ; — il a fixé ses regards sur elle, et contemple une forme qui n'a plus de vie. Il la contemple : — qu'il faut de tems, en dépit de la douleur, pour se persuader, et oser s'avouer que nous contemplons en vain un objet chéri qui n'est plus ! Médora avait été si belle et si calme dans sa vie, que la mort se présentait chez elle sous un as-

pect plus doux ; et les fleurs glacées ¹⁷ que sa main plus glacée tenait encore étaient pressées doucement, comme si elle les eût serrées à peine, ou qu'elle eût feint de dormir, et qu'elle se fût moquée des larmes répandues déjà sur elle. De longues veines bleues se dessinaient sur ses paupières blanches comme la neige, qui voilaient — des pensées disparues de ces yeux autrefois pleins de vie. — Oh ! c'est surtout sur les yeux que la mort exerce sa puissance, et bannit l'ame de son trône de lumière ! Ils se sont affaissés et ternis ces cercles bleus dans cette longue et dernière éclipse de la vie ; mais la mort a épargné, pour un instant, la fraîcheur des lèvres de Médora : — elles semblent avoir oublié de sourire, et désiré du repos — seulement pour un instant. Mais le blanc linceul, et chaque tresse tombante de ses cheveux longs, — beaux — mais dispersés dans un dernier abandon privé de vie, et qui naguère, jouets du vent d'été, s'échappaient des guirlandes qui s'efforçaient de les retenir dans leur couronne ; ces cheveux — et sa joue pâle et pure réclament le froid de la tombe. — Elle n'est plus rien ; — pourquoi Conrad est-il encore auprès d'elle ?

21. Il n'a fait aucune question ; — toutes celles qu'il aurait pu faire avaient été résolues par le premier regard qu'il avait jeté sur ce front calme — et froid comme le marbre. C'était assez pour lui, — elle était morte, — que lui importait comment ?.

L'amour de la jeunesse, l'espérance de meilleures années, la source des désirs les plus doux, des craintes les plus tendres; le seul être vivant qu'il n'ait pu haïr; tout lui était ravi, — et il avait mérité ce destin, mais il n'en sent pas moins toute l'amertume. — L'homme de bien se tourne, pour obtenir un terme à ses douleurs, vers ces régions d'où le crime est à jamais repoussé; l'homme orgueilleux — le méchant — qui ont fixé leurs joies ici-bas, et trouvent la terre suffisante pour leurs douleurs, perdent tout en perdant ce qui les attache à cette terre — peu de chose peut-être. — Mais qui abandonne avec résignation tout ce qui faisait son bonheur? Beaucoup de regards stoïques et d'aspects sévères masquent des cœurs où le chagrin a laissé peu de choses à connaître; et de nombreuses et tristes pensées demeurent cachées, mais non perdues dans les sourires de ceux auxquels ils conviennent d'autant moins qu'ils les prodiguent davantage.

22. Ceux qui l'éprouvent le plus vivement sont ceux qui expriment le plus mal ce désordre d'un cœur souffrant, où mille pensées se soulèvent pour se concentrer dans une seule, et qui cherchent dans toutes le refuge qu'ils ne trouvent dans aucune. Nulles paroles ne suffisent pour peindre les émotions intimes de l'ame, car la vérité refuse toute éloquence au malheur. L'épuisement pèse de tout son poids sur l'ame abattue de Conrad, et la stupeur l'a pres-

que rendu immobile. Il est maintenant si faible —
que l'attendrissement de sa mère remplit ces yeux
farouches, qui pleurent comme ceux d'un enfant.
C'était seulement la faiblesse de son cerveau qui annonçait une douleur irréparable. Personne ne vit
les larmes qui tombaient de ses yeux; — peut-être,
devant des témoins, cette inutile effusion de la douleur ne se fût point prononcée. Ces larmes n'ont
pas long-tems coulé; — il les essuie avant de s'éloigner, le cœur abandonné de tout, — sans espérance, — brisé, — inconsolable! Le soleil paraît
sur l'horizon, — mais le jour de Conrad est sombre; la nuit survient : ses ténèbres ne le quitteront
plus. Il n'y a pas de ténèbres plus noires que le
nuage de l'ame, aux yeux fatigués du malheur : —
c'est le plus aveugle des aveuglemens! Celui qui
l'éprouve ne peut — n'ose voir; — mais il se tourne
du côté de l'ombre la plus épaisse, — et ne veut pas
souffrir un guide!

23. Le cœur de Conrad était formé pour la douceur, — mais il fut emporté violemment dans l'in-
conduite. Trahi de trop bonne heure, et trompé
trop long-tems, ses sentimens les plus purs, —
comme les gouttes d'eau qui tombent et se durcissent dans la grotte, s'étaient durcis de même, moins
clairs peut-être que les stalactites, après avoir passé
par les filtres terrestres, mais enfin écoulés, glacés
et pétrifiés. Cependant les tempêtes sont arrivées;
et la foudre a brisé le rocher de glace; si son cœur

est semblable, il s'est brisé sous le choc de la foudre.

Là croît une fleur à l'abri de cet âpre rocher; quoique noire ait été son ombre, — il l'avait protégée, — il l'avait sauvée jusqu'à ce jour. Le tonnerre est venu, — ses traits les ont frappés tous deux; la solidité du granit et la jeunesse de la fleur. Cette aimable plante n'a pas laissé une feuille pour dire son histoire; mais elles se sont dispersées et flétries où elles sont tombées, et de son froid protecteur il ne reste que des fragmens entassés, mais en éclats, sur une plage stérile!

24. C'est le matin; — peu des compagnons de Conrad osent se hasarder à troubler sa solitude. Anselme cherche enfin à pénétrer dans sa tour; il n'y était plus : — on ne l'a pas vu le long du rivage de la mer. Avant la nuit, toute l'île alarmée a été parcourue dans tous les sens. Le matin suivant — d'autres recherches commencent, et son nom retentit jusqu'à fatiguer les échos. Mont, — grottes, — cavernes, — vallées, — tout est exploré en vain. On trouve sur le rivage la chaîne brisée d'une barque. L'espérance renaît dans les cœurs; — les pirates se mettent à sa trace sur la mer. Tout est inutile; — les jours roulent sur les jours qui ne sont plus, et Conrad ne revient pas : — il ne reviendra plus depuis ce jour. Aucun vestige, aucunes nouvelles de son sort n'indiquent où il supporte ses douleurs, ou bien où il a succombé à son désespoir!

Long-tems ses compagnons pleurèrent celui que nul être qu'eux ne pouvait pleurer; et beau fut le monument qu'ils élevèrent à son amie. Pour lui, aucune pierre monumentale ne fut élevée pour rappeler sa mort douteuse et des actions trop vaguement connues. Il laissa un nom de corsaire aux tems à venir, lié à une vertu, et associé à un millier de crimes [18].

FIN DU CORSAIRE.

NOTES
DU CORSAIRE.

Le tems, dans ce poème, pourra paraître trop court pour les événemens; mais toutes les îles de la mer Égée sont à peu d'heures de navigation du continent, et le lecteur voudra bien être assez bon pour prendre *le vent* comme je l'ai souvent trouvé.

NOTE 1, PAGE 156.

Roland furieux, chant X.

NOTE 2, PAGE 162.

Dans la nuit, particulièrement sous les latitudes chaudes, chaque coup de rame, chaque mouvement des chaloupes ou des vaisseaux est suivi par un éclat léger de lumière qui se détache de l'eau comme une feuille lumineuse.

NOTE 3, PAGE 165.

Café.

NOTE 4, PAGE 165.

Pipe, en turc.

NOTE 5, PAGE 165.

Jeunes danseuses.

NOTE 6, PAGE 166.

On a objecté que l'entrée déguisée de Conrad comme espion est hors de la nature. — Il en est peut-être ainsi. — Je trouve quelque chose dans l'histoire qui ne lui est pas contraire.

« Désireux de connaître par ses propres yeux la situation des Vandales, Majorien se hasarda, après avoir dissimulé la couleur de ses cheveux, de visiter Carthage sous le nom de son ambassadeur; et Genséric fut par la suite bien mortifié par cette découverte qu'il fit d'avoir entretenu et renvoyé l'empereur des Romains. Une pareille anecdote peut être rejetée comme une fiction invraisemblable; mais c'est une fiction qui n'aurait pu être imaginée que dans la vie d'un héros. »

(Gibbon, *Décadence et Chute*, vol. VI.)

Que le caractère de Conrad n'en soit pas moins hors nature, je tâcherai de prouver le contraire par quelques coïncidences historiques que j'ai rencontrées depuis que j'ai écrit le Corsaire.

« Eccelin, prisonnier, dit Rolandini, s'enfermait dans un silence menaçant; il fixait sur la terre son visage féroce, et ne donnait point d'essor à sa profonde indignation. — De toutes parts, cependant, les soldats et les peuples accouraient; ils voulaient voir cet homme, jadis si puissant, et la joie éclatait de toutes parts..............................

....

» Eccelin était d'une petite taille; mais tout l'aspect de sa personne, tous ses mouvemens indiquaient un soldat. — Son langage était amer, son déportement superbe; — et, par son seul regard, il faisait trembler les plus hardis. »

(Sismondi, tome III, page 219-220.)

« *Gizericus* (Genséric, roi des Vandales, le conquérant de Carthage et de Rome), *statura mediocris, et equi casu claudicans, animo profundus, sermone rarus, luxuriæ contemptor, irâ turbidus, habendi cupidus, ad sollicitandas gentes providentissimus*, etc., etc. »

(JORNANDES, *de Rebus Geticis*, c. 33.)

Je demande pardon d'avoir cité ces ténébreuses réalités pour donner de la contenance à mon *Giaour* et à mon *Corsaire*.

NOTE 7, PAGE 169.

Les derviches sont dans des couvens et de différens ordres comme les moines.

NOTE 8, PAGE 171.

Satan.

NOTE 9, PAGE 172.

C'est un effet habituel et non pas nouveau de la colère des Musulmans. (Voyez les *Mémoires du prince Eugène*, p. 24.) « Le séraskier reçut une blessure à la cuisse; il arracha sa barbe par la racine, parce qu'il se trouvait forcé de quitter le champ de bataille. »

NOTE 10, PAGE 174.

Gulnare, nom de femme; il signifie littéralement *la fleur du grenadier*.

NOTE 11, PAGE 184.

On peut citer, par exemple, sir Thomas Morus sur l'échafaud, et Anne de Boylen qui, dans la Tour, sa prison, en passant la main sur son cou, remarqua que « il était trop délicat pour causer beaucoup de peine à l'exécuteur. » Pendant une partie de la révolution française, il était venu de mode de laisser quelques bons *mots* comme un legs; et la quantité des derniers bons mots facétieux des victimes, prononcés durant cette période, pourrait former un volume assez considérable de facéties mélancoliques.

NOTE 12, PAGE 191.

Socrate but la ciguë peu de tems avant le coucher du soleil (l'heure des exécutions) quoique ses disciples le priassent d'attendre la disparition totale de cet astre.

NOTE 13, PAGE 191.

Le crépuscule en Grèce est beaucoup plus court que dans notre propre climat; les jours en hiver sont plus longs, mais plus courts en été.

NOTE 14, PAGE 192.

Le *kiosque* est une maison d'été turque. Le palmier est hors des murs actuels d'Athènes, non loin du temple de Thésée, dont un mur seul le sépare. L'eau du Céphise est réellement bien rare, et l'Ilissus n'en a pas du tout.

NOTE 15, PAGE 192.

Les vers précédens, jusqu'à la section 2, avaient peut-être peu de chose à faire ici, car ils font partie d'un poème non publié (quoique imprimé *); mais ils furent écrits sur les lieux, au printems de 1811, et — j'ai peine à savoir pourquoi — le lecteur devra m'excuser, s'il le peut, de leur nouvelle apparition dans ce poème.

NOTE 16, PAGE 196.

Le *comboloïo* ou rosaire turc; les grains en sont au nombre de quatre-vingt-dix-neuf.

NOTE 17, PAGE 217.

Dans le Levant, c'est la coutume de jeter des fleurs sur le

* *La Malédiction de Minerve.*

corps des morts, et de placer un bouquet dans la main des jeunes personnes.

NOTE 18, PAGE 221.

Que le point d'honneur qui est représenté par un exemple du caractère de Conrad n'a pas été porté au-delà des bornes de la probabilité, c'est une proposition qui peut être confirmée par l'anecdote suivante d'un flibustier, confrère du pirate, dans la présente année 1814.

Nos lecteurs ont tous connaissance de l'entreprise dirigée contre les pirates de Barrataria; mais peu d'entre eux, nous le pensons, ont été instruits de la situation, de l'histoire, ou de la nature de l'établissement. Pour l'instruction de ceux qui n'en ont pas connaissance, nous avons reçu d'un ami la relation intéressante qui suit, des principaux faits dont il a une connaissance personnelle, et qui ne peut manquer d'intéresser quelques-uns de nos lecteurs.

« Barrataria est une baie ou un bras étroit du golfe de Mexico; il traverse une riche, mais très-plate contrée, jusqu'à ce qu'il atteigne à un mille de distance le fleuve Mississipi, quinze milles au-dessous de la Nouvelle-Orléans. La baie a des branches innombrables, dans lesquelles on peut se placer en toute sécurité et échapper à toutes les recherches. Elle communique avec trois lacs situés au sud-ouest, et ces trois lacs avec un autre du même nom, contigu à la mer, où il se trouve une île formée par les deux bras de ce lac et par l'Océan. Les côtés Est et Ouest de cette île furent fortifiés, l'année 1811, par une bande de pirates, sous le commandement d'un certain monsieur La Fitte. La plus grande majorité de ces pirates sont de cette classe de population de la Louisiane qui avait fui de l'île Saint-Domingue, lors des troubles qui y survinrent, et qui trouva un asile dans l'île de Cuba. Ce fut lorsque la dernière guerre entre la France et l'Espagne commença qu'ils furent obligés d'abandonner cette île, dans le délai de peu de jours. Sans cérémonie, ils entrèrent dans les États-Unis, et la plupart dans la Louisiane, avec tous les nègres qu'ils possédaient à Cuba. Il leur fut notifié, par le gouverneur de cet état, l'article de la constitution qui défend l'importation des esclaves; mais, en même tems, ils reçurent l'assurance du gouverneur qu'il obtiendrait pour eux, s'il était possible, l'approbation du congrès pour conserver cette propriété.

L'île de Barrataria est située à peu près à 29° 15' de latitude, et 92° 30' de longitude. Elle est aussi remarquable pour son air sain que pour l'abondance des poissons qui peuplent ses parages. Le chef de cette horde, comme Charles de Moor, avait quelques vertus mêlées à des vices nombreux. Dans l'année 1813, ce parti, par ses attentats et son audace, avait fixé l'attention du gouverneur de la Louisiane; et pour détruire cet établissement, il pensa qu'il était convenable de le frapper par la tête. Il offrit en conséquence une récompense de 500 dollars à celui qui lui apporterait la tête de monsieur La Fitte, qui était bien connu des habitans de la côte de la Nouvelle-Orléans, par les relations immédiates qu'il eut avec eux comme ayant exercé autrefois dans leur ville, avec grande réputation, l'art de l'escrime qu'il avait appris dans l'armée de Buonaparte, où il avait servi comme capitaine. La récompense qui avait été offerte pour la tête de La Fitte fut en retour offerte par celui-ci pour celle du gouverneur, mais portée à 15,000 dollars. Le gouverneur fit marcher une compagnie de soldats sur l'île de La Fitte, avec ordre de brûler et de saccager tout l'établissement, et d'en emmener à la Nouvelle-Orléans tous les bandits. Cette compagnie, sous le commandement d'un homme qui avait été l'ami intime du hardi capitaine, s'approcha très-près des fortifications de l'île avant d'avoir vu un homme ou entendu un bruit, lorsque tout-à-coup il entendit un coup de sifflet, semblable à celui d'un contre-maître. Alors il se trouva lui-même enveloppé par une troupe d'hommes armés, qui s'étaient précipités des secrètes avenues qui conduisaient à la baie. Ce fut ici que ce moderne Charles de Moor se distingua par quelques nobles traits; car non-seulement il ne se borna pas à épargner la vie de celui qui était venu attaquer son île pour lui faire perdre la sienne et celle de tout ce qui lui était cher, mais encore il lui offrit de quoi procurer à cet honnête soldat une existence aisée pour le reste de ses jours, ce que celui-ci refusa avec indignation. Alors, avec la permission de son vainqueur, il s'en retourna à la Nouvelle-Orléans. Cette circonstance et quelques autres événemens semblables prouvèrent que la bande des pirates ne pouvait être prise par terre. Nos forces navales ayant toujours été faibles dans ces parages, des expéditions pour la destruction de cet illicite établissement ne pouvaient être attendues d'elles jusqu'à ce qu'elles eussent reçu des renforts; car un officier de l'armée navale, avec un plus grand nombre de chaloupes de guerre dans cette station, fut forcé de se retirer devant les forces supérieures de La Fitte. Aussitôt qu'une augmentation de l'armée navale permit une attaque, elle fut faite : la ruine totale des bandits en a été le résultat; et aujourd'hui que ce point presque invulnérable, et la clef de la Nouvelle-Orléans, se trouve purgé d'ennemis, il est à espérer que le gouvernement saura le conserver par une force militaire imposante. »

(*Extrait d'un journal américain.*)

On trouve dans la continuation du *Dictionnaire biographique de Granger* par le Noble, un singulier passage, dans sa notice sur l'archevêque Blackbourne; comme il a quelque analogie avec la profession du héros du poème précédent, je ne puis résister au désir de le citer.

« Il y a quelque chose de mystérieux dans l'histoire et le caractère du docteur Blackbourne. La première n'est que très-imparfaitement connue ; et le bruit a couru qu'il avait été un forban, et qu'un de ses confrères dans cette profession ayant demandé, à son arrivée en Angleterre ce qu'était devenu son vieux camarade Blackbourne, reçut pour réponse qu'il était archevêque d'York. Nous savons que Blackbourne fut installé sous-doyen d'Exter en 1694, office qu'il résigna en 1702. Mais après la mort de son successeur, Lewis Barnek, qui arriva en 1704, il l'obtint de nouveau. L'année suivante il devint doyen; et en 1714, il devint archi-doyen de Cornwall. Il fut sacré évêque d'Exter le 24 février 1716, et transféré à York le 28 novembre 1724, en récompense, selon la chronique scandaleuse de la cour, pour avoir marié George Ier à la duchesse de Munster. Ceci, cependant, paraît avoir été une pure calomnie. Comme archevêque, il se conduisit avec une grande prudence, et fut également respectable comme administrateur des revenus de son siége. Le bruit circulait qu'il avait conservé les vices de sa jeunesse, et qu'une passion pour le beau sexe formait un *item* dans la liste de ses faiblesses ; mais bien loin d'avoir été convaincu par soixante-dix témoins, il ne paraît pas qu'il ait été accusé directement par un seul. Bref, je considère toutes ces accusations comme des effets de pure malignité. Comment est-il possible qu'un forban ait pu être aussi instruit et aussi savant que l'était certainement Blackbourne? Il avait une connaissance si parfaite des classiques (particulièrement des tragiques grecs), que, capable comme il l'était de les lire avec autant de facilité que Shakspeare, il devait avoir consacré beaucoup de tems et de peine pour les comprendre ainsi, et pour être autant versé dans les langues savantes. Il avait été indubitablement élevé au collége de l'église du Christ, à Oxford. On le dit y avoir été un homme très-aimable; ceci toutefois fut tourné contre lui par ce dicton : « Il a gagné plus de cœurs que d'ames. »

— « La seule voix qui pouvait calmer les passions du sauvage Alphonse III était celle d'une femme aimable et vertueuse, le seul objet de son amour : c'était la voix de Doña Isabella, fille du duc de Savoie et petite-fille de Philippe II, roi d'Espagne. Ses dernières paroles en mourant firent sur sa mémoire une profonde impression : cet esprit hautain fondit en larmes; et après ce dernier embrassement, Alphonse se retira dans sa chambre pour déplorer sa perte irréparable, et méditer sur la vanité de la vie humaine. »

(*Œuvres mêlées* de GIBBON.)

FIN DES NOTES DU CORSAIRE.

LARA.

Chant Premier.

---

1. Les serfs sont joyeux dans le vaste domaine de Lara, et l'esclavage a oublié à moitié ses chaînes féodales. Lui, leur seigneur inattendu, qu'ils n'espéraient plus revoir, mais qu'ils n'avaient point oublié, est revenu après un long exil volontaire. Tous les visages, dans son château, sont brillans de joie de son arrivée; les coupes sont sur la table et les bannières sont déployées sur les créneaux. Au loin, sur les vitraux peints de couleurs variées, se reflète en se jouant la flamme hospitalière du foyer rallumé, autour duquel un cercle de vassaux *, aux yeux pétillans de gaîté, donne un libre cours à sa loquacité bruyante.

2. Le chef de la maison de Lara est de retour. Pourquoi Lara a-t-il traversé les mers? Laissé par la mort de son père (il était trop jeune pour apprécier une telle perte) maître de lui-même, — il a reçu cet héritage de malheur, — ce redoutable empire de soi-même, dont l'orgueil humain s'empare

---

* *Retainers.*

pour détruire la paix du cœur ! — sans personne pour le réprimander, et n'ayant que peu d'amis pour lui faire apercevoir les mille sentiers dont la pente glissante entraîne au crime ; c'est alors, lorsque son âge demandait qu'il obéît, c'est alors que la jeunesse fougueuse de Lara commandait à des hommes. Il n'est pas nécessaire de suivre pas à pas sa jeunesse à travers tous les détours de la carrière qu'elle parcourut. Courte elle parut à sa fougue impatiente ; mais elle fut assez longue pour causer à moitié sa perte.

3. Lara, dans sa jeunesse, avait abandonné le séjour de ses ancêtres ; mais depuis l'heure où il lui fit de la main le salut d'adieu, on a ignoré de quel côté il avait dirigé ses pas, tellement que son souvenir était presque éteint dans la mémoire. Ses vassaux ne pouvaient que dire : « Son père est redevenu poussière, c'est tout ce que nous savons, et Lara n'est point en ces lieux. » Lara ne revient point, n'envoie personne ; le plus grand nombre devient froid et indifférent aux conjectures. Les salles de son château entendent à peine prononcer son nom à l'écho duquel elles étaient si habituées ; son portrait se noircit dans son cadre couvert de poussière ; un autre seigneur console la femme qui lui était destinée, la jeunesse l'oublie, et les vieillards ne sont plus. « Vit-il encore ? » s'écrie l'héritier impatient, qui soupire après un deuil qu'il ne doit pas porter. Une centaine d'écussons couverts d'une rouille noire décorent la dernière et antique demeure des Lara ; mais il en est un qui

manque à cette galerie poudreuse; et qui serait le bien-venu dans ce gothique trophée.

4. Il arrive enfin tout-à-coup; de quel lieu? chacun l'ignore. Pourquoi revient-il? il n'est pas nécessaire d'en être instruit. Ce qui étonne le plus ses gens, ce n'est pas son retour; c'est sa longue absence. Il n'a à sa suite qu'un simple page, d'un air étranger et d'un âge encore tendre. Des années se sont écoulées, et aussi rapide est leur fuite pour ceux qui mènent une vie vagabonde, que pour ceux qui n'abandonnent point leur terre natale. Mais le défaut de nouvelles des climats éloignés a prêté une aile moins légère au tems fatigué. Ils le voient, ils le reconnaissent, et cependant le présent leur paraît douteux, ou le passé un rêve.

Il vit; cependant la force de sa jeunesse n'est point passée, quoique ses traits soient brunis par la fatigue et un peu altérés par le tems. Les fautes de son jeune âge, quelles qu'elles aient été, si elles ne sont point oubliées, ont pu être effacées de sa mémoire par les événemens de sa nouvelle destinée. Rien de bien ou de mal n'est connu de sa vie depuis long-tems; son nom peut encore soutenir la renommée de sa famille. Dans sa jeunesse, son ame était fière; mais ses torts n'étaient que ceux d'un jeune étourdi, amoureux des plaisirs, et ainsi, à moins qu'ils ne l'aient égaré dans sa course, ils pouvaient être rachetés, sans exiger de lui un long remords.

5. Un grand changement s'est opéré dans lui, — et

quel qu'il soit, il n'est plus ce qu'il a été autrefois. Ce front s'est empreint de rides profondes ; il parle de passions, mais de passions qui ne sont plus ; l'orgueil, mais non le feu de ses jours de jeunesse ; un aspect plein de froideur et d'indifférence pour la flatterie ; une altière démarche, et un œil pénétrant qui comprend d'un regard la pensée des autres, et cette légèreté sarcasmatique de la parole, dard perçant d'un cœur que le monde a blessé, et dont les traits, lancés avec un semblant de gaîté frivole, rendent ceux qu'ils atteignent incapables d'avouer leur blessure ; voilà ce que l'on découvrait dans Lara, et quelque chose encore de plus que ce que son regard ou l'accent de sa voix pouvaient révéler.

L'ambition, la gloire, l'amour, but commun des hommes que quelques-uns peuvent conquérir, et que tous voudraient posséder, paraissaient ne plus avoir d'accès dans son cœur, mais on eût dit que c'était depuis peu qu'ils n'y régnaient plus ; et un sentiment profond, que l'on eût vainement cherché à sonder, éclatait par momens sur son visage altéré.

6. Il n'aimait pas beaucoup qu'on lui fît de longues questions sur le passé, il ne parlait point des merveilles et de l'immensité des déserts sauvages qu'il avait parcourus seul dans des climats lointains, et — comme lui-même le laissait à penser — inconnus : en vain ceux qui l'entouraient essayaient-ils d'interroger ses regards, ou de mettre à l'épreuve l'expérience de son compagnon ; Lara évitait de par-

ler de ce qu'il avait vu, comme peu digne d'occuper la pensée d'un étranger. Si les questions devenaient plus pressantes, son front devenait plus sombre, et ses paroles plus rares.

7. Ce ne fut pas sans plaisir qu'on le vit de retour; vive fut la joie de son arrivée dans les cercles des hommes *. Issu d'une ancienne famille, commandant à de nombreux vassaux, il était rangé parmi les hauts seigneurs de sa contrée. Il assistait à leurs carrousels, à leurs festins joyeux; il les voyait soupirer ou sourire, mais il ne faisait que les voir froidement sans partager la gaîté ou l'ennui général. Il ne recherchait point ce que tous poursuivaient, entraînés par une espérance toujours trompeuse et toujours écoutée : les honneurs qui ne sont qu'une vaine fumée; l'or plus substanciel; la préférence des belles et les dépits des rivaux. Autour de lui était tracé un cercle mystérieux, qui défendait de l'approcher et le montrait toujours isolé. Dans ses yeux paraissait quelque chose de sévère qui éloignait au moins de lui la frivolité; et les personnes plus timides qui le voyaient de près l'observaient en silence, en se communiquant tout bas leurs mutuelles frayeurs, et celles plus sages, et en plus petit nombre, qui lui témoignaient des intentions plus amicales, avouaient qu'elles le jugeaient meilleur que son air ne semblait l'annoncer

---

* *To the haunts of men.*

8. C'était étrange! — dans sa jeunesse, toute action et toute vie, brûlant pour le plaisir, et ne répugnant point aux combats; essayant tour à tour des femmes, — du champ d'honneur, — de l'océan, — de tout ce qui lui promettait jouissance ou danger; — il avait tout épuisé, et sa récompense avait été dans le plaisir et la peine, et non dans un milieu fade et commun : car ses sentimens ardens cherchaient, dans cette intensité d'émotions, un moyen d'échapper à sa pensée. Les tempêtes de son cœur eussent contemplé avec dédain les orages plus faibles des élémens qu'elles auraient soulevés; les transports de ce cœur s'étaient dirigés en haut, et ils avaient demandé s'il y avait dans les cieux des ravissemens plus grands! Livré à tous les excès, esclave de tous les extrêmes, comment se réveilla-t-il de ce rêve étrange? hélas! il ne le disait pas, — mais il s'était réveillé pour maudire son cœur flétri qu'il ne pouvait briser.

9. Les livres, car jusque-là ses livres pour lui avaient été l'homme, les livres paraissaient exciter davantage sa curiosité, et souvent, par un soudain caprice, il se séparait de tout le monde pour plusieurs jours. Alors, ses serviteurs, rarement appelés, disaient que, pendant les longues heures de la nuit, ses pas précipités se faisaient entendre sur la sombre galerie, où les grossiers mais antiques portraits de ses pères présentaient leurs figures chagrines : on entendait, — mais on murmurait tout bas que « *cela* ne devait pas

être connu, » — le son d'une voix moins terrestre que la sienne. « Oui, ceux qui voudront pourront en rire, mais quelques-uns avaient vu, ils ne savaient pas trop quoi, quelque chose de plus que ce qui est ordinaire. Pourquoi contemplait-il ainsi cette tête de revenant que des mains impies avaient enlevée aux tombeaux *, et qui, placée à côté de son livre ouvert, semblait vouloir en éloigner tout le monde excepté lui? Pourquoi ne dort-il pas quand les autres reposent? Pourquoi ne veut-il pas de musique et ne donne-t-il pas l'hospitalité? Tout cela ne leur semblait pas bien, — mais où était le mal? Quelques-uns le savaient peut-être, mais c'était une histoire trop longue à raconter, et en outre ceux qui en étaient instruits étaient trop discrètement sages pour avouer que ce qu'ils savaient était autre chose que de légers soupçons. Mais s'ils voulaient parler — ils le pourraient. » C'est ainsi qu'autour du foyer les vassaux de Lara discouraient de leur seigneur.

10. Il était nuit. — Les étoiles du firmament se répétaient dans le ruisseau transparent de Lara, qui multipliait leurs images. Ses eaux sont si calmes, qu'elles semblent à peine mobiles, et cependant elles s'écoulent comme le bonheur. Elles réfléchissent au loin, comme une scène magique, les clartés immortelles qui brillent dans l'étendue des cieux. Les rives

---

* Ceci paraît faire allusion à Byron lui-même, qui avait fait une coupe à boire d'un crâne humain dont il se servait quelquefois.

(*N. du Tr.*)

de ces ondes sont parées d'arbres au vert feuillage, et des plus belles fleurs qui puissent séduire l'abeille : telles étaient celles dont Diane enfant composait ses guirlandes ; l'innocence n'en voudrait point d'autres, pour offrir à son amour, que celles qui couvrent la rive. Les eaux en suivant leurs canaux se perdent dans des détours qui représentent les replis tortueux et brillans du serpent. Tout était si tranquille, si doux sur la terre et dans les airs, que vous n'eussiez pas même tressailli à l'apparition d'un esprit, dans la pensée que rien de méchant ne pouvait se plaire à errer dans de tels lieux, au milieu d'une telle nuit ! C'était un moment dont les esprits du bien étaient seuls appelés à jouir; ainsi le pensait Lara, qui ne demeura pas long-tems dans ces lieux, et qui s'éloigna silencieusement pour retourner vers la porte de son château. Son ame ne pouvait plus contempler de telles scènes, qui lui rappelaient le souvenir de jours passés, de cieux plus sereins, de soleils plus purs, de nuits plus douces et plus fréquentées, de cœurs qui maintenant — non, — non ! la tempête peut frapper son front, sans l'émouvoir — sans le lui faire courber — mais une nuit comme celle-là, une nuit si belle, est une raillerie pour un cœur comme le sien.

11. Il est retourné dans ses appartemens solitaires, et son ombre gigantesque est projetée sur les murs tapissés de ces poudreux tableaux qui représentent des figures des vieux tems ; c'est tout ce qu'elles ont laissé de leurs vertus ou de leurs crimes,

excepté une vague tradition, les ténébreux caveaux qui dérobent leur poussière à la clarté du jour, ainsi que leurs faiblesses et leurs vices, et une demi-colonne du livre pompeux qui en transmet le récit spécieux d'âge en âge, où la plume de l'histoire distribue le blâme ou la louange, et donne comme vérité ce qui n'est le plus souvent qu'insigne mensonge.

Lara promène ses rêveries silencieuses, et les rayons de la lune brillent à travers les sombres vitraux sur le pavé de pierre, sur la voûte élevée couverte de découpures, et sur les saints que les fenêtres gothiques représentent agenouillés en prière, et qui se reproduisent, par la réflexion de la lumière, en figures fantastiques semblables à la vie, mais non à une vie comme celle des mortels. Les boucles noires des cheveux pendans de Lara, son noir et ombragé sourcil, et le mouvement balancé de son panache agité, apparaissaient comme les attributs d'un fantôme, et imprimaient à son aspect toutes les terreurs que donnent les tombes.

12. Il était minuit, — tout était livré au sommeil; la clarté solitaire d'une lampe pâle semblait rompre à regret les ténèbres. Écoutez! des murmures sont entendus dans le château de Lara, — un son — une voix — un cri — un appel de détresse! un cri lourd, prolongé — et le silence. — Ses gens ont-ils entendu ce frénétique écho retentir à leurs oreilles endormies? Ils l'ont entendu, ils se lèvent en sursaut, et, braves quoique tremblans, ils

se précipitent là où le cri invoquait leur secours ; ils arrivent portant dans leurs mains des flambeaux à demi allumés et des épées dont ils ont, dans leur empressement, oublié les ceinturons.

13. Froid comme le marbre où son corps était étendu, pâle comme les rayons de la lune qui se jouaient sur ses traits, Lara était renversé par terre ; près de lui son sabre à moitié tiré du fourreau semblait indiquer un péril au-dessus des craintes de la nature. Cependant il était ferme, ou il l'avait été jusqu'au dernier moment. Le défi respirait encore sur son front ; quoique empreint de terreur, et insensible comme il est, il régnait sur ses lèvres le désir de répandre le sang. Quelques menaces à demi formées, quelque imprécation d'orgueilleux désespoir semblent avoir expiré sur ses lèvres. Son œil était presque fermé ; mais il n'a pas oublié, même dans sa détresse, le regard du gladiateur, que souvent, dans la veille, son aspect décélait avec fierté, et qui maintenant y était fixé dans un horrible repos.

On le relève — on l'emporte ; silence ! il respire, il parle ; les couleurs reviennent sur ses joues basanées ; sa lèvre recouvre son incarnat ; son œil, quoiqu'obscurci, roule sauvage dans son orbite, et chacun de ses membres, par de lents frémissemens, recommence ses fonctions ; mais ses paroles sont articulées dans des termes qui ne semblent pas appartenir à sa langue native. Distinctes, mais étranges, ses gens les comprennent assez pour penser que ces accens appartiennent à d'autres climats ; et ils étaient tels, qu'ils semblaient s'adresser à une oreille qui ne les entend point — hélas ! qui ne peut plus les entendre !

14. Son page s'est approché, et lui seul semble connaître le sens des paroles qu'ils entendaient ; et par les altérations de ses joues et de son front, on pouvait juger qu'elles étaient telles, que Lara n'aurait pas voulu les avouer, ni le page les interpréter, quoiqu'il regarde avec moins de surprise l'état de son maître que ceux qui l'entouraient ; mais il se penche sur le corps étendu de Lara, et lui parle dans cette langue qui paraît être la sienne. Lara prête son attention à ces accens qui semblent doucement calmer et dissiper les horreurs de son rêve, si c'était un rêve qui abattait ainsi un cœur qui n'avait pas besoin de peines idéales.

15. Quel que soit l'objet que sa frénésie a vu en songe ou son œil en réalité, si toutefois il s'en souvient, il ne sera jamais révélé, et restera enseveli dans son cœur. — Le matin accoutumé revient, et inspire une nouvelle vigueur à son corps fatigué ; il ne recherche de soulagement ni d'un prêtre ni d'un médecin ; et bientôt, le même dans ses mouvemens et dans son langage qu'il l'avait été auparavant, il remplit les heures passagères, ne sourit pas moins, ne présente pas un front plus attristé qu'il n'en avait l'habitude ; et si le retour de la nuit semble maintenant moins agréable aux yeux de Lara,

il se gardait bien d'en laisser rien paraître à ses vassaux étonnés, dont les frissons prouvaient que *leurs* craintes étaient moins oubliées.

Tremblans, deux à deux (ils n'osent pas marcher seuls), ces esclaves effrayés s'acheminent dans le château, et évitent la fatale galerie. La bannière qui se déploie et le bruit des portes, le froissement de la tapisserie, l'écho du plancher, les longues et noires ombres des arbres d'alentour, le vol bruissant de la chauve-souris, le chant nocturne de la brise; tout ce qu'ils voient ou entendent effraie leur pensée, à mesure que les ombres du soir descendent sur les murs grisâtres du château.

16. Vaine terreur! cette heure de ténèbres restées à jamais inconnues ne revint plus, ou Lara sut feindre un oubli qui augmenta l'étonnement de ses vassaux sans diminuer leurs craintes. — La mémoire s'en était-elle éteinte au réveil de ses sens? puisqu'aucun mot, aucun regard, aucun geste de leur seigneur ne trahit un sentiment qui leur eût rappelé ce moment délirant des souffrances de son ame. Était-ce un rêve? était-ce sa voix qui avait articulé ces étranges et sauvages paroles? était-ce son cri qui avait interrompu leur sommeil? était-ce bien lui dont le cœur oppressé, comprimé, avait cessé de battre, et dont le regard les avait fait trembler? Pouvait-il, celui qui avait souffert une pareille épreuve, perdre ainsi la mémoire, lorsque ceux qui n'en avaient été que les témoins en étaient si frappés?

Ou ce silence prouvait-il que sa mémoire, pour être exprimée par des mots, était trop profondément, trop indélébilement fixée sur ce secret dévorant qui ronge le cœur, en en montrant l'effet sans en dévoiler la cause? Il n'en était pas ainsi pour lui; Lara les avait ensevelis tous les deux dans son sein. De communs observateurs ne pouvaient discerner le progrès de pensées que les lèvres mortelles ne laissent entrevoir qu'à demi; ces pensées brisent les faibles paroles qui voudraient les exprimer.

17. On remarquait dans Lara un mélange inexplicable de ce qui mérite le plus d'être aimé ou haï, recherché ou évité. L'opinion variait sur sa vie mystérieuse, et son nom n'était jamais oublié dans l'éloge ou la raillerie. Son silence formait un thême pour le babillage de tous les alentours; — le monde formait des conjectures, — se communiquait sa surprise : — on mourait de connaître sa destinée. Qu'avait-il été? qu'était-il, cet inconnu qui vivait parmi eux, et dont la famille seulement n'était pas ignorée? Un ennemi haineux de son espèce? cependant quelques-uns voulaient prétendre qu'avec eux il leur avait paru aussi livré à la joie que les amis des plaisirs; mais ils convenaient que son sourire, si on l'observait souvent de près, cessait d'être un vrai sourire, et se flétrissait en un sourire de dédain moqueur; et que si ce sourire atteignait ses lèvres, il ne passait pas plus loin, ses yeux n'offrant aucune trace de gaîté. Cependant il y avait parfois

plus de douceur dans son regard, comme si son cœur n'eût pas été naturellement dur ; mais une fois observé, son ame semblait réprimer une semblable faiblesse comme indigne de son orgueil ; et elle s'excitait elle-même à la roideur, comme dédaignant de s'acheter un doute de l'estime à moitié ébranlée des hommes. C'était une peine infligée par lui-même à son cœur que la tendresse avait autrefois arraché à son repos ; ou, dans la sollicitude du chagrin, il voulait forcer son ame à la haine pour avoir trop aimé !

18. Il y avait en lui un mépris vital de tout ; et comme s'il avait déjà éprouvé ce qui pouvait lui survenir de pire, il vivait étranger dans ce monde. Esprit errant précipité d'un autre monde, être d'imagination noire qui s'était créé par choix des périls auxquels il avait par hasard échappé, mais échappé en vain, puisque dans leur souvenir son esprit trouvait également un triomphe et un regret. Ayant plus de facultés pour l'amour que la terre n'en accorde communément aux mortels, ses jeunes rêves de vertu avaient dépassé la réalité, et une virilité orageuse suivit sa jeunesse déçue, avec le souvenir d'années perdues à la poursuite d'un fantôme, et celui des forces épuisées qui lui avaient été accordées pour un meilleur usage. Des passions ardentes avaient semé le ravage et la désolation sur ses pas, et avaient abandonné ses meilleurs sentimens à un trouble intérieur et à la cruelle réflexion que fait

naître une vie d'orages. Mais toujours hautain, orgueilleux, et abandonné au blâme, il appelait la nature pour en partager la honte, et rejetait toutes ses fautes sur ce corps de chair qu'elle lui avait donné pour servir à l'ame de prison et de festin aux vers de la tombe, jusqu'à ce qu'enfin il confondit le bien et le mal, et attribua au destin les actes de sa volonté. Trop fier pour l'amour-propre vulgaire, il pouvait, au besoin, sacrifier le sien pour le bien des autres, mais ce n'était pas par pitié, ni parce qu'il croyait le devoir ; c'était par une étrange perversité de l'ame, qui le poussait, avec un secret orgueil, à faire ce que peu d'hommes ou même personne n'eût osé faire comme lui. Et cette même impulsion, dans des circonstances séduisantes, l'égarait également en le conduisant au crime, tant il était jaloux de s'élever au-dessus ou de tomber au-dessous des hommes avec lesquels il se sentait condamné à vivre, et tant il se plaisait à se séparer par le bien et par le mal de tous ceux qui partageaient son état mortel! Son esprit, les abhorrant, avait fixé son trône loin de ce monde, dans des régions qui lui étaient propres. Là, méditant froidement sur tout ce qui se passait au-dessous d'elles, son sang paraissait alors couler plus calme. Ah! plus heureux si ce sang n'avait jamais été enflammé par le crime, et eût toujours coulé dans ce calme glacé!. Il est vrai qu'il suivait les mêmes sentiers que les autres hommes, et qu'en apparence il agissait et discourait comme le reste des mortels; qu'il n'outrageait pas les règles de la raison par des écarts : sa folie n'était pas de la tête, mais du cœur; et rarement il s'égarait dans ses discours, ou découvrait ses pensées au point d'offenser la vue.

19. Avec tous ces dehors froids et mystérieux, et le plaisir qu'il semblait prendre à rester inconnu, il avait trouvé l'art (si ce n'était pas un don de la nature) de fixer son souvenir dans le cœur des autres. Ce n'était pas l'amour peut-être — ni la haine — ni rien de ce que l'on peut imaginer d'exprimer par des mots; mais ceux qui le voyaient ne l'avaient pas vu en vain, et ne pouvaient manquer de demander de nouveau après lui; et ceux auxquels il avait parlé se rappelaient toujours ce qu'ils avaient entendu, quelque frivole qu'il fût. Personne ne connaissait ni comment, ni pourquoi; mais il s'insinuait tellement dans l'esprit de celui qui l'écoutait, qu'il y laissait l'impression de l'attachement ou de la haine. Quelque récente qu'ait été la date de l'amitié, de la pitié ou de l'aversion qu'il avait inspirées, elles ne faisaient que s'accroître dans les plus intimes sentimens et dans la pensée. Vous ne pouviez pénétrer son ame; mais vous trouviez, en dépit de votre étonnement, qu'il connaissait le chemin de la vôtre. Sa présence hantait toujours votre pensée, et il forçait le cœur à lui accorder un involon-

taire intérêt. Vains étaient les efforts pour échapper à ce piége intellectuel, son esprit semblait vous défier de l'oublier !

20. On célèbre une fête, où les chevaliers et les dames, et tous ceux que la richesse ou une haute naissance y appelaient, parurent. — D'une haute naissance, et hôte bien venu, Lara se rendit avec les autres seigneurs de son voisinage au château d'Othon. Une assemblée nombreuse est reunie dans les salles étincelantes de lumière, où les convives se livraient aux plaisirs de la table et du bal. La danse joyeuse de la foule des jeunes et séduisantes beautés unissait dans la chaîne la plus fortunée la grâce et l'harmonie. Heureux sont les jeunes cœurs et les mains amoureuses qui se mêlent avec bonheur dans des groupes de leur choix ! C'est un aspect qui peut éclaircir le front le plus soucieux et faire sourire le vieillard, rêver même le jeune homme, le jeune homme qui oublie que de telles heures sont passées sur la terre, tant il y a d'exaltation dans ses transports de bonheur !

21. Lara contemplait cette fête, tranquillement joyeux, et son front mentait si son ame était triste. Ses yeux suivaient dans tous ses mouvemens chaque beauté dont les pas légers ne réveillaient aucun écho. Les bras croisés et l'œil attentif, il était appuyé contre un pilier élevé de la salle, et ne remarquait pas un regard sévère fixé sur lui. Le fier Lara supportait mal un regard scrutateur semblable ; à la

fin, il s'en aperçoit : c'est un visage inconnu, mais il semble né chercher que le sien, le sien seul. Le regard inquiet et sombre de cet homme indique un étranger; il avait jusqu'alors tenu constamment ses yeux fixés sur Lara sans en être vu. Enfin leurs regards se rencontrèrent, et s'interrogèrent vivement avec une muette et mutuelle surprise. Une émotion parut dans les regards de Lara, comme se défiant de celui de l'étranger. L'aspect de cet homme est sévère et farouche; il en dit plus que l'œil vulgaire ne peut en comprendre.

22. « C'est lui ! » s'est écrié l'étranger; et ceux qui l'ont entendu répètent ce mot tout bas et de bouche en bouche : « C'est lui ! » — « Qui, lui ? » se demande-t-on de toutes parts, jusqu'à ce que ces paroles significatives parviennent aux oreilles de Lara. Ces mots si étrangement prononcés, et le singulier regard de l'inconnu, peu de personnes pourraient les expliquer : ils excitent une générale surprise. Mais Lara est resté immobile, sans changer de couleur ou de maintien. La surprise qui s'était d'abord manifestée dans ses yeux paraissait maintenant dissipée; il porte des regards assurés et calmes sur l'assemblée; quoiqu'il soit toujours observé par l'étranger qui, s'approchant de lui, s'écrie, avec un superbe dédain : « C'est lui ! — Comment est-il venu ici ? — et qu'y fait-il ? »

23. C'en était trop pour Lara; pour que Lara pût laisser sans réponse une semblable question,

répétée d'un ton si fier et si hautain. Le sourcil froncé, mais avec un accent froid, plus doucement ferme que brusquement arrogant, il se tourna vers l'insolent questionneur : — « Mon nom est Lara ! — quand le tien me sera connu, ne doute pas de mon empressement à répondre à l'inconvenante courtoisie d'un chevalier tel que toi. C'est Lara ! — en veux-tu savoir davantage ? je n'évite aucune question, et je ne porte aucun masque. »

« Tu n'évites aucune question ! Réfléchis bien — s'il n'en est aucune à laquelle ton cœur ne pourrait répondre, quand bien même ton oreille ne chercherait pas à l'éviter ? Te parais-je donc si inconnu ? Regarde-moi bien ! au moins si la mémoire ne t'a pas été inutilement donnée, oh ! jamais tu ne pourras dissimuler la moitié de sa dette : l'éternité te défend de l'oublier. » Les yeux de Lara se fixent avec attention sur le visage de l'étranger ; mais ils n'y peuvent rien découvrir qui leur soit connu, ou qu'ils veuillent reconnaître. — Il ne daigna pas répondre avec l'air du doute ; mais il secoue la tête, et moitié indifférence, moitié mépris, il se retourne et quitte l'étranger. Mais celui-ci, d'un air impérieux, lui dit de rester : — « Un mot ! — Je te commande de rester, et de répondre ici à quelqu'un qui, si tu étais noble, serait ton égal ; mais quel que tu aies été et que tu sois maintenant — oui, ne fronce pas le sourcil, seigneur, si ce que je te dis est faux, il t'est facile de démentir mes paroles. — Mais, quel que tu aies été et que tu sois maintenant, recueille-toi. Je me défie de tes sourires, mais je ne tremble pas devant ton front menaçant. N'es-tu pas cet homme dont les actions — »

« Qui que je sois, des paroles aussi étranges que les tiennes, des accusateurs tels que toi, j'en fais peu de cas, et ne les écoute pas davantage. Que ceux pour qui ces paroles ont plus de poids écoutent le reste, et ne se hasardent pas à contredire l'histoire, merveilleuse sans doute, que ta langue va raconter, et qui commence d'une manière si courtoise. Qu'Othon fête son hôte si poli, je lui en exprimerai ma reconnaissance motivée. » Ici le maître de la fête, tout surpris, s'est interposé. — « Quel que puisse être le secret dont il s'agit entre vous, ce n'est pas ici le tems ni le lieu de troubler la gaîté de l'assemblée par une dispute. Si toi, sire Ezzelin, tu as quelque chose à faire connaître qui concerne le comte Lara, à demain, ici, ou ailleurs, comme il vous plaira à tous deux, pour expliquer le reste. Tu m'es connu, et je me porte ta caution, quoique, comme le comte Lara, tu sois récemment arrivé seul des terres étrangères, et que tu sois devenu presque étranger. Et si, par le sang et l'illustre naissance de Lara, j'augure bien de son courage, comme de sa noblesse, il ne voudra pas se montrer indigne de son nom sans tache, ni rien refuser de ce que réclament les lois de la chevalerie. »

« A demain donc, répliqua Ezzelin; et que notre

loyauté soit ici mise à l'épreuve. J'atteste sur ma vie et sur mon épée la vérité de mes paroles; puissé-je être aussi sûr du bonheur éternel! »

Que répond Lara? son ame descend dans sa profondeur la plus intime, et demeure absorbée dans une profonde et soudaine méditation. Les paroles de la foule et les yeux de tous, qui étaient fixés sur eux, semblent s'adresser à lui. Mais les siens étaient silencieux, et ils paraissaient se perdre dans l'oubli le plus complet — oui, le plus complet. — Hélas! cette indifférence ne fait que trop comprendre à l'assemblée un souvenir seulement trop fidèle.

24. « A demain! — oui, à demain! » D'autres paroles que ces deux mots répétés ne furent pas entendues de la bouche de Lara. Aucun sentiment passionné ne se trahit sur son front; aucune lueur d'irritation n'apparut dans son grand œil noir : cependant il y avait quelque chose de ferme dans son accent calme et réservé, qui annonçait une résolution déterminée, quoiqu'inconnue. Il prit son manteau, — inclina légèrement la tête, et quitta l'assemblée en passant devant Ezzelin. Il répondit par un sourire au regard menaçant que ce dernier lui lança, et avec lequel ce seigneur pensait l'accabler. Ce n'était pas un sourire de joie, ni celui d'un orgueil dissimulé qui se venge par le dédain de la haine qu'il ne peut cacher; mais c'était le sourire d'un cœur sûr de lui-même dans tout ce qu'il voudrait entreprendre, ou tout ce qu'il pourrait souffrir. Ce

sourire annonçait-il la paix ? le calme de la vertu ? ou le crime vieilli dans l'endurcissement du désespoir ? Hélas ! les confidences de l'un et de l'autre se ressemblent trop pour être facilement distinguées sur le front d'un homme ou dans ses paroles. C'est par les actions, par les actions seules que l'on peut discerner les vérités que le cœur inexpérimenté est incapable de saisir.

25. Lara appela son page et se retira. — Celui-ci obéissait promptement à la moindre de ses paroles ou à son plus faible signe. C'était le seul compagnon amené des climats lointains, où les ames étincellent sous un ciel plus éclatant. Pour suivre Lara, il avait abandonné son pays natal. Patient et docile, calme, malgré sa jeunesse, il était silencieux comme son maître, et sa fidélité paraissait au-dessus de son état et de ses années. Quoiqu'il n'ignorât pas la langue de Lara, il arrivait rarement qu'il reçût de lui un ordre dans cette langue ; mais il accourait avec rapidité, et répondait avec effusion, quand les lèvres de Lara laissaient échapper des paroles dans sa langue maternelle. Ces accens, qui lui étaient aussi chers que les montagnes de sa patrie, réveillaient à ses oreilles leur écho absent, et lui rappelaient la voix accoutumée d'amis, de parens qu'il ne devait plus revoir, et auxquels il avait renoncé pour un seul, — son ami, son tout. La terre ne lui offrait pas maintenant d'autres guides ; pouvait-on s'étonner alors s'il le quittait si rarement ?

26. Légère était sa taille, et délicats, quoique bruns, paraissaient les traits de son visage sur lequel avait passé son soleil natal; mais ses rayons n'avaient point basané sa joue, où souvent se manifestait une rougeur involontaire. Cependant ce n'était point cette rougeur qui monte au visage quand la santé y fait refluer toutes les couleurs du cœur dans des transports de bonheur; mais c'était la teinte étique d'un secret chagrin, qui brillait dans un moment fiévreux. La flamme étincelante de ses regards semblait empruntée d'en haut, et allumée par une pensée électrique, quoique ses longues paupières tempérassent, par une teinte mélancolique, l'ardeur de ses noires prunelles. Cependant on y remarquait moins de tristesse que d'orgueil; ou si c'était de la tristesse, c'était une tristesse que personne ne pouvait partager. Les jeux qui plaisent à son âge ne lui plaisaient pas; les amusemens de la jeunesse et les joyeuses folies des pages n'avaient point d'attraits pour lui. Pendant des heures entières ses yeux restaient fixés sur Lara, comme s'il eût tout oublié dans cette attitude contemplative. Éloigné de son maître, il errait isolé. Brèves étaient ses réponses, et il ne faisait jamais de questions. Les bois étaient sa promenade; son amusement, quelque livre en langue étrangère; son lieu de repos, la rive des limpides ruisseaux. Il semblait, comme celui qu'il servait, vivre à part de tout ce qui charme les yeux et remplit le cœur; ne pas connaître de fraternité, et n'a-

voir reçu de la terre aucun autre don que le don amer — de l'existence.

27. S'il aimait quelque chose, c'était Lara; mais son attachement ne se montrait que dans son respect et dans son obéissance. Toujours dans une attention muette, son zèle, qui épiait chaque désir de son maître, l'accomplissait avant que sa parole l'exprimât. Toutefois, il y avait de la dignité fière dans tout ce qu'il faisait; car il avait un esprit altier qui ne supportait pas les réprimandes. Son zèle, quoique plus actif que celui des mains serviles, obéissait seulement dans ses actions; son air commandait encore, comme s'il eût ainsi cédé moins au désir de Lara qu'à *son propre* désir : car assurément ce n'était point pour un vil salaire qu'il agissait ainsi. Les services que lui commandait son maître étaient légers : c'était de lui tenir les étriers, lorsqu'il voulait monter à cheval, ou de lui apporter son épée; d'accorder son luth; ou, s'il désirait davantage, de lui lire des volumes d'autres tems et d'autres langues que sa langue maternelle; mais jamais de se mêler avec la foule des domestiques, auxquels il ne montrait ni déférence ni dédain, mais cette réserve de bon ton, qui prouvait qu'il n'avait nulle sympathie pour eux. Son ame, quel que fût son rang ou sa naissance, pouvait fléchir devant Lara, non descendre jusqu'à eux. Il paraissait d'une naissance distinguée, et avoir connu des jours meilleurs. Aucune marque de travail vulgaire ne se trahissait sur

ses mains d'une blancheur si féminine, que l'on aurait pu lui attribuer un autre sexe, lorsqu'on les comparait avec la délicatesse et la douceur de son visage; mais ses vêtemens, et quelque chose dans son regard de plus viril et de plus fier que n'en comporte l'œil d'une femme, disaient le contraire. C'était un caractère presque sauvage, qui tenait plus de son climat brûlant que de son corps tendre et frêle : il est vrai qu'il ne se remarquait point dans ses paroles; mais dans son aspect, cet instinct pouvait être plus qu'aperçu.

Kaled était son nom, quoique le bruit courût qu'il en portait un autre avant d'avoir quitté ses montagnes. Car quelquefois, bien qu'à peu de distance, il entendait ce nom répété plusieurs fois sans répondre, comme s'il ne lui eût pas été familier, ou, s'il lui était adressé de nouveau, il se retournait brusquement, comme si dans cet instant il se rappelait que c'était le sien. Cependant, si c'était la voix accoutumée de Lara qui l'appelait, alors ses oreilles, ses yeux, et son cœur redoublaient d'attention.

28. Ce jeune page n'avait pas manqué de remarquer, dans la salle du bal, la querelle imprévue que tout le monde avait observée, et quand la foule autour de lui exprimait son étonnement du calme du hardi accusateur et de la patience avec laquelle le noble et fier Lara avait supporté une semblable insulte d'un étranger; doublement affecté, Kaled changea plusieurs fois de couleur; ses lèvres pâlirent

comme de la cendre, ses joues s'enflammèrent tour à tour; et sur son front se répandit cette sueur de glace qui survient, lorsque le cœur, chargé d'un poids de pensées qui l'accablent, succombe de malaise et de luttes intérieures. Oui, — il est des choses que nous devons rêver et oser exécuter avant que la pensée en soit à moitié avertie. Quelle que pût être l'idée de Kaled, elle suffit pour fermer ses lèvres et troubler son front. Il observa Ezzelin jusqu'à ce que Lara eût jeté en passant, sur le chevalier, un sourire de dédain. Lorsque Kaled vit ce sourire, son visage reprit son air accoutumé, comme s'il eût reconnu en lui quelque chose de satisfaisant. Sa mémoire lui faisait remarquer dans un pareil sourire beaucoup plus que l'aspect de Lara n'en disait aux autres. Il se précipita vers lui, — et dans un instant tous deux furent partis; et tous ceux qui restèrent dans le château crurent être laissés seuls. Chacun avait eu tellement les yeux fixés sur la figure de Lara, chacun s'était si bien identifié par ses sentimens à cette scène, que lorsque l'ombre longue et noire de Lara eut dépassé le portique, et ne fut plus reproduite par la lumière des torches allumées, tous les cœurs battirent plus vivement, comme doutant s'ils sortaient d'un rêve effrayant, que nous savons être faux, mais qui nous épouvante encore parce que ce qui est le pire est toujours le plus près de la vérité.

Ils sont partis, — Ezzelin reste encore; le front pensif et l'air impérieux; mais il ne demeura pas long-tems : avant qu'une heure se fût écoulée, il salua de la main Othon, et se retira.

29. La foule a disparu, les convives sont livrés au sommeil; le châtelain courtois, et ses hôtes satisfaits se sont rendus à leur couche accoutumée, où la joie se calme, et où la douleur soupire après le sommeil; et l'homme accablé par le combat de sa propre existence* cherche un refuge dans ce doux oubli de la vie. Là reposent également l'espérance délirante de l'amour, la perfidie et la ruse ; les projets ténébreux de la haine, et les fourberies de l'ambition jalouse. Sur tous les yeux planent les ailes de l'oubli, et l'existence éteinte est comme ensevelie dans un tombeau. Quel nom meilleur pourrait plus convenir au lit du sommeil? sépulcre de la nuit, demeure universelle où la faiblesse, la force, le vice, la vertu sont étendus dans une égale nudité. Heureux l'homme pour un moment, de ne pas avoir le sentiment de la vie, pour s'éveiller cependant, pour lutter avec la terreur de la mort, et chercher à éviter, quoique le jour doive apparaître pour accroître ses maux, ce sommeil, le plus doux de tous, puisqu'il est le moins troublé de rêves.

* *O'er-laboured with being's strife.*

Chant Deuxième.

1. La nuit commence à disparaître ; — les vapeurs groupées autour des montagnes se dissipent à l'aspect du matin, et la lumière réveille le monde. L'homme a un jour de plus pour grossir le passé, et pour le conduire peu à peu vers son dernier jour ; mais la puissante nature s'éveille en bondissant comme au jour de sa naissance. Le soleil est dans les cieux et la vie sur la terre ; les fleurs dans les vallées, la splendeur dans les rayons du jour, la santé dans l'air pur du matin, et la fraîcheur sur les bords des ruisseaux. Homme immortel ! contemple ces gloires resplendissantes de la nature, et écrie-toi, dans les transports de ton cœur : « Ces gloires sont les miennes ! » Admire-les pendant qu'il est permis à ton œil enchanté de les voir : un matin viendra où elles ne t'appartiendront plus ; et quels que soient les regrets qui seront exprimés sur ta tombe insensible, ni les cieux, ni la terre ne t'accorderont une seule larme. Aucun nuage ne deviendra plus sombre, aucune feuille ne tombera plus tôt, aucun souffle d'air, aucun vent léger ne t'accordera un soupir ; mais les

vers rampans se réjouiront de leur nouvelle pâture, et prépareront tes restes humains à fertiliser
le sol.

2. Le matin a paru; — le soleil est à son midi.
— Rassemblés dans le palais, les chevaliers se sont
rendus à l'appel d'Othon. C'est maintenant l'heure
promise, qui doit prononcer la mort ou la vie de la
réputation future de Lara. Ezzelin va développer ici
son accusation; et quelle que soit l'histoire, elle
doit être exposée dans toute la vérité. Sa parole a
été donnée; et Lara a promis de l'écouter à la face
de l'homme et du ciel. Pourquoi ne vient-il pas? De
semblables révélations devant être faites, il semble
que le retard de l'accusateur dépasse les bornes de
l'indulgence.

3. L'heure est passée, et Lara est depuis long-
tems arrivé. Il montre une grande confiance en soi-
même, et tout le calme de la patience. Pourquoi
Ezzelin ne vient-il pas? L'heure est passée, des murmures s'élèvent, et le front d'Othon se rembrunit.
« Je connais mon ami! je ne puis craindre son manque de foi; s'il est encore sur la terre, qu'on l'attende ici. Le toit qui le protége est dans le vallon
situé entre mes domaines et ceux du noble Lara.
Mon palais aurait été honoré par l'hospitalité donnée
à un tel hôte, si le seigneur Ezzelin ne l'eût pas refusée; c'est la recherche de quelque preuve nécessaire
qui l'a empêché de rester, et l'a forcé d'aller se préparer pour aujourd'hui. La parole que j'ai donnée pour

lui, je la donne encore; et je rachèterais moi-même la tache qu'il aurait faite à la chevalerie. » Il a dit, — et Lara répond : « Je suis venu ici à ta demande pour prêter l'oreille à des contes perfides, récités par la langue d'un étranger, dont les paroles auraient pu déjà blesser mon cœur, si je ne l'avais regardé comme presque un insensé, ou tout au plus comme un ignoble et vil ennemi. Je ne le connais point; — mais il semble m'avoir connu dans des pays où — je ne dois pas perdre le tems en vains discours : produis ton dénonciateur, — ou retire ta parole ici avec le tranchant de ton sabre. »

Le fier Othon, rougissant de colère, jette aussitôt son gant sur la terre, et tire son sabre du fourreau.

« C'est ce dernier parti qui me convient le mieux, dit-il ; c'est ainsi que je réponds pour mon hôte absent. »

Sans que sa joue pâle changeât de couleur, quelque près qu'ait été sa tombe ou celle de son adversaire, la main de Lara, qui s'empare de son sabre avec un sang-froid impassible, prouve qu'elle en connaît bien l'usage, par la facilité adroite avec laquelle elle en saisit la garde. Son œil, quoique calme, exprime qu'il sera sans quartier, et que l'épée de Lara obéira trop bien à sa volonté. En vain les chevaliers se pressent autour d'eux ; la fureur d'Othon ne veut pas souffrir d'accommodemens, et de ses lèvres tombent ces paroles d'insulte : « Une bonne épée est nécessaire à celui qui voudrait nous séparer. »

4. Court fut le combat; furieux, aveuglément téméraire, Othon livre son sein au coup fatal. Le sang coule, il tombe; mais la blessure qu'il reçoit de son habile adversaire, et qui l'étend sur la terre, n'est pas mortelle. « Demande-moi ta vie! » lui crie Lara. Il ne répond rien. Alors on vit le moment où il ne se serait jamais relevé du sol ensanglanté; car le front de Lara, en cet instant, devint presque noir, dans sa rage de démon, et son sabre se dispose à frapper un coup plus terrible que lorsque celui de son ennemi était dirigé contre son sein. Alors il conservait tout son sang-froid et toute son adresse; maintenant rien ne réprime plus la haine déchaînée de son cœur. Il tombe avec si peu de ménagement sur son ennemi, que lorsque les témoins s'approchèrent pour retenir son bras, il tourna presque son arme affamée contre ceux qui osaient s'interposer pour obtenir de lui la grâce du vaincu. Il réprime ce premier mouvement de fureur; mais cependant ses regards sont fixés sur son adversaire, comme s'il regrettait le combat inutile qui lui laisse un ennemi vivant, quoique abattu, et comme s'il recherchait à quelle distance la blessure qu'il a portée à sa victime l'a laissée près du tombeau.

5. On relève Othon baigné dans son sang, et le médecin lui défend toute question, tout geste, toute parole. Les autres chevaliers se retirent dans une

salle voisine; et lui, Lara, irrité et l'air dédaigneux, la cause et le vainqueur de ce soudain combat, s'éloigne lentement, dans un silence hautain. Il pique son cheval, et se dirige vers son château, sans jeter un seul regard sur celui d'Othon.

6. Mais où était-il, ce météore d'une nuit, qui menaça pour disparaître avec la lumière? où était cet Ezzelin? cet Ezzelin qui a paru et n'a laissé aucune trace de ses intentions. Il avait quitté le château d'Othon bien avant le jour, tandis que les ténèbres régnaient encore; mais le chemin lui était si connu qu'il ne pouvait pas s'égarer. Prochaine était sa demeure. Il n'y était point, et le jour suivant amena une nouvelle recherche, qui ne produisit aucun résultat, si ce n'est de constater l'absence du chevalier; une couche vide, un cheval sans maître à l'écurie, son hôte alarmé, ses amis murmurant désolés. Leurs recherches s'étendent dans tous les environs, autour du chemin qu'il a dû suivre, craignant de rencontrer les vestiges de la férocité de quelques brigands; mais il n'en existe aucune, et nul buisson n'en porte. Point de trace de sang; point de lambeaux dispersés de ses vêtemens; aucune chute, aucune lutte n'a flétri ou foulé le gazon, en conservant l'empreinte du meurtre; point d'impression de doigts crispés pour raconter l'histoire des efforts convulsifs d'une main agonisante qui, ayant cessé de se défendre, tourne contre le tendre gazon les dernières convulsions de son agonie. Tels sont

les vestiges que l'on aurait rencontrés, si quelqu'un avait perdu la vie; mais ils n'existaient pas, et tout ce qui reste est une espérance douteuse. Un étrange soupçon fait murmurer tout bas le nom de Lara, et chaque jour il s'entretient de sa réputation flétrie; mais il se tait soudain lorsque sa sombre figure apparaît: il attend son absence pour oser renouveler ses murmures accoutumés, et ses conjectures revêtues des plus noires couleurs.

7. Les jours s'écoulent, et les blessures d'Othon sont guéries, mais non son orgueil; et sa haine n'est plus dissimulée. C'était un homme puissant, l'ennemi de Lara, et l'ami de tous ceux qui cherchaient à lui nuire; il demande à la justice de sa contrée de forcer Lara à rendre compte d'Ezzelin.

Quel autre que Lara aurait pu craindre sa présence? qui l'a fait disparaître, si ce n'est l'homme sur lequel ses charges menaçantes seraient tombées d'un poids trop accablant? La rumeur générale augmente par l'incertitude, le mystère est ce qui plaît le plus à la foule curieuse. D'où vient cette indifférence apparente de Lara pour tous les liens d'amitié*? pour tout ce qui peut faire naître la confiance et éveiller l'amour? la férocité sommeillante que trahit son ame? l'adresse avec laquelle il manie l'épée tranchante? où l'a-t-il apprise ce bras qui n'a jamais fait la guerre? Dans quels lieux cette férocité

* *The seeming friendlessness.*

est-elle devenue le partage de son cœur? car ce n'était point l'aveugle et capricieuse colère qu'un mot peut soulever et qu'un autre peut calmer; mais l'œuvre profonde d'une ame qui ne connaît point la pitié quand la colère l'emporte, et qu'une longue habitude du pouvoir comme du succès a concentrée dans tout ce qui est inexorable. Tous ces propos, associés avec ce désir qui domine l'humanité de se livrer plutôt au blâme qu'à la louange, avaient amassé enfin contre Lara un orage tel que lui-même en aurait pu être effrayé, et tel que ses ennemis voulaient l'exciter. Il doit répondre de la tête d'un homme absent qui le poursuit encore, mort ou vivant.

8. Dans cette contrée vivait plus d'un mécontent qui maudissait la tyrannie sous laquelle il était courbé. De nombreux et féroces despotes y exerçaient leur oppression, et y donnaient leurs caprices pour des lois. De longues guerres au dehors, de fréquentes querelles au dedans ouvraient sans cesse un passage au sang et au crime qui n'attendaient qu'un signal pour recommencer un nouveau carnage, tel qu'il en naît des discordes civiles, qui ne connaissent pas de neutres, et ne comptent que des amis ou des ennemis.

Enfermés dans leurs forteresses féodales, tous les seigneurs étaient comme des souverains, obéis en paroles et en actions, mais abhorrés dans l'ame. Lara avait hérité de pareils domaines seigneuriaux, peuplés par des cœurs mécontens et des mains travaillant à regret; mais sa longue absence de son pays natal l'avait laissé pur du crime d'oppression, et maintenant, détournées par la douceur de son administration, toutes les terreurs avaient disparu par degrés. Ses serviteurs ne conservaient plus pour lui que leur antique et habituelle vénération; mais ce fut plus pour lui que pour eux-mêmes que leurs craintes furent soulevées. Ils le croyaient maintenant malheureux, quoique d'abord leur malignité l'eût jugé coupable. Ses longues nuits sans repos, son humeur silencieuse furent attribuées à la maladie entretenue par la solitude. Et quoique ses habitudes solitaires rendissent à la fin sa société triste, sa demeure n'en était pas moins agréable, car les malheureux ne s'en éloignèrent jamais sans soulagement; et pour eux du moins son ame connaissait la compassion. Froid envers les grands, dédaigneux avec les superbes, l'homme humble ne passait pas auprès de lui sans attirer ses regards. Il ne parlait pas beaucoup; mais sous son toit on recevait souvent un asile, et jamais de reproches. Et ceux qui en faisaient l'observation pouvaient remarquer que chaque jour quelques nouveaux hôtes se rassemblaient sous son commandement. Mais depuis la disparition d'Ezzelin, il se montra seigneur courtois et hôte bienveillant. Peut-être son combat avec Othon lui fit-il craindre quelque trame ourdie contre sa tête exposée. Quelles qu'aient été ses vues, il sut se concilier l'affection de plus de partisans que les seigneurs ses égaux. Si c'était un effet de sa politique, elle fût répandue si loin que des millions le jugeaient tel qu'il voulait paraître. Exilé par des maîtres cruels, venait-on lui demander un asile? il était aussitôt donné. Par lui les paysans n'avaient pas à pleurer leur moisson enlevée, et à peine les serfs pouvaient-ils murmurer contre leur sort. Avec lui la vieille avarice trouvait sûreté pour ses trésors; avec lui, le pauvre n'était point exposé aux mépris; la bonne chère et les récompenses promises retenaient près de lui la jeunesse active, jusqu'à ce qu'il fût trop tard pour le quitter. Il offrait à la haine, avec un changement prochain, l'espérance d'assouvir bientôt une vengeance différée; l'amour, long-tems trompé par une union détestée, comptait dans le succès pour recouvrer des charmes qu'il avait perdus. Tout était mûr; Lara n'attendait que le moment favorable pour proclamer que l'esclavage n'était plus qu'un nom.

Le moment, l'heure vint où Othon crut sa vengeance assurée. Son huissier* trouva le prétendu criminel entouré dans son château des milliers d'hommes délivrés de leurs chaînes féodales récemment brisées, défiant la terre, et comptant sur la faveur du ciel. C'était le matin que Lara venait de rendre libres des serfs attachés à la glèbe, et qui ne creuseraient plus désormais la terre que pour servir

* *His summons.*

de tombeaux aux tyrans! c'est ce qu'ils proclamaient tous. — Certain mot d'ordre est nécessaire dans le combat pour venger ses outrages et conquérir ses droits : religion, — liberté, — vengeance, — tout ce que vous voudrez; un mot suffit pour faire lever les peuples et les mener au carnage. Une phrase séditieuse suffit à la ruse qui la répand et l'exploite, pour faire régner le crime, et pour donner une abondante pâture aux loups et aux vers de la terre!

9. Dans cette contrée, les seigneurs féodaux avaient acquis tant de pouvoir, que leurs souverains enfans régnaient à peine. C'était alors le moment pour les rebelles de lever l'étendard de la révolte. Les serfs méprisaient le roi, et le haïssaient en même tems que les seigneurs. Ils n'attendaient qu'un chef, et ils en trouvèrent un attaché à leur cause par des liens indissolubles; forcé par les circonstances de rentrer en guerre avec les hommes pour sa propre défense. Séparé par une destinée mystérieuse de ceux que la naissance et la nature n'avaient pas fait ses ennemis, Lara, depuis cette nuit fatale, s'était préparé, non pas seul, à braver les événemens les plus sinistres. De certaines raisons, quelles qu'elles fussent, lui prescrivaient d'éviter que l'on fît aucune recherche sur ses actions commises dans de lointains climats.

En réunissant à sa cause propre celle de tous; lors même qu'il aurait été dans sa destinée d'être abattu, il avait au moins la certitude de retarder sa chute. Le calme sombre qui depuis long-tems régnait dans son ame; la tempête qui, après avoir exercé ses ravages, s'était assoupie, soulevée par des événemens qui semblaient devoir pousser sa triste fortune à son dernier degré de malheur, se réveillent de nouveau, et le rendent tout ce qu'il avait été autrefois, et qu'il est maintenant; la scène est seulement changée. Il se souciait fort peu de la vie, encore moins de la renommée; mais il n'en était pas moins propre aux jeux désespérés des combats. Il lui semblait qu'il était marqué dès sa naissance pour être l'objet de la haine des autres, et il se moquait de sa ruine si elle était partagée. Que lui importait donc la liberté des peuples asservis? Il élevait l'humble, mais pour abaisser le superbe. Il avait espéré trouver le repos dans sa retraite sombre, mais l'homme et la destinée venaient l'y assiéger. Il paraissait comme une bête féroce poursuivie par les chasseurs, que ceux-ci doivent tuer, mais qu'ils ne peuvent faire tomber dans leur piége. Austère, sans ambition, silencieux, il était désormais un tranquille spectateur des scènes de la vie; mais lancé de nouveau sur l'arène, il parut un chef non inégal aux seigneurs féodaux : sa voix, — son maintien, — ses gestes — révèlent une sauvage nature, et à ses regards on reconnaît le gladiateur.

10. A quoi servirait de raconter pompeusement l'histoire souvent répétée des combats; les fêtes des vautours, le carnage et la mort? la fortune chan-

geante sur le champ de bataille, la force victorieuse et la faiblesse obligée de céder? des ruines fumantes et des remparts renversés? Dans cette guerre, la lutte fut la même que dans toutes les autres, excepté que les passions déchaînées concentrèrent leur force dans une férocité qui bannit tout remords. Personne ne demandait grâce, car la pitié connaissait que ses cris seraient vains. Les prisonniers mouraient sur le champ de bataille. La même fureur animait tour à tour le sein du vainqueur ; et ceux qui combattaient pour la liberté, et ceux qui luttaient pour la tyrannie croyaient avoir versé le sang de peu d'hommes, tant qu'il en restait encore à égorger. Il était trop tard d'éteindre le tison dévastateur. La désolation atteignait la contrée affamée ; l'incendie était allumé, et les flammes étaient propagées, et le carnage souriait sur ses victimes de chaque jour.

11. Tout frais de la force que l'impulsion de la liberté récemment acquise leur imprime, les partisans de Lara obtiennent le premier succès : mais cette vaine victoire les a perdus. Ils n'obéissent plus à la voix de leur chef pour se former en rang de bataille; ils se précipitent dans une aveugle confusion sur leurs ennemis, croyant que de l'atteindre ainsi devait leur assurer le succès. La convoitise du butin, la soif de la vengeance entraînent ces brigands débandés à leur perte. En vain Lara fait-il tout ce qu'un chef doit faire, pour arrêter l'impétueuse furie de ces hommes. En vain veut-il calmer leur ar-

deur téméraire, — la main qui allume l'incendie ne peut l'éteindre. L'ennemi plus sage a pu seul arrêter leur impétuosité, et montrer à cette troupe indisciplinée sa folle témérité. Des retraites feintes, des embuscades nocturnes, des attaques désordonnées faites en plein jour, des combats différés, la longue privation d'un secours désiré, un repos sans tente, sous un ciel humide, des murs imprenables qui défiaient l'art des assiégeans, et lassaient la patience de leur courage trompé : voilà les obstacles qu'ils n'avaient pas prévus.

Le jour du combat, ils s'avançaient à l'ennemi, comme l'auraient fait de vieux guerriers; mais ils préféraient davantage la furie de l'action la plus sanglante, et la mort présente à une vie de souffrances continuelles. La famine vient leur apporter ses angoisses; et la fièvre balaie leurs rangs, qui s'éclaircissent à vue d'œil. La joie immodérée du triomphe se change en mécontentement. L'ame seule de Lara semble encore indomptée, mais peu de ses soldats restent pour le seconder. De plusieurs milliers qu'ils étaient, ils sont réduits à une faible troupe : désespérés, quoique en petit nombre, ce sont les plus braves qui survivent pour déplorer la discipline qu'ils avaient dédaignée après leur premier succès. Une espérance leur reste encore : la frontière n'est pas éloignée; par là, ils peuvent échapper à la guerre de leur patrie, en emportant avec eux, dans l'état voisin, les chagrins de l'exil, ou la haine de la proscription. Il est dur pour eux de quitter la terre de leurs aïeux, mais il leur est encore plus dur de périr ou de se soumettre..

12. La résolution est prise, — ils sont en marche, — la nuit complice les guide avec son astre lumineux, en éclairant leurs pas dans les ténèbres. Déjà ils aperçoivent ses tranquilles rayons dormant sur la surface du courant qui forme la frontière. Déjà ils distinguent, — est-ce bien la rive? Fuyez! Elle est bordée par de nombreux rangs ennemis. Retournez ou fuyez! — Qu'est-ce qui brille à l'arrière-garde? C'est la bannière d'Othon, — la lance du chef qui les poursuit! Sont-ce des feux de bergers, ces feux qui brillent sur la hauteur? Hélas! ils étincellent avec trop de clarté, pour une fuite. Privés de tout espoir, et concentrés dans leur propre défense, moins de sang peut-être aura payé une dépouille plus riche!

13. Ils s'arrêtent un moment ; c'est seulement pour que la troupe puisse respirer. Avanceront-ils, ou attendront-ils l'ennemi? Peu importe, — s'ils chargent l'ennemi qui s'oppose à leur marche le long de la rive du fleuve, quelques-uns peut-être pourront rompre et traverser leur ligne formée pour prévenir un tel dessein. — « Chargeons! attendre leur attaque serait une action digne d'une troupe lâche. » Tous les sabres sont tirés, chacun saisit les rênes de son cheval, et la première parole pourra à peine devancer l'action. Parmi tous ceux

qui vont entendre le dernier commandement de Lara; pour combien ne sera-t-il pas la voix de la mort!...

14. Son glaive est tiré; son front respire un air réfléchi, mais trop tranquille pour être celui du désespoir; il montre quelque chose de plus indifférent qu'il ne convient aux plus braves d'en témoigner, si le sort des hommes les touche. — Il tourne ses regards sur Kaled, toujours près de lui, et trop confiant encore pour trahir la moindre crainte. Peut-être c'était la sombre clarté de la lune qui projetait sur les traits de ce jeune page une teinte inaccoutumée de pâleur mélancolique, dont l'empreinte profonde exprimait la fidélité et non la terreur de son ame. Lara observa cette pâleur, et mit sa main dans la sienne : elle ne trembla pas dans un moment semblable; ses lèvres étaient muettes, à peine son cœur battait-il; ses regards seuls disaient : « Nous ne nous séparerons jamais! ta troupe peut périr, tes amis peuvent fuir; pour moi, je puis dire adieu à la vie, mais jamais à toi! »

Le mot d'ordre a échappé aux lèvres de Lara, et sa troupe, portée en avant, et les rangs serrés, marche sur les lignes divisées de l'ennemi. Chaque coursier a obéi au premier coup d'éperon; les cimeterres brillent, l'acier se croise; surpassés en nombre, mais non en bravoure, ils opposent encore le désespoir à l'audace, et un front de défense aux ennemis. Le sang est mêlé aux ondes du fleuve qui en conserve les teintes jusqu'aux rayons du matin.

15. Commandant, aidant, animant les siens, partout où l'ennemi paraît redoubler d'efforts, où ses amis succomber, la voix de Lara se fait entendre; il brandit son cimeterre, en frappe à coups redoublés, et fait naître un espoir que lui-même a cessé de partager. Aucun ne fuit, car ils savent bien que la fuite serait vaine; mais ceux qui chancellent reviennent bientôt à la charge en voyant les plus courageux des ennemis reculer devant le regard et les coups de leur chef. Tantôt entouré des siens, tantôt presque seul, il enfonce les rangs de son adversaire, ou rallie sa troupe. Lui-même ne s'épargne pas. — Une fois l'ennemi semble fuir, — le moment était propice; Lara donne le signal de la main qu'il agite dans l'air; il s'élance. — Pourquoi son casque orné d'un panache s'affaisse-t-il soudain? un trait est lancé, — la flèche est dans son sein! Ce geste fatal a laissé sa poitrine sans défense, et la mort a fait retomber ce bras redoutable. Le mot de *victoire* expire sur sa bouche; cette main, qu'il avait élevée en signe de commandement, comme elle pend tristement à ses côtés! Elle retient encore instinctivement son sabre, quoique l'autre ait laissé échapper les rênes. Kaled les saisit: défaillant par sa blessure, penché presque sans vie sur les arçons de la selle, Lara ne s'aperçoit pas que son page désolé l'emmène loin du combat. Cependant ses compagnons

chargent l'ennemi, le chargent encore avec plus de fureur. Les combattans sont trop confondus maintenant pour compter les cadavres!

16. Le jour luit sur les mourans et sur les morts, sur les cuirasses brisées et sur les têtes séparées de leurs casques; le cheval de guerre est étendu sans cavalier sur la terre, et l'effort de son dernier soupir a fait rompre les courroies ensanglantées de sa selle. Près de là, frémissent encore d'un reste de vie, le pied éperonné qui l'aiguillonnait, et la main qui guidait les rênes. Quelques-uns sont étendus mourans, tout près du torrent dont les eaux se raillent de leurs lèvres que la soif dévore. Cette soif palpitante, qui brûle dans le souffle de ceux qui meurent de la mort dévorante des braves, pousse vainement leurs lèvres brûlantes à implorer une goutte, — une dernière goutte d'eau pour les rafraîchir avant de mourir. Par un faible et convulsif effort, ils traînent leurs membres sur le gazon ensanglanté. Un pareil effort épuise leur faible reste de vie, mais ils atteignent le courant, et se penchent pour se désaltérer : ils sentent déjà son humide fraîcheur, ils sont près de la goûter. Pourquoi se reposent-ils? — N'ont-ils plus de soif à étancher? — elle est inextinguible, et cependant ils ne la sentent plus. C'était leur agonie; — mais elle est déjà oubliée!

17. Sous un tilleul, écarté de cette scène de carnage, était étendu un guerrier, respirant encore, mais blessé à mort dans ce combat dont lui seul fut

la cause. C'était Lara dont la vie s'écoule peu à peu avec son sang. Son compagnon d'autrefois, et maintenant son seul guide, Kaled est à genoux près de lui, les yeux fixés sur son côté ouvert, et cherchant à étancher avec son écharpe le sang qui en ruisselle à gros bouillons, et qui devient plus noir à chaque convulsion. Alors, à mesure que son souffle s'affaiblit, et s'exhale plus lentement, c'est goutte à goutte que le sang s'échappe de la blessure fatale. A peine Lara peut prononcer une parole, mais il fait entendre qu'il est inutile de chercher à le soulager ; ce mouvement ne fait qu'ajouter une palpitation plus vive à ses tourmens. Il presse la main qui voudrait adoucir son agonie, et il remercie, par un triste sourire, son page désolé qui ne craint rien, ne sent rien, n'a besoin de rien, ne voit rien, excepté ce front affaissé qui repose sur ses genoux ; excepté ce pâle visage, dont les yeux, quoique sombres, étaient la seule lumière qui brillât pour lui sur la terre.

18. Les ennemis arrivent, après avoir long-tems cherché Lara sur le champ de bataille ; leur triomphe n'est rien si Lara n'a point succombé. Ils auraient voulu l'enlever, mais ils voient que ce serait vainement, et lui les regarde avec un froid et tranquille dédain, et semble réconcilié avec sa destinée qui le fait échapper par la mort à la haine vivante. Othon survient, et, s'élançant de son cheval, il vient considérer l'ennemi ensanglanté qui fit couler son sang ; il s'informe de l'état de ses blessures. Lara

ne répond rien, et à peine jette-t-il un regard sur lui, comme s'il avait oublié le souvenir de cet homme, et il se tourne vers Kaled : — les dernières paroles qu'il prononça ensuite, si elles furent entendues, du moins elles ne furent point comprises. Sa voix mourante s'exprime dans cette langue étrangère à laquelle se rattachaient pour lui quelques bizarres souvenirs. Il s'entretient avec son page d'événemens passés dans d'autres contrées; mais quels événemens? quelles contrées? — Kaled seul le sait; Kaled qui comprend seul ses paroles et qui lui répond à voix basse, tandis que ceux qui les entourent restent plongés dans un muet étonnement. Ils semblaient alors — ces deux compagnons — oublier la moitié du présent dans le passé, et partager entre eux quelque mystérieuse destinée dont personne qu'eux ne peut pénétrer l'obscurité.

19. Leurs paroles, quoique faibles, furent nombreuses, — et ceux qui les entendirent purent juger seulement de leur signification, à leurs accens. Par elles, vous eussiez cru que la mort du jeune Kaled était plus prochaine que celle de Lara, tant sa voix, ses soupirs étaient tristes, profonds; tant ses paroles s'échappaient avec peine de ses lèvres tremblantes! Mais la voix de Lara, quoique lente, fut d'abord claire et calme, jusqu'à ce que la mort en râlant ne fit plus entendre qu'un pénible gémissement : mais sur son visage à peine pouvait-on remarquer un léger changement; il ne décèle ni

craintes, ni remords, ni passions, excepté lorsque la dernière lutte de son agonie se fit sentir ; ses yeux se tournèrent tendrement sur son page, et lorsque Kaled eut cessé de répondre, Lara éleva la main, et montra l'Orient : soit qu'alors (le soleil se levant à l'Orient et dissipant les nuages) la clarté du matin frappât sa vue ; soit par hasard, ou soit que le souvenir de quelques événemens eût élevé sa main vers les lieux où ils s'étaient passés. A peine Kaled parut-il y faire attention, mais il se détourna, comme si son cœur eût abhorré l'arrivée du jour ; et il baissa les regards devant cette lumière du matin pour les fixer sur le front de Lara où régnaient les ténèbres.

Cependant il semblait conserver le sentiment, quoiqu'il eût mieux valu qu'il fût éteint. Car lorsqu'un des soldats qui étaient près de lui découvrit le signe rédempteur de la croix, et lui offrit à baiser le saint rosaire, dont son ame, prête à le quitter, pouvait encore invoquer l'assistance, Lara le fixa avec un œil profane, et il sourit. — Le ciel lui pardonne ! si ce fût un sourire de dédain. Kaled, quoiqu'il ne parlât pas, et sans cesser de considérer le visage de Lara avec un regard de désespoir, l'air mécontent et avec un geste impatient, détourna la main qui présentait le signe sacré, comme s'il n'eût servi qu'à troubler le moribond. Il semblait ne pas savoir que la vie de Lara ne commençait que de *ce moment*, cette vie d'immortalité qui n'est assurée à personne, excepté à ceux dont la foi est dans Christ.

20. Mais un gémissement lourd fut le dernier soupir de Lara; et un sombre nuage se répandit sur ses yeux affaissés; ses membres s'étendirent avec bruit, et sa tête se pencha sur le faible mais infatigable genou qui la supportait. Il pressa la main qu'il tenait sur son cœur; — ce cœur ne bat plus, mais Kaled ne cesse de le presser avec une main glacée; il l'interroge, il l'interroge en vain, quoique ses faibles palpitations ne lui répondent plus. « Il palpite encore! » Non, non, tu rêves! — Il n'est plus! Celui que tu considères fut autrefois Lara!

21. Kaled le contemple toujours, comme s'il n'avait pas encore disparu, l'esprit sublime qui animait cette humble poussière! Ceux qui l'entourent l'ont arraché à sa contemplation, mais ils ne peuvent lui faire détourner ses regards, et lorsqu'en l'enlevant du lieu où il tenait embrassé une forme qui n'avait plus de vie, il vit cette tête, que son cœur voudrait encore supporter, rouler sur la terre, cette tête inanimée, bientôt poussière comme elle, il ne se courrouça point; il n'arracha point les boucles luisantes de sa noire chevelure, mais il s'efforça de rester debout et de regarder celui qu'il perdait; il chancela bientôt et tomba, ayant à peine plus de vie que celui qu'il avait tant aimé. Que celui qu'*il* avait tant aimé! Oh! jamais sous le ciel le cœur de l'homme

ne brûlera d'un plus fidèle amour ! Ce moment d'épreuves a enfin révélé ce secret si long-tems à demi caché. En déchirant ses vêtemens pour rappeler à la vie ce cœur qui ne bat plus, on découvre que ses douleurs paraissent terminées, mais son sexe est aussi découvert. La vie est revenue dans ce corps sans mouvement, et Kaled n'éprouve point de honte. — Que lui importaient alors son sexe et son honneur !

22. Lara ne dort point où dorment ses pères, mais dans le lieu où il est mort ; c'est là que son tombeau a été creusé : son sommeil de mort n'en est pas moins profond quoiqu'aucun prêtre ne l'ait béni ; et que le marbre ne couvre point sa poussière. Il fut pleuré par une amie dont la douleur tranquille et moins bruyante dura davantage que celle d'un peuple pour son souverain. Vaines furent toutes les questions qu'on lui fit sur le passé, vaines même furent les menaces ; — elle garda le silence sur tout jusqu'au dernier moment. Elle ne dit point d'où elle était venue, ni pourquoi elle avait tout abandonné pour suivre celui dont le cœur paraissait si peu aimant. Pourquoi l'avait-elle aimé ? Fou, curieux ! — tais-toi — l'amour humain est-il le fruit de l'humaine volonté ? Pour elle Lara pouvait être aimable ; les hommes durs ont des pensées plus profondes que vos yeux stupides ne le discernent ; et quand ils aiment, vos gens à sourires * ne devinent pas com-

---

* *Your smilers.*

ment battent leurs cœurs forts, quoique leurs lèvres soient plus avares de paroles. Ce n'étaient pas des liens communs, ceux qui attachaient à Lara le cœur et l'esprit de Kaled; mais elle ne consentit jamais à révéler cette étrange histoire, et maintenant toutes les lèvres qui auraient pu la raconter sont fermées par le sceau de la mort.

23. On déposa Lara dans la terre; et sur son sein, outre la blessure mortelle qui avait envoyé son ame au repos, on trouva les marques dispersées de nombreuses cicatrices, qui ne provenaient pas de cette dernière guerre. Dans quelque lieu qu'il eût passé l'été de sa vie, il semble qu'il s'est écoulé sur une terre de combats : mais tout est inconnu; sa gloire, comme ses crimes, s'il s'en rendit coupable : ces cicatrices disent seulement que quelque part son sang fut répandu; et Ezzelin, qui aurait pu raconter le passé, ne revint pas. — Cette nuit où il insulta Lara, paraît avoir été la dernière de ses nuits.

24. Cette nuit (c'est le conte d'un paysan) un serf qui traversait la vallée située entre les domaines de Lara et ceux d'Othon, au moment où disparaissait devant les rayons du matin la clarté de la lune, dont le croissant était à demi voilé par les brouillards; un serf, qui s'était levé de bonne heure pour aller ramasser du bois dont le prix servait à acheter de la nourriture pour ses enfans, longeait la rivière qui sépare la plaine des terres d'Othon du vaste domaine de Lara; il entendit une marche pré-

cipitée : — un cheval et un cavalier sortirent du bois ; sur le devant de la selle était quelque objet qu'enveloppait un manteau ; la tête du cavalier était baissée, et son front était voilé. Frappé par cette soudaine apparition à une heure semblable et par le pressentiment que ce pouvait être un crime, le serf, sans être aperçu, épia la course de l'étranger qui atteignit la rivière, s'élança de son cheval, et saisissant alors le fardeau qu'il portait, monta sur le bord et le précipita dans les flots. Alors il s'arrêta, regarda de côté et d'autre, se détourna et parut épier s'il n'était point vu ; puis il jeta de nouveau un regard rapide et suivit à pied le courant de l'eau, comme si sa surface trahissait quelque chose de coupable. Il ralentit ses pas, s'arrêta tout-à-coup auprès d'un tas de pierres que les flots de l'hiver avaient amoncelées ; il en ramassa les plus pesantes et les jeta sur l'eau avec un soin plus qu'ordinaire. Pendant ce tems le serf s'était traîné dans un lieu où, sans être vu, il pouvait observer avec sûreté ce que cela pouvait signifier. Il aperçut comme un cadavre flottant, et il vit quelque chose briller comme une étoile sur ses vêtemens ; mais avant qu'il pût reconnaître le tronc surnageant, une énorme pierre vint tomber sur lui, et il s'enfonça. Il reparut de nouveau un moment sans pouvoir être bien distingué, et il laissa sur les flots une teinte de pourpre. Alors il disparut profondément. Le cavalier ne cessa de regarder, jusqu'à ce que le dernier cercle tracé sur la surface de l'eau fût entièrement effacé. Alors, se retournant, il s'élança sur son cheval qui partit au galop. Son visage était masqué; — les traits du mort, si toutefois c'en était un, échappèrent à la frayeur du serf qui avait tout vu; mais si vraiment son sein était orné d'une étoile, tel est le signe que portaient toujours les chevaliers; et l'on sait que le seigneur Ezzelin en avait une pareille dans cette nuit qui fut suivie d'un tel matin. S'il périt ainsi, que le ciel reçoive son ame! Son cadavre inaperçu roula jusqu'à l'océan. La charité devrait laisser l'espérance que ce ne fut point par la main de Lara qu'il reçut la mort.

25. Kaled — Lara — Ezzelin ne sont plus! Ils sont également privés tous les trois d'une pierre funéraire! En vain voulut-on employer tous les moyens pour éloigner Kaled du lieu où le sang de son maître avait coulé. La douleur avait tellement abattu cette ame autrefois si fière, que ses larmes étaient rares, et ses gémissemens à peine sensibles. Mais la menaçait-on de l'arracher du lieu où elle avait peine à croire que Lara ne fût plus? ses yeux faisaient éclater toute cette vivante fureur qui embrase la tigresse à qui on vient d'enlever ses petits. Que si on la laissait là passer ses heures douloureuses; elle s'entretenait continuellement avec des formes aériennes telles qu'en produit le cerveau malade de la douleur. Elle leur adressait de tendres plaintes; et elle voulait s'asseoir sous l'arbre où ses genoux avaient sup-

porté la tête mourante de Lara ; et dans cette posture où elle le vit tomber, elle se rappelle ses paroles, ses regards, les convulsions de son agonie. Elle avait coupé sa noire chevelure, mais elle la conservait sur son cœur; elle la retirait souvent de son sein, la déployait, la pressait tendrement sur la terre, comme si elle eût étanché le sang de la blessure de quelque fantôme. Elle semblait lui adresser des questions ; et elle répondait pour lui ; puis, se levant en sursaut, elle lui faisait signe de fuir quelque spectre imaginaire qui était à sa poursuite. Quelquefois aussi, assise sur des racines de tilleul, elle cachait son visage dans sa main décharnée, ou traçait des caractères étrangers sur le sable. — Cette agonie devait avoir un terme. — Elle repose à côté de celui qu'elle aima ; son histoire est inconnue ; — sa tendresse fidèle est trop bien prouvée.

FIN DE LARA.

NOTE DE LARA.

L'événement de la section 24 du chant II a été suggéré par la description de la mort ou plutôt des funérailles du duc de Gandia.

Le récit le plus intéressant et le plus détaillé de ce mystérieux événement est donné par Burchard. Voici en substance ce qu'il raconte :

« Le 8ᵉ jour de juin, le cardinal de Valenza et le duc de Gandia, fils du pape, soupèrent avec leur mère, Vanozza, près de l'église de S.-Pietro-ad-Vincula (Saint-Pierre-aux-Liens); plusieurs autres personnes étaient présentes à cette réunion. L'heure de se séparer approchant, et le cardinal ayant rappelé à son frère qu'il était tems de retourner au palais apostolique, ils montèrent sur leurs chevaux ou sur leurs mules, accompagnés d'un petit nombre de serviteurs, et marchèrent ensemble jusqu'au palais du cardinal Ascanio Sforza; alors le duc informa le cardinal qu'avant de retourner chez lui, il avait à faire une visite de plaisir. Renvoyant à cet effet toute sa suite, excepté son *stafiero* ou valet de pied, et un homme masqué qui lui avait rendu une visite pendant le souper, et qui, depuis l'espace d'un mois, ou à peu près, l'avait demandé presque journellement au palais, il fit monter en croupe cette personne sur sa mule, et prit la rue des Juifs, où il quitta son domestique, en lui ordonnant de l'attendre là jusqu'à une certaine heure, après laquelle, s'il n'était pas revenu, il pourrait s'en retourner au palais. Le duc et le masque en croupe derrière lui se dirigèrent je ne sais où; mais c'est cette nuit que le duc fut assassiné et jeté dans le Tibre. Le domestique, après avoir été renvoyé, fut assailli et

blessé mortellement; et quoiqu'il fût soigné avec beaucoup
de soin, cependant tel fut son état qu'il ne put donner aucun
détail intelligible de ce qui était arrivé à son maître. Le matin, le duc n'étant pas retourné au palais, ses domestiques
commencèrent à s'alarmer; et l'un d'eux informa le pontife
de l'excursion nocturne de ses fils et de la disparition du duc.
Cette nouvelle donna au pape une vive inquiétude; mais il
conjectura que le duc avait été attiré par quelque courtisane;
qu'il avait passé la nuit avec elle, et que, n'osant sortir de sa
maison en plein jour, il attendait le soir pour retourner à son
palais. Cependant, lorsque le soir fut arrivé, et qu'il se vit
trompé dans son attente, il devint profondément affligé, et
il commença à interroger plusieurs personnes qu'il fit amener
devant lui pour cet objet. Parmi elles était un homme nommé
Giorgio Schiavoni, qui, ayant déchargé sur la rivière une
barque pleine de bois de construction, était resté à bord pour
le surveiller, fut interrogé pour savoir s'il avait vu quelqu'un
jeter un fardeau dans la rivière, la nuit précédente. Il répondit qu'il avait vu deux hommes à pied qui descendirent
d'une rue, et regardèrent attentivement autour d'eux, pour
voir si personne ne passait. N'ayant vu personne, ils s'en retournèrent; et peu de tems après deux autres revinrent, regardèrent autour d'eux comme les deux premiers. Personne
ne paraissant encore, ils firent signe à leurs compagnons, et
un homme arriva, monté sur un cheval blanc, ayant derrière
lui un corps mort, dont la tête et les bras pendaient d'un côté
du cheval et les pieds de l'autre; les deux hommes à pied sup-
portant le corps pour l'empêcher de tomber. Ils s'avancèrent
ainsi vers le lieu où les immondices de la ville sont habituel-
lement déchargées dans le fleuve; et faisant tourner le cheval,
la croupe du côté de l'eau, les deux hommes à pied prirent
le cadavre par les bras et les jambes, et le jetèrent de toutes
leurs forces dans la rivière. L'homme à cheval demanda s'ils

l'avaient bien jeté? On lui répondit : *Signor*, *si* (oui, monsieur). Il regarda alors la rivière, et voyant un manteau flottant sur le courant, il demanda de nouveau ce que l'on apercevait de noir. On lui répondit que c'était un manteau; et l'un des interlocuteurs jeta des pierres sur ce vêtement, et il s'enfonça dans l'eau sans plus reparaître. Les serviteurs du pontife demandèrent alors à Giorgio pourquoi il n'avait pas révélé ce fait au gouverneur de la ville; il leur répondit qu'ayant vu en son tems une centaine de cadavres ainsi précipités dans la rivière au même endroit, sans qu'aucune recherche fût faite à leur sujet, il n'avait pas, en conséquence, considéré cet événement comme étant de quelque importance. Les pêcheurs et les bateliers furent alors rassemblés, et on leur ordonna de faire des recherches dans la rivière, où, le soir même, ils trouvèrent le corps du duc, avec tous ses vêtemens et trente ducats dans sa bourse. Il était couvert de neuf blessures, dont l'une était au cou, et les autres à la tête et sur tous les membres. Le pontife ne fut pas plus tôt informé de la mort de son fils, et qu'il avait été jeté comme les immondices dans la rivière, que, donnant cours à sa douleur, il s'enferma dans une chambre, et y pleura amèrement. Le cardinal de Ségovie et d'autres familiers du pape vinrent frapper à sa porte; et après plusieurs heures en exhortations persuasives, ils obtinrent d'être admis près de lui. Depuis le mercredi soir jusqu'au soir du samedi suivant, le pape n'avait pris aucune nourriture; et il n'avait eu de sommeil depuis le matin du jeudi jusqu'au matin du jour suivant. Enfin, cependant, cédant aux sollicitations de sa cour, il commença à modérer ses chagrins, et à réfléchir sur le mal que pourrait occasionner à sa santé une indulgence trop prolongée pour sa douleur. »

FIN DE LA NOTE DE LARA.

LE SIÉGE
DE CORINTHE.

A

JOHN HOBHOUSE, ESQ.

CE POÈME EST DÉDIÉ

PAR SON AMI.

22 janvier 1816.

AVERTISSEMENT.

« Là grande armée des Turcs (en 1715), sous
» les ordres du premier visir, voulant s'ouvrir
» un passage au cœur de la Morée, et former le
» siége de Napoli de Romanie, la place la plus
» considérable de tout le pays *, pensa qu'il lui
» fallait d'abord attaquer Corinthe, ville à laquelle
» l'armée livra plusieurs assauts. La garnison
» étant affaiblie, et le gouverneur voyant qu'il
» était impossible de résister plus long-tems à
» une force si considérable, pensa qu'il était
» convenable d'entrer en pourparlers. Mais pen-

---

* Napoli de Romanie n'est pas maintenant la plus considérable place de la Morée; c'est Tripolitza, où résident le pacha et le siége de son gouvernement : Napoli est près d'Argos. J'ai visité ces trois villes en 1810-11; et dans le cours de mon voyage à travers la Morée, depuis mon arrivée en 1809, j'ai traversé huit fois l'isthme de Corinthe, soit en allant de l'Attique en Morée, à travers les montagnes, ou dans une autre direction, en passant du golfe d'Athènes à celui de Lépante. Ces deux routes sont pittoresques et belles, quoique différentes : celle par mer a plus de monotonie; mais le voyage étant toujours en vue de la côte, et souvent de très-près, il présente de nombreuses perspectives très-séduisantes des îles Salamine, Égine, Poro, etc., et des côtes du continent.

(*Note de Lord Byron.*)

» dant que l'on traitait des articles de la capitu-
» lation, un des magasins du camp des Turcs,
» dans lequel se trouvaient six cents barils de
» poudre, sauta par accident, et causa la mort
» de six ou sept cents hommes. Cet événement
» irrita tellement les infidèles, qu'ils ne voulu-
» rent plus accorder de capitulation ; et ils don-
» nèrent à la ville un assaut si terrible, qu'ils la
» prirent le même jour, et passèrent au fil de
» l'épée la plus grande partie de la garnison,
» avec le signor Minotti, le gouverneur. Ceux
» qui échappèrent avec Antonio Bembo, le pro-
» véditeur extraordinaire, furent faits prison-
» niers de guerre. »

(Histoire des Turcs.)

LE SIÉGE
DE CORINTHE.

1. Les années évanouies et les siècles, le souffle de la tempête et la fureur des batailles ont passé sur Corinthe; cependant elle est encore une forteresse destinée à la défense de la liberté. Le courroux des vents, le choc des tremblemens de terre, ont laissé intact son rocher mousseux, clef centrale d'une contrée qui même encore, quoique déchue, conserve toute sa fierté sur cette colline, barrière infranchissable à deux courans des mers qui roulent leurs vagues pourprées sur ses deux bords opposés, comme si elles brûlaient de se heurter pour se combattre; cependant elles viennent expirer à ses pieds en mugissant. Mais si le sang répandu sur ses rivages, depuis le jour où coula celui du frère de Timoléon, jusqu'à la honteuse déroute du despote de la Perse, pouvait rejaillir de cette terre qui s'abreuva des flots du carnage, cet océan de sang couvrirait l'isthme qui se prolonge nonchalamment dans la mer; ou si les ossemens de tous ceux qui périrent

dans ces lieux étaient entassés, cette pyramide rivale s'élèverait, à travers ces cieux purs, comme une montagne plus haute que le mont Acropolis, qui semble donner un baiser aux nuages.

2. Sur le sommet du sombre Cythéron apparaissent vingt mille lances étincelantes, et depuis ce sommet jusqu'à la plaine de l'isthme, et d'un rivage à l'autre de la double mer, les tentes sont dressées, le croissant brille le long des longues lignes de l'armée musulmane, et les bandes de bruns spahis s'avancent sous le commandement d'un pacha à longue barbe ; aussi loin que l'œil peut atteindre, la cohorte à turbans se presse sur le rivage. Et là se met à genoux le chameau de l'Arabe ; et là le Tartare fait caracoler son coursier ; le Turcoman qui a quitté son troupeau attache à sa ceinture le sabre tranchant ; là retentissent les volées des canons, comme un mugissement de tonnerre ; et le bruit sourd des vagues s'affaiblit au milieu de ce tumulte de guerre. On creuse des tranchées ; les bouches de canons vomissent les bombes sifflantes de la mort, dont les fragmens éclatés ébranlent au loin les remparts. Mais, de ces mêmes remparts, les assiégés renvoient des décharges qui se croisent dans les airs obscurcis par la fumée de la poudre et par des tourbillons de poussière ; c'est par des balles et des boulets qu'ils répondent vaillamment aux défis de l'infidèle.

3. Mais quel est celui qui est toujours le premier et qui s'approche si près des remparts ? Plus habile

dans l'art terrible de la guerre que les fils d'Othman, et aussi haut de cœur qu'un chef qui serait accoutumé à vaincre dans toutes les batailles ; il va de poste en poste, de batterie en batterie, en piquant de l'éperon son cheval fumant, partout où l'assaut est le plus vif et l'action la plus sanglante, et efface en bravoure le plus vaillant Musulman. Là où il remarque une batterie ennemie courageusement défendue et restée imprenable, il s'élance de son cheval pour ranimer le courage du soldat qui faiblit dans son attaque ; le premier et le plus redoutable des guerriers dont le sultan de Stamboul peut ici se vanter, pour commander ses compagnons sur le champ de bataille, pour diriger la balle, manier la lance ou brandir la lame tranchante du cimeterre, — c'est Alp, le rénégat Adrien *!

4. C'est à Venise — où ses parens étaient d'une race illustre — qu'il prit naissance ; mais exilé de ces rivages, il porta contre ses concitoyens des armes qu'ils lui avaient appris à manier ; et maintenant, le turban couronne sa tête rasée. A travers plusieurs changemens, Corinthe était passée avec la Grèce sous les lois de Venise ; et là, devant ses remparts, au milieu des ennemis de la Grèce et de Venise, leur ennemi acharné lui-même, avec tout ce zèle qu'éprouvent les jeunes et fiers apostats, dans le sein

* *The Adrian renegade.* M. A. P. traduit : « Le rénégat de l'Adriatique. »

haineux desquels s'agite le souvenir de sanglans outrages. Pour lui Venise avait cessé d'être l'ancien cri civique la Liberté ! Au palais de Saint-Marc, des délateurs inconnus avaient placé la nuit, dans la *Bouche du Lion,* une accusation contre lui qui le fit proscrire. Il s'enfuit à tems ; et sauva sa vie, pour consacrer aux combats ses années à venir, et pour apprendre à sa patrie la grandeur de la perte qu'elle faisait en lui, qui triomphait de la croix contre laquelle il avait levé le croissant, et qui se battait pour se venger ou mourir.

5. Coumourgi[2] — celui dont la défaite orna le triomphe d'Eugène, lorsque, dans la plaine sanglante de Carlowitz, le dernier et le plus puissant des vaincus, il succomba sans regretter de mourir, mais en maudissant la victoire du chrétien — Coumourgi — pourrait-il voir périr sa gloire, lui qui fut le dernier conquérant de la Grèce, tant que les bras des chrétiens ne rendront pas la Grèce à la liberté que Venise lui donna jadis ? Des siècles ont roulé depuis qu'il raffermit dans cette contrée l'autorité musulmane ; — Coumourgi a le commandement de l'armée turque ; il donne celui de l'avant-garde à Alp, qui justifia bien cette confiance par des cités réduites en cendres ; et prouva, par la mort qu'il porta dans les rangs ennemis, combien son cœur était affermi dans sa nouvelle croyance.

6. Les remparts s'ébranlent, et chaque jour, et vivement battus par l'artillerie continuelle des Turcs

qui les mine avec une égale furie. L'explosion de la bombe, retentissant comme un tonnerre, est vomie par chaque couleuvrine; et çà et là quelque édifice qui s'écroule est en flammes avant l'explosion même de la bombe : les fragmens brisés du globe volcanique entr'ouvrent la terre, et de leur sein s'élève en spirales rouges une flamme rapide comme l'éclair, en même tems que les débris s'écroulent avec fracas; ou, formés en innombrables météores, des astres lumineux s'élancent de la terre vers les cieux, dont les nuages s'obscurcissent doublement dans ce jour mémorable, et cachent la route du soleil par des volumes de fumée qui s'amoncèlent lentement dans un vaste ciel rempli de vapeurs de soufre.

7. Mais ce n'est pas seulement pour satisfaire sa vengeance long-tems différée qu'Alp, le renégat, apprend avec succès aux Musulmans l'art de s'ouvrir un chemin à la brèche attaquée. Dans ces remparts de Corinthe, il est une jeune vierge qu'il espère enlever malgré le consentement de son inexorable père, dont le cœur irrité la lui a refusée, lorsqu'Alp, sous son nom de chrétien, aspirait à la main de cette jeune fille, alors que, dans des tems plus heureux, non encore coupable du crime de trahison, se livrant à la joie dans sa gondole ou dans les palais de Venise, il s'abandonnait aux plaisirs du carnaval, et allait donner la plus mélodieuse sérénade qui jamais ait été entendue sur les flots de l'Adriatique,

à l'heure de minuit, par l'oreille d'une jeune vierge italienne.

8. On pensait généralement que le cœur de celle qu'il aimait lui était conquis; car, recherchée par un grand nombre, accordée à aucun, la main de Francesca était restée inenchaînée par les liens de l'église; et, lorsque les vagues de l'Adriatique transportèrent Laniotto au rivage musulman, ses sourires habituels ne furent plus aperçus sur ses lèvres, et la jeune fille devint pensive et pâle. Elle fut plus assidue au confessionnal*; et parut plus rarement aux fêtes et aux bals masqués; ou du moins elle y fut vue moins souvent; et ses yeux baissés qui faisaient la conquête des cœurs avaient cessé d'en être flattés. Elle sembla tout voir avec indifférence, et ne mit que peu de soin à l'arrangement de sa parure. Sa voix fut moins pénétrante dans ses chants; ses pieds, quoique toujours légers, étaient cependant moins agiles dans les danses joyeuses, que l'apparition du matin vient seule interrompre, sans qu'elles soient rassasiées de plaisirs.

9. Envoyé par l'état pour garder cette contrée (arrachée de la main des Musulmans, tandis que Sobieski humiliait leur orgueil sous les remparts de Bude, et sur les bords du Danube, par les chefs véni-

---

* M. A. P. n'a pas osé employer ce terme qui se trouve en anglais (*confessional*), et qui est caractéristique. Il traduit : « Elle alla plus souvent prier dans les temples. » Ce n'est pas tout-à-fait la même chose.
(*N. du Tr.*)

tiens qui leur avaient enlevé tout le pays qui s'étend depuis Patra jusqu'à la baie d'Eubée) Minotti possédait, dans les remparts de Corinthe, les pouvoirs délégués du doge, au moment où la paix au regard de compassion souriait sur la Grèce depuis long-tems oubliée par elle. Et avant que cette trève perfide fût rompue, qui devait la délivrer du joug musulman, Minotti était arrivé avec son aimable fille. Depuis le tems où la dame de Ménélas oublia son seigneur et sa patrie pour faire connaître quels malheurs sont réservés à des amours adultères, nulle beauté plus parfaite que la ravissante étrangère n'avait embelli ce rivage.

10. La brèche est ouverte, les débris laissent une vaste ouverture ; et, demain, aux premiers rayons du jour, à ces remparts à demi écroulés, sera donné le dernier et le plus terrible des assauts. Les bataillons sont rangés ; le corps choisi d'avant-garde composé de Tartares et de Musulmans, les éclaireurs, mal nommés *les soldats perdus*, marcheront les premiers. Ils ont la pensée de la mort en dédain, et s'ouvrent partout un passage à l'ennemi, avec le tranchant du sabre, ou ils pavent la route de leurs corps sanglans sur lesquels les braves qui les suivent pourront s'élever, comme sur des marche-pieds.

11. Il est minuit. Sur le sommet glacé de la montagne la lune répand sa brillante clarté ; bleues roulent les vagues, bleu le ciel qui s'étend comme un océan suspendu dans les airs, parsemé d'îles de lu-

mières, resplendissantes des plus vives clartés : qui peut les contempler dans tout leur éclat et rapporter ses regards sur la terre sans éprouver des regrets, sans désirer des ailes pour prendre son essor et pour aller se confondre avec leurs clartés éternelles ?

Les vagues sur l'un et l'autre rivage étaient calmes, pures et azurées comme l'espace. A peine leur faible écume faisait bruire les cailloux ; mais leur murmure était aussi doux que celui d'un ruisseau. Les vents dormaient sur les flots ; les bannières pendaient immobiles sur leur lance qu'elles entouraient de leurs plis et au-dessus desquelles brillait le croissant. Ce profond silence n'était interrompu par aucun bruit, excepté dans quelques lieux par la voix de la sentinelle qui demandait le mot d'ordre, excepté par le hennissement aigu des coursiers que répétait l'écho de la colline, et par le tumulte sourd de cette nombreuse armée qui frémissait comme les feuilles emportées de côte en côte ; ou bien par la voix du Muezzin qui retentit dans les airs à l'heure de minuit pour appeler les croyans à la prière accoutumée. Ils s'élevaient, ces tristes accens cadencés, comme ceux de quelque génie solitaire sur la plaine ; ils étaient harmonieux, mais tristement doux, tels que ceux qui s'échappent au souffle du vent des cordes d'une harpe aérienne, et qui produisent des accords vagues et prolongés, inconnus à la musique des hommes. Ils parurent aux défenseurs des remparts le cri prophétique de leur défaite. Ils frappèrent même l'oreille des assiégeans d'un de ces pressentimens redoutables et indéfinis qui font frémir soudain, saisissent un instant le cœur, pour battre ensuite plus vivement, honteux de cet étrange sentiment qu'il a éprouvé : tel aussi le bruit inopiné de la clochette qui passe, nous fait tressaillir, quoique ce glas n'annonce que l'agonie d'un étranger.

12. La tente d'Alp était dressée sur le rivage; la voix du Muezzin avait cessé, la prière était terminée; la sentinelle était placée; la ronde de nuit était faite; tous ses ordres étaient donnés et exécutés. Encore une nuit d'inquiétude; demain pourra le récompenser de ses peines, et la vengeance et l'amour le paieront avec usure de leur long délai. Peu d'heures lui restent et il aurait besoin de repos, pour se préparer, par de nouvelles forces, à de nombreuses actions de carnage; mais ses pensées roulent dans son ame comme des ondes agitées. Il est seul debout au milieu de son camp ; ce n'est point un zèlé fanatique qui lui fait désirer de planter le croissant sur les clochers à croix de Corinthe, ou de risquer sa vie pour s'assurer le paradis ou pour obtenir une immortalité d'amour des houris : il n'éprouve point ce patriotisme brûlant, cette exaltation austère de dévouement, qui prodigue son sang et brave tous les dangers pour défendre sa terre natale. Il est là seul —renégat combattant contre sa patrie qu'il a trahie. Il est seul au milieu de sa troupe, sans avoir un cœur ou une main fidèle. Ses soldats l'ont suivi,

parce qu'il était brave, et parce que les dépouilles qu'il avait conquises et distribuées étaient nombreuses. Ils rampaient devant lui, car il avait l'art de s'emparer des esprits vulgaires et de les manier à sa volonté. Mais son origine chrétienne était encore regardée presque comme un péché. Ils enviaient même la gloire infidèle qu'il acquérait sous un nom musulman; car lui, leur chef le plus puissant, avait été dans sa jeunesse un zélé Nazaréen. Ils ne connaissaient pas combien l'orgueil peut s'abaisser quand des sentimens trompés ont été flétris; ils ne connaissaient pas combien la haine peut enflammer des cœurs qui ont une fois échangé leur tendresse en dureté, ni tout le fanatisme et le zèle fatal que l'apostasie ou la vengeance peut ressentir. Ils lui obéissaient cependant : — l'homme peut commander à des êtres incivilisés * en se montrant le premier par son courage et son audace; tel est l'empire du lion sur le jackal; le jackal furète, il tombe sur sa proie: alors il l'amène sous les griffes du lion qui l'immole, se rassasie et lui en abandonne les dépouilles.

13. La tête d'Alp devint fièvreuse, et son pouls avait des battemens rapides et convulsifs. En vain il se tourne et retourne sur tous les côtés pour trouver le repos ; il ne peut dormir, ou, s'il vient à sommeiller, un bruit léger, un frémissement le réveille, le cœur affaissé. Le turban presse douloureu-

* *The worst.*

sement son front brûlant, sa cotte de maille pèse comme du plomb sur son cœur; quoique le sommeil pesant eût souvent fermé ses paupières, sans lit de repos ou sans tente, excepté qu'un sol plus rude et un ciel moins pur que celui sous lequel il s'agite maintenant, formaient seuls la couche du guerrier. Il ne pouvait goûter le repos; il ne pouvait demeurer dans sa tente pour attendre l'arrivée du jour, mais il va errer le long du rivage sablonneux sur lequel des milliers de soldats dormaient paisiblement. Qu'est-ce qui leur servait de coussins? et pourquoi, lui Alp, peut-il moins dormir que le dernier de ses soldats, puisque leurs périls sont plus grands, leurs fatigues plus fortes? et cependant ils rêvent sans craintes de dépouilles; tandis que lui seul, au milieu de ces milliers de soldats qui passent une nuit de sommeil, peut-être leur dernière, il promène son inquiète et souffrante veille, et envie le repos de tous ceux qui frappent ses regards.

14. Il sentit que son ame avait été soulagée par la fraîcheur de la nuit. Froid était le ciel silencieux et calme, et ce ciel rafraîchissait son front brûlant dans l'air embaumé. Derrière lui est le camp,—devant lui s'étendent la baie et les anses sinueuses du golfe de Lépante. Et sur la cime de la montagne de Delphes brille une neige inaltérée, haute et éternelle, qui a bravé les chaleurs de mille étés passés sur le golfe, sur le mont, et dans ces climats séduisans. Le tems ne la fera pas disparaître comme les

générations d'hommes. Le tyran et l'esclave sont balayés de la terre, et s'évanouissent aux rayons du soleil, plus fragiles que ce voile blanc de neige si léger! si frêle! qui couvre à jamais ce mont que toi, ô homme! tu salues avec complaisance, et sur les crénaux duquel il brille éternellement, tandis que la tour et l'arbre séculaire sont abattus et brisés. Dans sa forme, c'est un pic élevé, dans sa hauteur un nuage, dans son étendue cette neige ressemble à un blanc linceul que la liberté, en quittant ces lieux, a étendu sur ces hauteurs lorsqu'elle fut obligée d'abandonner son séjour chéri, et de fuir à regret ce lieu où son esprit prophétique s'exhala long-tems dans les chants des poètes. Oh! à chaque instant ses pas se ralentissent et s'arrêtent sur des champs flétris, sur des autels renversés, qui la navrent de douleur; elle voudrait réveiller ces ames trop brisées des malheureux Grecs, en leur montrant à chacun de glorieux trophées. Mais vaine serait sa voix jusqu'à ce que des jours meilleurs viennent faire briller ces soleils immortels qui éclairèrent la déroute et la fuite des Perses, et qui virent les Spartiates sourire en mourant pour leur patrie!

15. Alp, en dépit de sa trahison et de ses crimes, n'avait pas perdu le souvenir de ces tems glorieux. Pendant la nuit, en errant çà et là, il avait médité sur le passé et sur le présent. Il pensa au trépas glorieux de ceux qui ont versé leur sang pour une meilleure cause, et il sentit combien est faible et

ignominieuse la renommée qu'il pouvait encore acquérir ; lui qui commandait une troupe d'infidèles, et qui, la tête couronnée du turban, était un traître à sa patrie ; lui qui conduisait une horde de barbares à un siége barbare et injuste, dont les plus légitimes succès n'étaient que de nouveaux sacriléges. Tels n'étaient pas ces héros que son imagination avait rappelés à sa mémoire, les chefs dont la cendre dormait autour de lui. Leurs phalanges avaient combattu dans cette plaine où elles n'avaient pas été un vain boulevart contre l'ennemi. Ils succombèrent victimes de leur dévouement, mais ils sont immortels ; chaque souffle de la brise semble soupirer leurs noms, et les eaux murmurer leurs exploits ; les bois sont peuplés de leur renommée. La colonne silencieuse, solitaire et grise, se glorifie de sa parenté avec leur sainte poussière ; leurs ombres habitent la sombre montagne, leur souvenir brille encore sur la fontaine ; le plus faible ruisseau, le fleuve le plus majestueux, roulent, avec leurs ondes, leur éternelle renommée. En dépit du joug qu'elle porte, cette terre appartient à leur gloire et à celle de leurs enfans ! Cette terre est encore le mot d'ordre du monde civilisé. Et quand l'homme veut accomplir une action glorieuse, il regarde la Grèce, et se retourne, ainsi sanctionné par de grands exemples, pour marcher sur la tête des tyrans ; il la regarde, et il se précipite là où l'on perd la vie, ou bien où l'on gagne la liberté.

16. Alp rêvait en silence sur le rivage, en savourant délicieusement la douce fraîcheur de la nuit. Là aucun flux ni reflux n'agitait cette mer sans vagues ³ qui roule ainsi éternellement. Le soulèvement le plus agité des flots peut à peine dépasser de la longueur d'un roseau, en se brisant sur le rivage, les limites que lui impose le continent ; et la lune impuissante les voit rouler insoucians de sa présence ou de son absence. Calmes ou soulevés, roulant au loin ou dans la baie, elle n'exerce aucun pouvoir sur eux. Le rocher, immobile sur sa base inébranlable, affronte leur fureur et contemple avec dédain la houle rugissante qui ne peut l'atteindre. On peut remarquer à ses pieds la trace de la blanche écume dans la même limite qu'elle couvre depuis des siècles : un très-court espace de sable jaune la sépare de la terre verte du rivage.

Alp erre toujours le long de la baie jusqu'à la portée d'une carabine des remparts que gardent les ennemis ; mais ils ne l'aperçoivent pas, ou comment échapperait-il à leurs balles ? Leurs mains seraient-elles devenues impuissantes, ou leurs cœurs glacés ? Je l'ignore ; mais de ces remparts, où ne brillait aucun feu, il ne partit aucune balle sifflante, quoiqu'il fût sous le front du bastion qui flanquait la porte de la tour du côté de la mer ; quoiqu'il entendît le bruit, et presque distinctement les paroles brusques de la sentinelle qui frappait le pavé de ses pas mesurés, en faisant sa garde. Il vit sous les remparts des dogues affamés qui faisaient leur carnaval de la mort, et qui dévoraient, en grondant, des cadavres et des membres épars ; ils étaient trop occupés pour faire attention à lui ! Ils avaient enlevé la chair du crâne d'un Tartare, comme on pèle la figue lorsqu'elle est mûre, et leurs défenses blanches glissaient en criant sur ce crâne plus dur et encore plus blanc [4], qui échappait de leurs mâchoires sous leurs dents émoussées : ils léchaient nonchalamment, en marmottant, les os du cadavre, et pouvaient à peine se traîner hors du lieu de leur pâture, tant ils avaient fait un long et copieux festin de ceux qui étaient tombés pour leur repas du soir. Alp reconnut, aux turbans qui roulaient sur le sable, que la plupart d'entre eux appartenaient aux plus braves de sa troupe ; rouges et verts étaient les shâles qu'ils portaient, et chaque péricrâne était surmonté d'une longue touffe de cheveux [5] ; tout le reste était rasé. Les gueules des dogues tenaient ces crânes dont la touffe de cheveux s'entortillait après leur mâchoire. Mais entre le rivage et le sommet du golfe était un vautour battant de ses ailes un loup qui était descendu des montagnes, mais qui avait été repoussé, par les dogues, de l'humaine proie ; il avait seulement pris pour sa part un morceau de cheval, que voulaient lui dérober encore, en le frappant de leurs ailes et de leurs becs, les vautours du rivage.

17. Alp détourna la vue de ce désolant spectacle :

jamais ses nerfs n'avaient frémi au milieu de la bataille; mais il aurait pu mieux supporter la vue des soldats expirans dans les flots de leur sang tout fumant, dévorés par la soif des moribonds, et se tordant les membres dans une vaine agonie, que de voir mangés par les bêtes fauves ceux qui sont désormais affranchis de toutes les douleurs. Il y a quelque chose d'orgueilleux dans l'heure du péril, quelle que soit la forme sous laquelle la mort peut s'avancer; car la renommée est là pour dire le nom de ceux qui succombent, et l'honneur a l'œil ouvert sur les exploits héroïques! Mais quand tout est fini, il est humiliant de marcher sur le champ flétri des cadavres dans les sépultures; et de voir les vers de la terre, les oiseaux de proie et les animaux des forêts, s'assemblant tous là, tous regardant l'homme comme leur proie, tous se faisant une fête de ses dépouilles.

18. Là, se trouve un temple en ruines, bâti autrefois par des mains depuis long-tems oubliées; deux ou trois colonnes, et beaucoup de pierres, de marbres, de granit, sont recouverts d'herbes sauvages. Inexorable tems! il n'épargnera pas plus les choses à venir que les choses passées! Inexorable tems! qui laisse toujours assez de débris du passé pour faire gémir sur ce qui fut et sur ce qui sera : ce que nous avons vu, nos enfans le verront; restes de choses qui ne sont plus, fragmens de pierre, élevés par des créatures de poussière!

19. Alp s'assit sur la base d'une colonne, et passa la main sur son front; comme un homme qui réfléchit sur quelque chose de redoutable, dans une attitude penchée. Sa tête retombait sur son cœur fiévreux, palpitant, oppressé. Et sur son front penché vers la terre, souvent ses doigts erraient en battant précipitamment une espèce de mesure, comme vous pouvez voir les vôtres courir sur le clavier d'ivoire avant que vous ayez trouvé le ton que vous voulez faire rendre aux cordes sonores. Comme il était assis là tout pensif, il crut entendre le soupir de la brise nocturne. Était-ce le vent qui, à travers quelques fentes de pierre, envoyait ce gémissement doux et tendre [6]? il releva la tête, et regarda sur la mer, mais elle était aussi unie qu'une glace; il regarda le gazon; — pas un brin n'était agité: d'où venait donc ce son si tendre? Il regarda les bannières, — chaque drapeau retombait immobile; les feuilles des bois du Cythéron ne sont pas plus agitées: il ne sentit aucun souffle passer sur son visage. Qui a donc rendu un son pareil? Il se détourne à gauche — est-il sûr de ce qu'il voit? Là était assise une dame, jeune et resplendissante !

20. Il tressaillit avec plus de terreur que si un ennemi armé eût été près de lui. « Dieu de mes pères ! qui est ici? qui es-tu? et pourquoi viens-tu si près d'un camp ennemi ? » Ses mains tremblantes se refusèrent à faire le signe de la croix, qu'il ne croyait plus divine. Il se l'était rappelé à cette heure

de crainte ; mais sa conscience dissipe ce sentiment involontaire. Il regarde, il voit, il reconnaît les traits de la beauté et la forme gracieuse de l'être qui lui fut si cher. C'était Francesca qu'il voyait à ses côtés, la jeune vierge qui pouvait être autrefois sa fiancée !

Les roses brillaient encore sur ses joues, mais leur coloris était plus pâle et plus tendre. Où donc avait fui le mouvement gracieux de ses douces lèvres? il avait disparu le sourire qui vivifiait leur incarnat. La surface tranquille de l'océan, qui est devant lui, était d'un bleu moins doux que celui de ses yeux ; mais ils sont immobiles maintenant comme ces froides vagues, et ses regards, quoique purs, étaient glacés. Une robe légère, passée autour de sa taille, voilait à peine son sein éclatant de blancheur ; et à travers sa chevelure en désordre, qui tombait noire sur ses épaules, se laissaient voir les beaux contours de son bras blanc et nu ; et, avant qu'elle ne laissât échapper des paroles, elle leva la main vers le ciel : elle était si pâle, d'une teinte si transparente, qu'elle n'aurait point intercepté les rayons de la lune.

21. « Je quitte les lieux de mon repos pour venir trouver celui que j'aime de préférence à tous les hommes, afin d'être heureuse et de lui faire partager mon bonheur. J'ai traversé les sentinelles, la porte, les remparts ; je suis venue jusqu'à toi à travers les ennemis, sans éprouver d'accidents. On dit

que le lion se détourne et fuit, à l'aspect d'une vierge dans l'orgueil de sa chasteté, et le pouvoir d'en haut, qui protège l'innocence contre le tyran des forêts, a étendu sa miséricorde pour me préserver des mains des infidèles conjurés. Je suis venue — et si je suis venue en vain, jamais, oh! jamais nous ne nous reverrons! Tu as commis une action terrible en abandonnant la foi de tes pères; mais foule à tes pieds ce turban, et fais le signe de la croix, et alors tu seras à moi pour toujours. Arrache cette goutte noire qui souille ton cœur, et demain nous unit pour n'être plus jamais séparés. »

— « Et où serait dressé notre lit nuptial? au milieu des mourans et des morts? car demain nous livrons au meurtre et à la flamme les fils et les autels du Christ. Personne, excepté toi et les tiens, je l'ai juré, ne sera laissé pour voir le soleil du lendemain : mais toi, je te transporterai dans un lieu charmant, où nos mains seront unies, et nos chagrins oubliés. Là tu seras ma fiancée, aussitôt que j'aurai encore une fois humilié l'orgueil de Venise, et que sa race abhorrée aura senti ce bras qu'elle voudrait avilir, et vu châtier par lui, avec un fouet de scorpions, ceux que le crime et l'envie ont fait mes ennemis. »

Francesca posa sa main sur la sienne : — légère en fut l'impression, mais il frémit jusqu'aux os, et un froid de glace saisit son cœur, et le rendit immobile de stupeur. Quoique léger ait été ce serrement de main si mortellement froid, il n'aurait pu le repousser ; et jamais l'étreinte d'une main si chère ne fit battre le pouls avec un tel sentiment de terreur, que l'impression de glace que ces doigts frêles, longs et blancs, firent passer cette nuit dans le sang d'Alp par leur contact étrange. L'ardeur fiévreuse de son front avait disparu ; et son cœur battait si faiblement, qu'il était devenu insensible comme la pierre, lorsqu'il contempla les traits de celle qu'il aimait, et qu'il vit combien les couleurs de son teint étaient changées de ce qu'il les avait connues. Elle était encore belle, mais languissante — et privée de ce rayon divin de la pensée qui anime si bien le jeu de la physionomie, comme les vagues qui étincellent dans un jour de soleil. Ses lèvres sans mouvement étaient calmes comme la mort, et ses paroles s'échappaient de sa bouche sans l'émission de son souffle : son sein n'était point soulevé par une douce respiration, et il semblait que le sang ne circulait point dans ses veines. Bien que son œil brillât au dehors, cependant ses paupières étaient immobiles, et les regards qu'elles renvoyaient étaient égarés et préoccupés comme les yeux de l'homme inquiet qui se promène dans un rêve troublé ; comme les figures des tapisseries qui brillent dans l'ombre, agitées par le souffle d'un vent d'hiver, apparaissent, à la lueur douteuse d'une lampe mourante, sans vie, mais comme animées et effrayant la vue. On dirait, à travers les ombres, qu'elles vont descendre du mur grisâtre où leurs images présentent un air menaçant, en flottant çà et là au souffle grondant de la brise.

« Si tu croyais faire trop pour l'amour de moi, alors que ce soit pour l'amour du ciel, — dit de nouveau Francesca; — je te le répète — arrache ce turban de ton front infidèle, et jure d'épargner les enfans de ta patrie outragée, ou sinon tu es perdu; et tu ne reverras jamais, non la terre — qui va cesser de t'appartenir, — mais le ciel, ou moi. Si tu m'accordes cette faveur, et que cependant une destinée fatale t'attende, cette destinée absoudra la moitié de tes crimes, et la porte de la miséricorde céleste peut encore s'ouvrir pour toi. Réfléchis un moment encore, et prépare-toi à la malédiction de celui que tu oublies; porte encore un dernier regard vers les cieux, et vois son amour qui t'est refusé à jamais. Là, dans le ciel, est un léger nuage près de la lune [7]; — il marche, et il l'aura bientôt dépassée. — Si, lorsque ce voile de vapeur aura cessé d'ombrager son disque, ton cœur n'est pas changé, alors Dieu et l'homme seront vengés; terrible sera ta sentence, plus terrible encore ton immortalité de malheur! »

Alp regarda le ciel, et vit dans les airs le nuage que lui avait indiqué Francesca; mais son cœur était ulcéré, et détourné du droit chemin par un inflexible et profond orgueil : cette première et fatale passion de son cœur emportait toutes les autres comme un torrent. *Lui*, demander miséricorde! *lui*, effrayé par les vagues paroles d'une vierge timide! *lui*, outragé par Venise, jurer de sauver ses fils dévoués à la tombe! Non! — quand même ce nuage serait plus terrible que celui qui porte le tonnerre, et qu'il serait destiné à éclater sur lui pour l'anéantir, — qu'il éclate!

Il jette un regard sur ce signe redoutable sans répondre une parole; il l'observe marcher : — il est passé. — La lune sereine frappe pleinement sa vue; alors il dit : « — Quel que soit mon destin, je ne sais point changer : — il est trop tard. Le roseau, pendant la tempête, peut se plier, frissonner, et se relever ensuite; le chêne élevé doit se briser. Ce que Venise m'a fait, je dois le rester, son ennemi en tout, excepté dans mon amour pour toi. Mais tu es sauvée, oh! viens, fuis avec moi! » Il tourne la tête, mais elle a disparu! il ne voit plus qu'une colonne de pierre. Est-elle rentrée sous terre où s'est-elle évanouie dans les airs? Il ne la voit plus; il ne sait que croire, si ce n'est qu'il ne voit plus rien.

22. La nuit est passée; et le soleil brille comme si ce matin devait précéder un jour de fête. L'aurore légère et brillante se dégage peu à peu de sa robe grisâtre, et tout présage que le midi versera sur la terre une chaleur accablante. Écoutez la trompette, et le son du tambour, et le son mélancolique des cors des barbares, et le froissement des bannières qui se déploient, et le hennissement des chevaux, et le tumulte de la multitude, et les cris répétés :

« Ils viennent! ils viennent! » Les queues de cheval [8] sont arrachées du sol où elles étaient plantées; les épées sont tirées du fourreau; l'armée est rangée en ordre de bataille, mais elle attend le signal. « Tartares, Spahis, Turcomans, prenez vos tentes, et serrez-vous à l'avant-garde. Montez à cheval, piquez de l'éperon, cernez la plaine; que les fuyards ne puissent fuir, lorsqu'ils abandonneront la ville; et qu'aucun chrétien, vieillard ou jeune homme, ne puisse échapper; tandis que vos compagnons à pied, avec leurs masses épaisses, monteront à la brèche au milieu du carnage. »

Les chevaux sont tous bridés, et mordent leur frein d'impatience; ils recourbent avec fierté leur cou nerveux, en secouant leur crinière; blanche est l'écume qui couvre leur mors. Les lances sont levées; les mèches sont allumées; le canon est pointé, et prêt à faire feu, et à abattre ces remparts qu'il a déjà à moitié renversés. Chaque janissaire forme sa phalange. Alp est à leur tête; son bras droit est nu, et nue est la lame de son cimeterre. Le khan et les pachas sont tous à leur poste; le visir lui-même est à la tête de son armée. Lorsque la couleuvrine aura donné le signal, alors qu'on avance; qu'on ne laisse aucun être vivant dans Corinthe, — aucun prêtre à ses autels, aucun chef dans son palais, aucun foyer dans ses maisons, aucune pierre sur ses remparts. Dieu et le Prophète! — Allah hu! que ce cri retentisse jusqu'aux cieux.

« Là la brèche ouvre un passage ; voilà les échelles pour y monter ; vos mains sont sur vos sabres, pourriez-vous hésiter et ne pas être vainqueurs ? Celui qui le premier abattra la croix rouge pourra demander ce que son cœur désirera le plus ; il l'obtiendra aussitôt ! » C'est ainsi qu'a parlé Coumourgi, l'intrépide visir ; la réponse se fit par le brandissement des sabres et des lances, et par les acclamations de l'armée pleine d'un enthousiasme de fureur : — silence ! — écoutez le signal — de feu !

23. Comme les loups se précipitent en troupe sur le superbe buffle, malgré les éclairs de ses yeux, et les rugissemens de sa fureur, et ses ruades nerveuses, et ses coups de cornes sanglantes, lui foule à terre ou fait voler dans les airs le premier qui se précipite sur lui pour trouver la mort ; ainsi les Musulmans s'élancent sur les remparts, ainsi les premiers succombent sous les coups des assiégés. Plus d'un sein, caché sous la cotte de maille, couvre la terre comme une glace brisée : et, renversés par la balle qui creuse encore le sol d'où ils ne se relèveront plus, ils sont là étendus en files comme ils sont tombés, semblables aux épis du moissonneur à la fin de sa journée, lorsqu'il a fini de niveler la plaine : tel fut le nombre des premiers renversés par le feu des remparts.

24. Comme les torrens du printems qui se précipitent en bouillonnant du haut des rochers, entraînant avec eux d'énormes fragmens arrachés par

l'impétuosité continuelle du courant, jusqu'à ce que, couverts d'écume blanche et retentissant comme le tonnerre, ils s'arrêtent au fond de l'abîme, semblables aux neiges de l'avalanche qui tombent dans les vallées des Alpes; ainsi à la fin, expirans et vaincus, les enfans de Corinthe succombaient sous les longues et impétueuses charges, souvent renouvelées, de l'armée musulmane. Ils résistèrent avec vigueur, et ils tombèrent en masses, pressés par les infidèles, et rangés encore en ordre de bataille *.

Là rien n'était muet, excepté la mort : les coups, les détonnations, la fumée des amorces, les cris pour demander quartier, ou ceux de victoire, se mêlent aux volées tonnantes de l'artillerie, qui excitent dans les cités voisines un sentiment profond d'inquiétude et de terreur, doutant si ce bruit sourd et grondant de la bataille qui vient jusqu'à elles est favorable à leurs alliés ou à leurs ennemis; si elles doivent gémir ou se réjouir de cette voix anéantissante qui pénètre dans les profondeurs des montagnes retentissantes, dont les cavités se la renvoient par un écho terrible et nouveau. Vous auriez pu l'entendre, dans cette fatale journée, à Salamine et à Mégare (nous l'avons entendu dire nous-mêmes à ceux dont les oreilles en furent frappées), et même jusque dans la baie du Pyrée.

25. Depuis leur pointe émoussée jusqu'à la garde,

---

* *Hand to hand, and foot to foot.*

les sabres et les épées étaient rougis de sang. Mais les remparts sont pris, et le pillage commence avec toutes ses horreurs et le carnage. Des cris plus aigus s'échappent des maisons au pillage. On entend la marche précipitée et lourde de ceux qui fuient dans le sang écumant des rues; mais çà et là, partout où ils peuvent trouver une position favorable contre l'ennemi, des groupes désespérés de dix ou douze hommes s'arrêtent et se retournent contre ceux qui les poursuivent, — s'appuient contre un mur qui les protége, et résistent fièrement ou succombent en combattant.

Là on remarquait un vieillard; — ses cheveux étaient blancs, mais son vieux bras était encore plein de force et de courage. Il soutenait si vaillamment le choc de l'ennemi que les morts formaient un demi-cercle autour de lui. Il n'avait pas encore été blessé ni enveloppé, quoique battant en retraite. Un grand nombre de cicatrices de ses premiers combats se faisaient remarquer sous son corselet de fer; mais toutes ces blessures qui couvrent son corps avaient été reçues dans d'autres combats. Quoique âgé, il était si robuste des membres que peu de nos jeunes hommes auraient pu se mesurer avantageusement avec lui; et les ennemis qu'il tenait séparément à distance dépassaient le nombre de ses cheveux blancs. Il brandissait son sabre de droite à gauche, et plus d'une mère ottomane pleura ses fils qui n'étaient pas encore nés quand il trempa pour la première fois son sabre dans le sang musulman, avant d'avoir atteint sa vingtième année. Et il aurait pu être le père de tous ceux qui tombèrent sous ses coups dans ce jour fatal ; car, privé de son fils, depuis longues années, sa douleur vengeresse priva plus d'un père de ses enfans. Depuis le jour où son seul fils avait rencontré la mort dans le détroit [9], le fer du père lui sacrifia plus d'une humaine hécatombe. Si les ombres peuvent être apaisées par le carnage, celle de Patrocle fut moins satisfaite que celle du fils de Minotti, qui mourut dans ces lieux qui nous séparent de l'Asie. Il est enseveli sur le même rivage où des milliers de guerriers furent ensevelis avant quatre mille ans. Que reste-t-il d'eux pour nous dire où ils reposent, et comment ils succombèrent ? Aucune pierre funéraire ne les couvre, aucun ossement n'indique leurs tombes ; mais ils vivent dans la poésie qui leur assure l'immortalité.

26. Écoutez le cri retentissant d'Allah ! c'est une troupe de Musulmans les plus braves et les plus habiles dans le combat. Le bras nerveux de leur chef est nu, afin d'être plus rapide à frapper pour ne faire jamais grâce ; — découvert jusqu'à l'épaule, on le voit qui agite son sabre dans l'air : c'est ainsi qu'on le reconnaît toujours dans la mêlée. D'autres peuvent montrer un costume plus fastueux, pour tenter l'ennemi par l'espoir d'une riche dépouille ; plus d'une main se pare d'une plus riche garde d'é-

pée, mais aucune ne porte une lame plus grossièrement dorée; beaucoup de guerriers peuvent porter un turban plus élevé, — Alp est seulement distingué par son bras blanc et nu : regardez au plus épais de la mêlée, il est là! Aucun étendard ne s'expose aussi avant que le sien; aucune bannière dans l'armée musulmane n'entraîne la moitié si loin les delhis. Elle brille rapide comme une étoile tombante! Partout où ce bras redoutable est aperçu, les plus braves combattent, ou combattaient il n'y a qu'un instant. C'est là que le lâche demande en vain quartier au Tartare animé de vengeance, ou que le héros, étendu par terre, silencieux, dédaigne de pousser un gémissement en expirant, méditant de frapper encore un dernier, mais faible coup, sur l'ennemi étendu comme lui à ses côtés, oubliant l'épuisement de ses forces causé par ses blessures et par la fatigue du combat, en s'attachant avec les mains à la terre ensanglantée.

27. Le vieillard était encore debout, résistant aux assaillans, et arrêtant un moment la victoire d'Alp. « Rends-toi, Minotti, pour être épargné, toi et ta fille. » —

— « Jamais, renégat, jamais! quand même la vie que je recevrais de toi serait éternelle. »

— « Francesca! — oh! ma jeune fiancée! doit-elle périr victime de ton orgueil? »

— « Elle est en sûreté. » — « Où! où donc? »

— « Dans le ciel, d'où ton ame infidèle est à jamais exclue, traître ! — Elle est loin de toi, parmi les vierges. »

Alors Minotti sourit d'une joie cruelle, en voyant Alp chanceler à ces paroles et près de succomber, comme frappé de la foudre. — « O Dieu ! depuis quand n'est-elle plus ? » — « Depuis la nuit dernière ; — et je ne pleure pas sa mort : aucun des enfans de ma race pure ne sera l'esclave de Mahomet et le tien. — Garde à toi ! »

Ce défi est porté en vain ; — Alp est déjà atteint d'un coup mortel ! Pendant que les paroles de Minotti servaient mieux sa vengeance, par tout ce qu'elles renfermaient de cruel et d'amer, que la pointe de son épée n'aurait pu le faire, s'il avait eu le tems de la passer à travers son cœur, du porche voisin d'une église que quelques braves défendaient encore, en renouvelant le combat affaibli, une balle meurtrière était venue renverser Alp, avant qu'on ait pu voir la blessure du front fracassé de l'infidèle, que le vertige a fait tourner, et qui est allé tomber la face contre terre. Un rayon brillant comme l'éclair étincela de ses yeux, comme s'ils n'eussent plus dû se rouvrir, et les ténèbres éternelles couvrirent son cadavre palpitant. Il ne restait rien de la vie, excepté un frémissement convulsif qui agita encore légèrement ses membres. Ses compagnons le retournèrent sur son dos ; sa poitrine et son front étaient souillés de sang et de poussière, et de ses lèvres livides s'échappaient des flots de sang noir qui avaient abandonné ses veines. Mais son pouls n'avait aucun battement, et sa bouche ne laissa entendre aucun murmure; aucun soupir, aucune parole, aucun râlement n'a signalé son passage de la vie à la mort. Avant même que sa pensée ait pu prier, il est passé, sans espérance de pardon, — et est resté jusqu'à la fin — un renégat!

28. Effrayantes s'élevèrent les clameurs de ses compagnons et de ses ennemis; ceux-ci, en signe de joie, et les premiers transportés de fureur. Alors le combat recommence avec plus d'acharnement; les épées se croisent, les lances traversent les corps des combattans dans la mêlée, et les guerriers roulent en hurlant sur la poussière. Rue par rue, et pied par pied, Minotti ose encore disputer la moindre portion de terrain de la ville confiée à ses ordres; les restes de sa valeureuse troupe unissent à ses efforts leur dévouement et leur épée. On peut encore se défendre dans l'église, de laquelle est partie la balle prédestinée qui a vengé à demi les vaincus, par la mort d'Alp, le féroce assaillant. Là, Minotti et les siens se retranchent en reculant, et en laissant devant eux un ruisseau de sang; faisant toujours face à l'ennemi; qui reçoit de mortelles blessures à chaque coup qu'ils lui portent, ils rejoignent ceux qui sont déjà retranchés dans le temple : là ils pourront respirer un instant, protégés par les colonnes massives du monument.

29. Court instant de répit! La horde à turbans, ayant ses rangs grossis et la rage dans le cœur, se précipite sur eux avec tant de violence et de chaleur, que par leur grand nombre ils se coupent toute retraite; car la rue qui menait au dernier retranchement des chrétiens était si étroite, que les premiers arrivés des Turcs, si la frayeur les saisissait, pouvaient essayer vainement de revenir sur leurs pas : une fois engagés dans les colonnes du temple, ils étaient contraints de vaincre ou de mourir. Ils moururent; mais avant que leurs yeux se fussent fermés, des vengeurs s'élevaient sur leurs corps expirans, frais et pleins de fureur; ils remplissaient au-delà les rangs éclaircis, quoiqu'ils dussent subir le même sort que ceux qui les avaient précédés. Les cierges allumés des autels chrétiens voient pâlir leur clarté défaillante devant les nuages de fumée produits par les décharges renouvelées de mousqueterie. Les Ottomans atteignent la porte intérieure du temple. Ses gonds d'airain résistent encore; et par toutes les ouvertures, à travers toutes les brèches, tous les vitraux brisés, pleut une grêle de balles déchargées par volées. Mais le portique ébranlé cède en frémissant; — les gonds crient, les pivots craquent, — se brisent, — la porte se penche, — tombe. — C'en est fait! Corinthe perdue ne peut plus résister.

30. Sombre, terrible et seul de tous, Minotti restait encore debout sur les marches de pierre de

l'autel. L'image d'une madone, peinte avec des couleurs célestes, brille au-dessus de sa tête; ses yeux de lumière respirent l'amour; et placée au-dessus du saint autel pour fixer nos pensées sur les choses divines, lorsque nous nous prosternons devant elle et le Dieu enfant qu'elle tient sur ses genoux, en souriant doucement à chaque prière qui s'élève vers le ciel, comme si elle était là pour la porter elle-même à son fils; elle sembla alors lui sourire, quoique des torrens de sang ruisselassent dans l'enceinte du temple. Minotti, les yeux tournés vers elle, fit le signe de la croix en soupirant, et saisit une torche qui brûlait près de lui; il résiste encore, tandis que les Musulmans portent partout le fer et la flamme.

31. Les caveaux creusés sous le pavé de mosaïque renfermaient les morts des siècles passés. Leurs noms étaient gravés sur leurs pierres sépulcrales; mais maintenant le sang les rendait illisibles. Les trophées sculptés, et les couleurs étranges qu'offraient les veines nombreuses et variées du marbre étaient couverts de sang, de poussière et de fumée, et surchargés d'épées, de sabres et de casques brisés. Des cadavres recouvraient ces voûtes qui renfermaient d'autres cadavres reposant froids dans de nombreux cercueils. On pouvait les voir rangés dans un ordre mélancolique à la lueur pâle qui perçait à travers une grille souterraine. Mais la guerre était entrée dans ces obscurs caveaux, et

elle avait réuni dans ces tombeaux souterrains ses trésors de salpêtre, entassés auprès de ces corps décharnés. C'est là que, pendant la durée du siége, les chrétiens avaient établi leur principal magasin ; une traînée de poudre récemment formée y communiquait : c'est la dernière et la plus terrible ressource de Minotti contre la force accablante de l'ennemi.

32. Les Turcs le pressent de toutes parts ; le peu qui reste de chrétiens pour les combattre opposent une résistance inutile. Ne pouvant assouvir leur soif de vengeance, qui se réveille sur un plus grand nombre d'ennemis, les barbares mutilent les corps de ceux qui sont tombés, leur coupent la tête déjà sans vie, précipitent les statues de leurs niches, dépouillent les autels de leurs riches offrandes, et s'arrachent de leurs mains ensanglantées les vases saints d'argent qui ont été consacrés. Ils accourent vers le maître-autel ; oh ! l'on vit un spectacle glorieux ! La coupe d'or renfermant les hosties consacrées était encore sur la table sainte : ce grand calice massif et éclatant séduit par sa splendeur les yeux de ces hommes avides de butin. Il avait contenu le matin le vin consacré, changé par Christ en son sang divin, que ses adorateurs avaient bu à la naissance du jour, pour purifier leur ame avant de se rendre au combat : il en conservait encore quelques gouttes. Autour de l'autel brillaient douze grands candélabres rangés dans un ordre splendide, et formés du

plus pur métal : c'est une dépouille opime, — la plus riche et la dernière.

33. Ils arrivent si près, que le premier d'entre eux étendait déjà la main pour s'emparer de la dépouille qu'il touchait presque, lorsque la main du vieux Minotti posa sa torche sur la traînée de poudre : — elle est allumée ! — Clocher, voûtes, autel, vases sacrés, cadavres, vainqueurs à turbans, chrétiens, tout ce qui reste dans le temple, avec le temple, vivans et morts lancés dans les airs en mille éclats, font retentir un long rugissement ! La ville, bouleversée, — les murs renversés sur le sol entr'ouvert, — les vagues de la mer qui reculent un moment, — les montagnes qui sont ébranlées, comme si un tremblement de terre avait passé, — des milliers de débris sans formes projetés en nuage de flamme vers le ciel par cette épouvantable explosion — proclament la désolation de ces rivages.

Les débris confondus du temple sont lancés dans les airs comme des fusées ; les membres épars et mutilés de nombreux héros retombent sur la terre, et couvrent au loin la plaine, comme une pluie de cendres qui obscurcit les airs. Ils tombent dans le golfe, où ils tracent une multitude de cercles, ou sur le rivage qu'ils noircissent, et s'étendent sur toute la longueur de l'isthme. Appartiennent-ils à des chrétiens ou à des Musulmans ? Que leurs mères viennent les voir et le disent ! Lorsqu'ils dormaient dans leurs berceaux de langes, leurs mères souriaient sur le tendre sommeil de leur enfance; elles ne pensaient guère qu'un jour verrait leurs membres voler en lambeaux dispersés dans les airs. Les mères qui les ont élévés ne pourraient plus reconnaître leurs nourrissons. Ce désastreux événement ne leur a pas laissé la trace d'une forme humaine, excepté à quelques crânes à moitié brisés, à quelques ossemens rompus. Des soliveaux fumans, des pierres calcinées retombent des airs et couvrent la plage, enfoncés profondément dans les sables tout noircis et fumans. Tous les êtres vivans qui entendirent cette terrible explosion qui ébranla la terre, s'enfuirent avec terreur. Les oiseaux des forêts s'envolèrent; les dogues sauvages s'éloignèrent en hurlant des cadavres sans sépultures. Les chameaux se séparèrent de leurs conducteurs; le bœuf qui, loin de Corinthe, labourait la terre, s'échappa du joug, et le cheval du soldat, brisant la sangle de sa selle et les rênes qui lui servaient de guide, se précipita au galop dans la plaine. Les coassemens de la grenouille s'élevèrent des marais, plus aigus et plus perçans. Les loups hurlèrent dans leurs cavernes des montagnes, dont l'écho se fit entendre comme un tonnerre. Les troupes de jackals [10], dans un tumulte confus, poussèrent au loin des aboiemens plaintifs et tristes, qui ressemblaient aux vagissemens des enfans et aux cris des chiens que l'on châtie. L'aigle aux plumes hérissées, au cou gonflé, s'envola de son aire, et chercha un refuge près du soleil; les nuages, au-dessous de lui, lui paraissaient trop sombres, et leur fumée, poursuivant son bec de son étouffante vapeur, lui faisait prendre en criant un plus sublime essor. —

Telle fut la destinée de Corinthe !

FIN DU SIÉGE DE CORINTHE.

NOTES

DU SIÉGE DE CORINTHE.

NOTE 1, PAGE 294.

La vie des Turcomans est errante et patriarchale : ils habitent sous des tentes.

NOTE 2, PAGE 296.

Ali Coumourgi, le favori de trois sultans, et grand visir d'Achmet III. Après avoir reconquis le Péloponèse sur les Vénitiens, dans une seule campagne, il fut mortellement blessé dans une campagne suivante, en combattant contre les Allemands, à la bataille de Petersvaradin (dans la plaine de Carlowitz), en Hongrie, au moment où il s'efforçait de rallier ses gardes. Il mourut de ses blessures le jour suivant. Le dernier ordre qu'il donna fut de décapiter le général Breuner, et quelques autres prisonniers allemands; ses dernières paroles furent : « Oh! que ne puis-je traiter de même tous ces chiens de chrétiens! » Paroles et action bien dignes d'un Caligula. C'était un jeune homme d'une grande ambition et d'une présomption sans bornes. On lui disait que le prince Eugène était envoyé contre lui; il répondit : « Je deviendrai plus habile, et ce sera à ses dépens. »

NOTE 3, PAGE 306.

Il n'est pas nécessaire de rappeler au lecteur qu'il n'y a point de flux et de reflux sensible dans la Méditerranée.

NOTE 4, PAGE 307.

J'ai vu un spectacle semblable à celui que j'ai décrit sous les remparts du sérail de Constantinople, dans les cavités creusées dans le roc par le Bosphore ; terrasse étroite qui se projette entre les remparts et la mer. Je crois que ce fait est aussi mentionné dans les voyages d'Hobhouse. Les cadavres étaient probablement ceux de quelques janissaires réfractaires.

NOTE 5, PAGE 307.

Cette touffe, ou longue tresse de cheveux, est laissée sur la tête par la croyance que Mahomet les emportera par là dans son paradis.

NOTE 6, PAGE 309.

Je dois faire remarquer ici que je me suis rencontré involontairement dans ces douze vers avec un passage d'un poème inédit de M. Coleridge, intitulé : *Christabel*. Ce n'est pas avant la composition de mon ouvrage que j'entendis la lecture de ce poème extraordinaire et singulièrement original ; et je n'ai vu le manuscrit de cette production que tout récemment, grâce à la complaisance de M. Coleridge lui-même, qui, je l'espère, est convaincu que je ne suis point un vil plagiaire. L'idée originale en appartient sans aucun doute à M. Coleridge, dont le poème a été composé il y a près de quatorze ans. Qu'il me soit permis de conclure avec l'espérance qu'il ne retardera pas plus long-tems la publication d'un ouvrage qui est attendu du public avec impatience.

NOTE 7, PAGE 313.

Il m'a été dit que l'idée exprimée depuis le vers 598e au 603e avait été admirée par des personnes dont l'approbation est d'un grand poids. J'en suis satisfait ; mais elle n'est pas originale, — au moins elle ne m'appartient pas. On peut la trouver bien mieux exprimée dans la version anglaise de *Wathek*, aux pages 182-3-4 (j'ai oublié la page précise en français), ouvrage auquel j'ai déjà renvoyé*, et auquel je n'ai jamais recouru sans une nouvelle satisfaction.

NOTE 8, PAGE 315.

La queue de cheval, fixée sur une lance, forme l'étendard d'un pacha.

NOTE 9, PAGE 319.

Dans la bataille navale, à l'embouchure des Dardanelles, entre les Vénitiens et les Turcs.

NOTE 10, PAGE 327.

Je crois que j'ai pris une licence poétique en transportant le jackal de l'Asie dans la Grèce, où je n'ai jamais vu ni entendu cet animal; mais dans les ruines d'Éphèse je les ai entendus par centaines. Ils hantent les ruines et suivent les armées.

---

* Voyez page 63.

FIN DES NOTES DU SIÉGE DE CORINTHE.

PARISINA.

A

SCROPE BERDMORE DAVIES, ESQ.

LE POÈME SUIVANT EST DÉDIÉ

Par celui qui depuis long-tems admire ses talens et apprécie son amitié.

22 janvier 1816.

AVERTISSEMENT.

Le poème suivant est fondé sur un événement mentionné dans les *Antiquités de la maison de Brunswick*, par Gibbon. — Je crains que dans nos tems modernes la délicatesse ou la fastidiosité du lecteur ne croie de semblables sujets incapables d'être traités dans la poésie. Les poètes dramatiques grecs, et quelques-uns de nos meilleurs et vieux écrivains anglais étaient d'une opinion différente, comme Alfieri et Schiller l'ont été aussi plus récemment sur le continent. L'extrait suivant expliquera les faits sur lesquels l'histoire de mon poème est fondée. Le nom d'Azo est substitué à celui de *Nicolas*, comme étant plus propre au mètre poétique.

« Sous le règne de Nicolas III, Ferrare fut
» souillée par une tragédie domestique. Sur le
» témoignage d'un de ses gens, le marquis d'Est
» découvrit les amours incestueuses de sa femme
» Parisina avec Hugo, son fils naturel, beau et
» vaillant jeune homme. Ils furent tous deux
» décapités dans le château, par la sentence

» d'un père et d'un mari, qui publia sa honte
» et survécut à leur exécution. Il fut malheu-
» reux, s'ils furent coupables ; s'ils furent inno-
» cens, il fut encore plus malheureux : il n'est
» aucune de ces situations possibles dans la-
» quelle je puisse approuver le dernier acte de
» justice de la part d'un père. »

(GIBBON, *Œuvres mêlées.*)

PARISINA.

1. C'est l'heure où les accens élevés du rossignol s'échappent des bosquets touffus ; c'est l'heure où les vœux des amans semblent plus tendres dans des paroles murmurées tout bas. D'aimables zéphirs, des eaux qui serpentent sont une harmonie mélodieuse pour l'oreille solitaire. Les gouttes de rosée humectent légèrement chaque fleur, et les étoiles apparaissent dans les cieux, et la vague qui les réfléchit semble d'un bleu plus azuré, et la feuille d'une teinte plus foncée. Le firmament présente ce clair-obscur, si doucement sombre, si sombrement pur, qui suit le déclin du jour, lorsque le crépuscule se fond sous les rayons de la lune [1].

2. Mais ce n'est pas pour écouter le bruit de la cascade que Parisina quitte son appartement ; ce n'est pas pour contempler les étoiles du ciel que la jeune dame s'avance dans les ombres de la nuit ; et si elle s'assied dans le bosquet d'Est, ce n'est pas dans le but d'y jouir de ses fleurs épanouies ; — elle prête l'oreille, — mais ce n'est point aux chants du rossignol, — quoiqu'elle attende des accens aussi doux que les siens. Un pas se glisse à travers l'épais

feuillage; sa joue devient pâle, — et son cœur bat plus rapidement. Une voix murmure à travers les feuilles frémissantes; la rougeur reparaît sur sa joue, et son sein agité se soulève doucement. Un instant encore — et ils seront réunis; — il est passé : — son amant est à ses pieds.

3. Maintenant que leur importe le monde avec tous ces changemens qu'y amènent le tems et les vicissitudes de la vie? Les créatures vivantes qui le peuplent, — son globe de terre et son ciel éclatant — ne sont rien pour leurs yeux et leur cœur; et tout ce qui les entoure, au-dessus comme au-dessous, leur est aussi indifférent que la mort. Ils ne respirent plus que l'un pour l'autre, comme si tout le reste avait cessé d'exister. Leurs soupirs mêmes sont pleins d'une joie si profonde, que, si elle ne devenait moins vive, cette ivresse insensée consumerait leurs cœurs qui éprouvent sa brûlante domination. Dans ce rêve tendre et tumultueux pensent-ils au crime, au danger? Celui qui a connu la puissance de cette passion hésita-t-il ou craignit-il dans une heure semblable? pensa-t-il à la courte durée de ces momens divins? Mais hélas! — ils sont déjà loin! nous sommes forcés de nous réveiller avant de connaître qu'une telle vision ne reviendra plus.

4. Ils quittent, en s'adressant des regards languissans, le lieu qui a été le témoin de leur ivresse coupable; et quoiqu'ils espèrent se revoir, qu'ils s'en donnent la promesse, ils s'affligent, comme si

cette séparation était la dernière. Les fréquens soupirs, — le long embrassement, — leurs lèvres qui voudraient s'attacher pour jamais, tandis que brille sur le visage de Parisina le ciel qu'elle craint d'implorer vainement un jour, comme si chaque étoile qui étincelle si pure au firmament eût été le témoin de sa faiblesse, — les fréquens soupirs, le long embrassement, tout retient ces amans au lieu du rendez-vous. Mais il le faut; ils doivent se séparer dans cet abattement redoutable du cœur, avec ce frisson intime et glacé qui suit immédiatement les actions coupables.

5. Hugo s'est rendu à sa couche solitaire, où ses désirs attendent la femme d'un autre; c'est sur le sein confiant d'un époux que Parisina va reposer sa tête coupable. Mais le délire de la fièvre semble agiter son sommeil, et des rêves troublés répandent sur sa joue une vive rougeur. Dans son agitation, elle murmure un nom qu'elle n'ose prononcer pendant le jour; elle presse son mari sur son sein qui palpite pour un autre. Il se réveille à cet embrassement, et, heureux en idée, il s'imagine que ce soupir rêvant, cette ardente caresse, sont semblables à ceux qu'il avait coutume d'obtenir. Il serait prêt, dans sa tendresse, à pleurer d'amour sur celle qui l'aime si vivement, même dans son sommeil.

6. Il presse Parisina dormante sur son cœur, et écoute attentivement ses paroles entrecoupées. Il entend —Pourquoi le prince Azo frémit-il comme s'il

avait entendu la voix de l'Archange? Ah! puisse-t-il avoir entendu cette voix! — un destin plus terrible pourrait à peine retentir comme un tonnerre sur sa tombe, lorsqu'il se réveillera pour ne plus se rendormir, et pour paraître devant le trône éternel. Puisse-t-il avoir entendu cette voix! — les paroles qu'il a recueillies ont détruit à jamais son bonheur sur la terre. Ce murmure articulé d'un nom dans le sommeil atteste le crime de Parisina et la honte d'Azo. Et quel est ce nom? ce nom qui retentit sur son oreiller d'une manière si terrible? comme la vague mugissante qui roule une planche brisée sur le rivage, et écrase sur un roc aigu le malheureux naufragé qui s'engloutit pour ne se relever jamais, — tel fut le choc qui ébranla son ame. Et quel est ce nom? c'est celui d'Hugo, — de son fils; — il ne l'aurait jamais soupçonné! — C'est celui d'Hugo, — l'enfant de celle qu'il aima, — le fils d'un illégitime amour, — le fruit de sa jeunesse coupable, lorsqu'il trahit la foi de Bianca, la jeune fille dont la folle crédulité put se confier à un homme qui ne voulait pas en faire son épouse.

7. Il porta la main à son poignard, qui rentra dans son fourreau avant d'avoir été entièrement tiré. Cependant, indigne qu'elle est maintenant de vivre, il ne peut se résoudre à tuer une femme si belle. — Au moins si elle ne souriait pas — dormant à ses côtés! — Il ne veut pas la réveiller encore; mais il la contemple avec un regard qui l'eût glacé

du froid de la mort pour s'endormir à jamais, — si elle se fût réveillée de son rêve, et si elle avait vu, à la clarté vacillante de la lampe, ce front tout couvert de gouttes de sueur. Elle ne parla plus, — mais elle dormit encore, — tandis que, dans la pensée de son mari, ses jours viennent d'être comptés.

8. Au retour du matin, Azo interrogea ses gens, et il trouva dans de nombreux rapports la preuve de tout ce qu'il craignait de connaître, le crime présent des coupables et son malheur futur. Les suivantes de Parisina, qui étaient depuis long-tems ses complices, cherchèrent à se sauver elles-mêmes en voulant rejeter le crime, — la honte — et la condamnation sur leur maîtresse. Ce n'est plus un secret; — elles racontent toutes les circonstances qui peuvent augmenter la confiance dans la vérité de leurs histoires. Le cœur et l'oreille torturés d'Azo n'ont plus rien à ressentir et à entendre.

9. Ce n'était pas un homme à aimer les délais. L'ancien chef de la maison d'Est est assis sur son trône dans la salle de son conseil d'état; ses nobles et ses gardes l'environnent; — devant lui sont les deux plaintifs criminels, tous les deux jeunes, — et dont l'*un* est d'une beauté si ravissante! La ceinture sans épée et les mains chargées de fer, ô Christ! faut-il qu'un fils paraisse ainsi devant la face de son père! Cependant voilà comment Hugo doit se présenter devant son père; et entendre la sentence que

prononcera son courroux, l'histoire de son déshonneur! Toutefois il ne semble pas abattu dans son malheur, quoique sa voix reste muette.

10. Silencieuse aussi, et pâle, et résignée, Parisina attend sa condamnation. Qu'elle est changée depuis que ses regards expressifs répandaient la gaîté sur tout ce qui l'entourait, dans un palais où des seigneurs d'une haute naissance s'enorgueillissaient d'être à ses ordres; — où la beauté s'efforçait d'imiter l'accent mélodieux de sa voix, — son aimable maintien, — les grâces de son attitude, et copiait, par son air et sa démarche, les gestes de sa souveraine. Alors — si son œil eût versé des larmes de chagrin, mille guerriers se fussent élancés, mille glaives eussent brillé hors du fourreau, en faisant de sa querelle la leur propre. Maintenant, — qu'est-elle, et que sont-ils? Peut-elle encore commander, obéiraient-ils encore? Tous sont maintenant silencieux, indifférens, les yeux baissés, fronçant le sourcil, les bras croisés sur la poitrine, l'air froid, et contenant à peine sur leurs lèvres un sourire de mépris; voilà le tableau des chevaliers, des dames, de toute la cour! Et lui, le chevalier de son choix, dont la lance se baissait devant son regard, lui qui — si son bras eût été libre un moment — serait mort en combattant pour elle, ou eût obtenu sa délivrance; l'amant chéri de la femme de son père, — lui, hélas! est à côté d'elle, chargé de fers; il ne peut voir ses yeux gonflés qui pleurent moins sur son propre mal-

heur que sur celui de son amant. Ces paupières — sur lesquelles la veine violette et égarée laisse une légère trace, en se distinguant sur une blancheur si douce qu'elle invite au plus tendre baiser, — maintenant elles semblent, échauffées et livides, comprimer, non ombrager, ces yeux mourans dont le regard est si abattu, et qui se remplissent de larmes de plus en plus grosses.

11. Lui aussi eût pleuré sur elle, si tous les regards n'eussent pas été dirigés sur lui. Sa douleur, s'il en ressentait, était assoupie. Son front relevé était sombre et hautain. Quelle que fût la douleur qui comprimât son ame, il ne voulait pas paraître y céder devant la foule; mais cependant il n'osait regarder Parisina. Le souvenir des heures qui n'étaient plus, — son crime, — son état présent, — le courroux de son père, — le mépris de tous les hommes vertueux, — son sort sur la terre, sa destinée éternelle, — et surtout le sort de celle, — oh! — de celle dont il n'osait pas regarder le front pâle comme la mort! tous ces sentimens accumulés dans son cœur auraient trahi les remords pour les faiblesses qu'il a commises.

12. Azo dit : « Hier encore je m'enorgueillissais d'une épouse et d'un fils; ce songe s'est évanoui ce matin. Avant la fin du jour, je n'aurai plus ni épouse ni fils. Ma vie devra s'écouler désormais solitaire et languissante. Soit; — que l'arrêt s'accomplisse, — nul être vivant n'agirait autrement que moi. Ces

nœuds sont brisés; — mais ce n'est pas par moi; que l'arrêt s'accomplisse. — Le supplice est préparé! Hugo, le prêtre t'attend, et ensuite la récompense de ton crime! Va! adresse ta prière au ciel, avant que l'étoile du soir apparaisse. — Apprends si le pardon peut encore t'être accordé; la miséricorde du ciel peut seule t'absoudre maintenant. Mais ici, sur la terre, sous le ciel, il n'est point de lieu où toi et moi puissions respirer une heure le même air. Adieu! je ne te verrai pas mourir. — Mais toi, être frêle! tu verras rouler sa tête. — Adieu! je ne puis t'en dire davantage. Va! femme au cœur infidèle; ce n'est pas moi, c'est toi qui fais verser le sang d'Hugo. Va! si tu peux survivre à ce spectacle, jouis de la vie que je te laisse. »

13. Ici l'austère Azo couvrit son visage; — car sur son front les veines gonflées battirent violemment, comme si le sang bouillonnant qu'elles contenaient eût été refoulé du cœur vers son cerveau. C'est pourquoi il baissa un instant la tête, et passa sa main tremblante sur ses yeux pour les dérober aux regards de l'assemblée. Hugo, pendant ce tems, éleva ses mains enchaînées, et demanda un moment d'attention de son père; celui-ci, resté silencieux, ne refuse pas sa demande.

— « Ce n'est pas que je craigne la mort, — car tu m'as déjà vu à tes côtés, couvert de sang, au milieu de la bataille; et ce fer qui ne fut jamais sans usage dans ma main, ce fer que tes esclaves m'ont enlevé, a versé plus de sang pour ta cause que jamais n'en fera couler la hache de mon supplice.

» Tu m'avais donné la vie, tu peux la reprendre; c'est un don pour lequel je ne te remercie point. Je n'ai pas oublié les griefs de ma mère; son amour dédaigné, son honneur flétri, l'héritage de honte de son enfant; mais elle est dans la tombe, où, lui, son fils, ton rival, la rejoindra bientôt. Son cœur brisé, — ma tête tranchée, — témoigneront pour toi chez les morts de la fidélité et de la tendresse de ton premier amour, — de ta sollicitude paternelle. Il est vrai que je t'ai offensé; — mais je t'ai rendu outrage pour outrage. — Celle que tu croyais ta femme, cette autre victime de ton orgueil, tu sais qu'elle m'était destinée depuis long-tems. Tu la vis, et tu convoitas ses charmes, — et tu te raillais de ma naissance, qui était cependant ton ouvrage; tu me disais indigne d'elle, indigne de ses embrassemens, parce que, en vérité, je ne pouvais réclamer l'héritage légal de ton nom, ni m'asseoir sur le trône héréditaire de la maison d'Est. Cependant, si quelques étés de plus m'eussent été accordés, mon nom aurait pu devenir plus illustre que celui de ces princes, et mériter des honneurs que je n'aurais dûs qu'à moi seul. J'avais une épée, — et j'ai un cœur qui aurait pu conquérir un casque aussi glorieux *[2] qu'aucun de ceux qui couvrirent le front de tous les souve-

---

* *Haught.*

rains de ta race. Les plus beaux éperons de chevalier ne sont pas toujours conquis par le fils le mieux né ; et les miens ont souvent lancé les flancs de mon cheval bien avant tes chefs orgueilleux des rangs princiers, lorsque je chargeais l'ennemi au cri d'*Est et Victoire*.

» Je ne veux point plaider la cause du crime, ni te prier d'épargner pour quelque tems le peu d'heures ou le peu de jours qui doivent rouler sur mon insensible poussière ; — de tels jours, délirans comme ceux de mon passé, ne pouvaient pas, ne devaient pas durer. — Quoique ma naissance et mon nom soient vils, et que ta noblesse de race eût dédaigné d'honorer un homme tel que moi ; — cependant mes traits portent quelque empreinte de ceux de mon père, et mon ame. — elle vient toute de toi. De toi — cette impétuosité de cœur ! — de toi, — oui, pourquoi frémis-tu ? de toi vient mon bras fort, mon ame de flamme. — Tu ne m'as pas seulement donné la vie ; mais encore tout ce qui me rend davantage ton fils. Vois ce que tes coupables amours ont produit, puisque le ciel t'a récompensé d'un fils tel que moi ! Je ne suis point un bâtard par mon ame, car cette ame, comme la tienne, abhorre tout contrôle. Quant au souffle de vie ; ce bienfait éphémère que tu m'as donné ; et que tu vas reprendre bientôt, je ne l'estimais pas plus que toi, lorsque, le casque relevé sur le front, à côté l'un de l'autre, nous combattions en précipitant nos coursiers sur les cadavres tombés dans la mêlée. Le passé n'est plus rien, — et bientôt l'avenir sera du passé. Cependant je voudrais qu'alors je fusse tombé sur le champ de bataille : car, quoique tu aies fait le malheur de ma mère, et que tu m'aies ravi ma propre fiancée, je sens que tu es encore mon père; et toute dure que soit ta sentence, elle n'est point injuste, quoique venant de toi. Engendré dans le péché, pour mourir dans la honte, ma vie commence et finit de même. Comme le père a failli, ainsi le fils a failli, et tu dois les punir tous deux en un seul. Mon crime semble le pire aux regards des hommes, mais Dieu jugera entre nous deux! »

14. Il se tut — et resta debout les bras croisés qui firent retentir, en retombant, les fers qui les entouraient. Il n'y eut pas une oreille, parmi tous les chefs rangés dans la salle, qui ne se sentît blessée lorsque ces lourdes chaînes retentirent. Les grâces fatales de Parisina attirent bientôt tous les regards. — Pouvait-elle entendre ainsi son amant condamné à mort? J'ai dit qu'elle était là, pâle et calme, la cause vivante des malheurs d'Hugo : ses yeux immobiles, mais ouverts et hagards, ne s'étaient point tournés d'un côté ou de l'autre, ils ne se voilaient point de leurs douces paupières; mais un cercle d'un blanc terne se formait autour de leur orbite d'un bleu foncé; et elle était là debout, l'air morne et froid, comme si le sang se fût glacé dans ses veines.

Mais de tems en tems une larme épaisse et lentement formée s'échappait des longues et noires paupières qui couvraient ses beaux yeux; c'était une chose à voir, non à entendre! et ceux qui les virent furent étonnés que de pareilles larmes pussent couler de deux yeux mortels.

Elle voulut parler,— l'articulation imparfaite de ses paroles ne put sortir de sa poitrine oppressée. Elle parut former un sourd gémissement, comme si son ame se fût échappée avec sa voix. Elle se tut, — mais elle voulut essayer encore une fois de parler; alors sa voix se rompit en un long cri, et elle tomba comme une pierre, ou une statue renversée de sa base, plutôt semblable à un corps qui n'a jamais eu de vie, — ou à un monument de marbre représentant l'épouse d'Azo, qu'à cette belle et vive coupable, dont chaque passion était un aiguillon qui la poussait au crime, mais qui ne pouvait supporter sa honte et son désespoir. Cependant elle vivait encore — et elle ne fut que trop tôt arrachée à cet évanouissement semblable à la mort. — Sa raison était perdue, — tous ses sens avaient été bouleversés par d'intimes angoisses; et les frêles fibres de son cerveau (comme les cordes d'un arc, relâchées par la pluie, ne lancent plus que des traits égarés), ne produisaient plus que des pensées vagues et sans suite. — Le passé pour elle est une page blanche, l'avenir une page noire, avec quelques rayons de terrible clarté, qui brillent comme la foudre sur une route déserte lorsque les tempêtes de la nuit exhalent toute leur colère.

Elle éprouvait des craintes, — elle sentit quelque chose de criminel peser sur son ame, comme un poids si lourd et si glacé, qu'elle comprit que c'était le crime et la honte. Elle se rappelle que la mort doit frapper quelqu'un, — mais qui ? Elle l'a oublié: — vit-elle encore ? Serait-ce la terre qu'elle foule encore sous ses pas ? les cieux qu'elle aperçoit au-dessus de sa tête ? les hommes qui l'entourent ? ou étaient-ce des démons, ces visages sombres et sévères qui expriment la menace et le dédain pour une personne dont le seul regard, avant ce jour, les faisait tressaillir de bonheur ? Tout était confus et inexplicable pour son ame en délire : chaos de craintes et d'espérances étranges : tantôt riant, tantôt versant des larmes, mais toujours délirant dans chaque extrême, elle lutte avec ce songe convulsif : car il semblait peser sur elle de tout son poids : oh ! puisse-t-elle jamais ne connaître de réveil !

15. Les cloches du couvent sonnent, mais lentement et avec un son lamentable ; elles retentissent dans la tour grise et carrée qui répand çà et là leur son lugubre. Il arrive douloureusement sur le cœur ! Écoutez ! on chante l'hymne de mort, — l'hymne composée pour les habitans de la tombe, ou pour les vivans qui vont bientôt les rejoindre ! C'est pour l'ame d'un être qui s'en va que retentit l'hymne de

mort, et que tintent les cloches lugubres : il est près de la fin de sa carrière mortelle, à genoux aux pieds d'un moine ; triste à entendre — et pénible à voir, — à genoux sur la terre nue et froide, avec le billot devant lui, et les gardes autour ; — et le bourreau, le bras nu et prêt à frapper, examinant du doigt si le tranchant de la hache est aiguisé et sûr depuis la dernière fois qu'il en a fait usage, afin que le coup soit tout à la fois léger et prompt — tandis que la foule, dans un cercle muet, vient voir la tête du fils tomber par l'ordre du père.

16. C'est une de ces heures délicieuses qui précèdent le coucher d'un beau soleil d'été, qui s'est levé pour éclairer, comme par raillerie, de ses plus beaux rayons, un jour si tragique. Ces rayons tombent à l'approche du crépuscule sur la tête condamnée d'Hugo, au moment où il finissait sa dernière confession à l'oreille du moine, et où, déplorant son sort dans une sainte pénitence, il se penchait pour entendre de sa bouche les paroles sacrées d'absolution qui ont le pouvoir d'effacer nos taches criminelles ; ce fut dans ce moment que les feux du soleil vinrent briller sur sa tête, — dont les cheveux châtains retombaient en boucles pendantes à côté de son cou resté nu ; mais plus brillans encore tombèrent ses rayons sur la hache qui étincelait près de lui avec un éclat effrayamment livide. — Oh ! cette heure dernière était la plus amère des heures ! Les spectateurs même les plus durs furent glacés de ter-

reur : affreux était le crime, et juste la condamnation, — cependant ils frémirent à cette vue.

17. Les prières dernières de ce fils perfide, — de cet audacieux amant, sont terminées. Les grains de son chapelet et ses péchés ont été tous comptés, ses heures sont arrivées à leurs dernières minutes ; — son manteau lui a été enlevé, ses boucles de chevelure d'un brun châtain sont placées sous les ciseaux ; c'en est fait, — elles sont tombées sous l'instrument fatal : l'écharpe que Parisina lui a donnée — et qu'il a portée jusqu'à ce moment — ne doit pas le suivre au tombeau ; elle va lui être arrachée et un mouchoir couvrira ses yeux ; mais non, — ce dernier outrage ne sera point fait à son front superbe. Tous ses sentimens qui paraissaient subjugués se réveillèrent à demi dans un profond dédain, lorsque les mains de l'exécuteur voulurent lui bander les yeux, comme s'ils n'avaient osé voir la mort en face. « Non ! — mon sang et ma vie ne m'appartiennent plus, mes mains sont enchaînées ; — mais que je meure au moins les yeux libres ; frappe ! » Et en prononçant cette dernière parole, il incline sa tête sur le billot ; et il répéta sa dernière parole : « Frappe ! » — et soudain la hache tomba et sa tête roula, — et, bouillonnant, lourd, le tronc ensanglanté recula ; et de toutes ses veines jaillirent des flots de sang ; ses yeux et ses lèvres s'agitèrent un moment, dans une rapide convulsion — et devinrent fixes pour toujours !

Il mourut, comme un coupable devait mourir, sans parade, sans vaine ostentation ; il avait fléchi le genou et prié avec résignation, et sans dédaigner le secours d'un prêtre et sans désespérer de tout pardon en haut. Et tandis qu'il était agenouillé devant le prieur, son cœur était séparé de tout sentiment terrestre. — Son père irrité, — son amante bien-aimée, — qu'étaient-ils devenus dans ce moment? Plus de reproches, — plus de désespoir ; aucune pensée qui n'appartînt au ciel ; — aucune parole qui ne fût une prière, — excepté celles qui s'échappèrent de sa bouche, lorsque, voyant disposer son cou pour recevoir la hache de l'exécuteur, il avait demandé à mourir les yeux non bandés, seul adieu qu'il fit à ceux qui l'entouraient.

18. Muets comme les lèvres qui viennent d'être fermées par la mort, la poitrine de chaque spectateur ne pouvait respirer. Mais au loin, de l'un à l'autre, se communiqua un froid et électrique frisson au moment où la hache effrayante tomba sur la tête de celui dont la vie et les amours finissaient ainsi ; et il refoula au fond des cœurs, par un son étrange, un gémissement prêt à s'en échapper. Mais rien, outre le coup de la hache sur le billot, ne troubla plus le silence profond, excepté un — Quel est ce cri qui vient fendre l'air silencieux avec un accent si déliramment aigu — et qui passe si soudainement? Ce cri, semblable à celui d'une mère privée de son enfant par un coup inattendu, s'élève jusqu'au ciel,

comme celui d'une ame condamnée à d'éternelles souffrances. Partie des fenêtres du palais d'Azo, cette horrible voix perce les airs; et tous les regards sont tournés de ce côté. Mais on ne voit et on n'entend plus rien! C'était le cri d'une femme, — et jamais le désespoir ne s'exprima dans un accent plus délirant. Ceux qui l'entendirent souhaitèrent par pitié que ce fût le dernier de l'être qui l'avait laissé échapper.

19. Hugo n'est plus; et, depuis cette heure, on ne vit et on n'entendit plus Parisina dans le palais, ni dans les bosquets du jardin. Son nom, — comme si elle n'eût jamais existé, — fut banni de toutes les lèvres, comme les mots d'indécence ou de terreur. Et la voix du prince Azo ne fit jamais mention de sa femme ou de son fils, dont aucune tombe, — aucun monument ne consacre le souvenir. Leurs cendres ne furent point bénies par la religion; du moins celles du chevalier qui mourut en ce jour. Mais le sort de Parisina demeura enseveli dans l'obscurité, comme la poussière cachée dans le cercueil. Se retira-t-elle dans un couvent pour y gagner le ciel par le sentier pénible de la pénitence au milieu d'années flétries par les remords et des larmes sans sommeil? succomba-t-elle par le poison ou sous le poignard, pour la punir de ce coupable amour qu'elle osa éprouver? ou, frappée dans ce moment terrible, mourut-elle par des tortures moins prolongées; comme celui qu'elle vit la tête sur le billot, en par-

tageant le même sort par la main de l'exécuteur, qui prit en pitié sa faiblesse défaillante? Personne ne le sait — et on ne le saura jamais : mais quelle qu'ait été sa fin ici-bas, sa vie commença et finit dans les angoisses [3] !

20. Azo prit une autre épouse, et des fils vertueux grandirent à ses côtés : mais aucun d'eux ne fut aussi aimable et aussi vaillant que celui qui se consumait dans la tombe ; ou, s'ils le furent, — ils ne le parurent pas aux yeux froids de leur père qui les vit croître avec indifférence, ou avec des soupirs étouffés : mais jamais une larme ne vint sillonner sa joue, jamais sourire ne vint dérider son front ; et sur ce large front se creusèrent les rides profondes de la pensée, ces sillons que le dévorant passage du chagrin y imprime incessamment ; cicatrices des blessures profondes qu'a laissées la lutte ardente de l'ame. Il n'y eut plus pour lui ni joie ni douleurs. Il ne lui restait plus rien ici-bas que des nuits sans sommeil et des jours pleins d'ennuis, une ame également morte au blâme comme à la louange, un cœur qui se fuyait lui-même et cependant ne voulait pas céder — ni oublier ; et c'était lorsque ses sentimens et ses souvenirs semblaient le moins l'assiéger, que sa pensée était la plus intense, — qu'il sentait le plus vivement. La glace la plus épaisse ne peut durcir que la surface du fleuve ; — le courant fuit toujours rapide au-dessous — et ne peut cesser de couler. L'ame d'Azo, ainsi couverte de glace à sa

surface, était encore hantée par des pensées que la nature y avait implantées. Elles y étaient enracinées trop profondément pour s'évanouir; quoique l'on puisse tarir les larmes. Lorsque, s'efforçant de s'échapper, nous voulons leur fermer le passage, elles ne sont point taries; — ces larmes non versées refluent vers leur source et y restent plus pures, plus durables, invisibles, mais non glacées, et d'autant plus chéries, qu'elles sont moins révélées.

Conservant encore des retours de tendresse pour ceux dont il avait abrégé la vie, n'ayant pas le pouvoir de remplir de nouveau le vide qui le désolait, sans espoir de rencontrer les objets de ses regrets là où les ames des justes jouiront de la félicité éternelle, convaincu de la justice du décret qu'il avait porté contre ceux qui avaient mérité cette condamnation; Azo cependant traînait une vieillesse malheureuse. Si les branches malades d'un arbre sont coupées avec soin, cet arbre en recueille de la vigueur et voit reverdir avec plus de force tout ce qui lui reste de branchage; mais si la foudre, dans sa fureur, consume ses tendres bourgeons, le tronc massif se dessèche et ne produit désormais plus de feuilles.

FIN DE PARISINA.

NOTES

DE PARISINA.

NOTE 1, PAGE 337.

Les vers contenus dans la 1re section ont été imprimés pour être mis en musique, il y a quelque tems; mais ils appartenaient au poème qui paraît maintenant, dont la plus grande partie fut composée avant *Lara*, et d'autres ouvrages publiés postérieurement à ce dernier poème.

NOTE 2, PAGE 345.

Haught — haughty. —

Away, haught *man, thou art insulting me.*
(SHAKSPEARE, *Richard II.*)

Cette note porte sur l'emploi du vieux mot *haught*.
(*N. du Tr.*)

NOTE 3, PAGE 354.

« Ceci fit diversion à une année calamiteuse pour le peuple de Ferrare, car il arriva dans cette ville un événement extrêmement tragique. Nos annales imprimées et manuscrites, à l'exception de l'ouvrage grossier et négligé de Sardi, et un autre, en ont donné la relation, de laquelle cependant on a rejeté plusieurs détails, spécialement le récit de Bandelli qui écrivit un siècle après, et qui ne s'accorde pas avec les historiens contemporains.

» D'après le *Stella dell' assassino*, mentionné ci-dessus, le marquis, en l'année 1405, eut un fils nommé Hugo, jeune homme beau et franc. Parisina Malatesta, seconde femme de Niccolo, comme la plupart des belles-mères, le traitait avec peu d'affection, à la grande douleur du marquis qui l'aimait avec prédilection.

» Un jour elle prit congé de son mari pour entreprendre un certain voyage, auquel il consentit, mais sous la condition qu'Hugo l'accompagnerait; car il espérait par ce moyen l'amener enfin à abandonner l'aversion obstinée qu'elle avait conçue contre lui. Son intention fut trop bien remplie, puisque pendant le voyage elle ne perdit pas seulement toute sa haine, mais elle tomba dans l'extrême opposé. Après son retour, le marquis ne tarda pas long-tems à apprendre ce qu'il en était. Il arriva un jour qu'un domestique du marquis, nommé Zoese, ou, comme d'autres l'appellent, Giorgio, passant devant les appartemens de Parisina, vit en sortir une de ses femmes de chambre, tout éplorée. Lui en ayant demandé la raison, elle lui répondit que sa maîtresse, pour quelque léger tort, l'avait frappée; et, donnant cours à son ressentiment, elle ajouta qu'elle pourrait être facilement vengée, si elle faisait connaître la criminelle familiarité qui existait entre Parisina et son beau-fils. Le domestique retint ces paroles, et les rapporta à son maître qui en fut tellement frappé, qu'il en crut à peine ses oreilles. Il s'assura du fait, hélas ! trop clairement, le 18 mai, en regardant à travers un trou pratiqué dans le plafond de la chambre de sa femme. Aussitôt il éclata en fureur, et arrêta les deux complices avec Aldobrandino Rangoni de Modène, gentilhomme de Parisina, et aussi, dit-on, deux de ses femmes de chambre comme complices de ce crime. Il ordonna qu'ils fussent tous mis promptement à la question, disant que les juges prononçassent la sentence dans les formes accoutumées sur les accusés.

Cette sentence fut la mort. Il y eut des personnes qui intercédèrent en faveur des condamnés, entre autres Ugocciono Contrario, qui avait tout pouvoir sur l'esprit de Niccolo, et son ministre âgé et dévoué, Alberto dal Sale. Tous les deux, en versant des larmes et à genoux devant le marquis, implorèrent sa pitié, ajoutant toutes les raisons qui leur étaient suggérées pour qu'il épargnât les coupables, en outre des motifs d'honneur et de décence qui devaient l'engager à cacher au public une si scandaleuse action. Mais sa colère le rendit inflexible, et il commanda à l'instant que la sentence fût mise à exécution.

» Ce fut alors dans les prisons du château, et précisément dans ces effrayans donjons que l'on voit encore maintenant, sous la chambre appelée Aurora, au pied de la Tour du Lion, en haut de la rue Giovecca, que, dans la nuit du 22 mai, furent décapités, d'abord Hugo, et ensuite Parisina. Zoese, celui qui l'avait accusée, conduisit cette dernière par le bras au lieu du supplice. Elle s'imagina, tout le tems, qu'on allait la jeter dans un puits; et elle demandait à chaque pas si elle n'était pas encore arrivée à l'endroit qui lui était destiné. Il lui fut répondu que le châtiment qui l'attendait était celui de la hache. Elle demanda ce qu'était devenu Hugo, et elle reçut pour réponse qu'il était déjà décapité. A ces paroles elle poussa un profond soupir, et s'écria : « Alors, maintenant, » je ne désire pas conserver la vie! » Étant arrivée près du billot, elle arracha de ses propres mains tous ses ornemens; et enveloppant sa tête d'un mouchoir, elle la présenta au coup fatal qui termina cette cruelle scène. Rangoni et les deux amans, selon deux calendriers de la Bibliothèque de Saint-François, furent ensevelis dans le cimetière de ce couvent. Rien n'est connu concernant les femmes.

» Le marquis veilla pendant toute cette nuit terrible; et, comme il marchait de côté et d'autre, il demanda au capitaine du château si Hugo était déjà décapité. Il lui répondit qu'oui. Il se livra alors aux lamentations les plus désespérées, en s'écriant : « Oh! que ne suis-je mort moi-même » avant d'avoir été emporté à faire exécuter ainsi mon cher » Hugo! » Et rongeant alors avec ses dents une canne qu'il avait à la main, il passa le reste de la nuit dans les soupirs et les larmes, en appelant souvent son cher Hugo. Le jour suivant, se rappelant qu'il était nécessaire de se justifier publiquement, en voyant que la chose ne pouvait pas rester secrète, il ordonna que le récit en fût écrit sur le papier, et envoyé dans toutes les cours d'Italie.

» En recevant cette communication, le doge de Venise, Francesco Foscari, donna des ordres, sans en publier les raisons, pour que l'on différât les préparatifs du tournoi qui, sous les auspices du marquis, et aux dépens de la cité de Padoue, était sur le point d'avoir lieu, dans la place Saint-Marc, afin de célébrer son avénement à la chaire ducale.

» Le marquis, en outre de ce qui avait été déjà fait, ordonna, par un inconcevable excès de vengeance, que, autant qu'il y aurait de femmes mariées qu'il saurait être infidèles comme sa femme Parisina, elles fussent, comme elle, décapitées. Parmi celles-ci, Barbarina, ou, comme d'autres l'appellent, Laodamia Romei, femme du juge de cour, subit cette sentence, à la place accoutumée de l'exécution, c'est-à-dire dans le quartier de Saint-Jacques, à l'opposé de la forteresse actuelle, au-delà de celui de Saint-Paul. On ne peut dire combien ces procédés parurent étranges dans un prince qui, en considérant son propre caractère, avait été, à ce qu'il paraît, beaucoup plus indulgent dans des cas semblables. Il s'en trouva, cependant, qui ne manquèrent pas de l'en féliciter. »

(FRIZZI. — *Histoire de Ferrare*.)

Nous ferons suivre cette note d'un extrait du *Globe* sur la découverte d'une *Nouvelle* italienne très-ressemblante à *Parisina*, et d'où le critique pense que Byron a pu puiser le sujet de ce poème. Sans adopter cette supposition, il paraîtra néanmoins curieux de comparer le poème de Byron avec l'analyse suivante de la *Nouvelle* italienne.

(*N. du Tr.*)

LE SUJET DE PARISINA

TRAITÉ PAR UN AUTEUR ITALIEN DU SEIZIÈME SIÈCLE.

« On nous communique une *Nouvelle* italienne du seizième siècle, d'un auteur oublié, et où se retrouvent les données principales et quelques-uns des détails du poème de *Parisina*, l'un des plus remarquables, comme l'on sait, de Lord Byron. Nous croyons faire plaisir à nos lecteurs en leur offrant quelques traits d'un parallèle qui nous a paru curieux. M. Rabbe *, à qui nous devons cette intéressante communication, se propose de publier incessamment une collection de *Nouvelles* dont celle-ci fait partie ; et alors chacun pourra, avec les pièces sous les yeux, juger en toute connaissance de cause, si l'on ne pourrait pas au moins reprocher à Lord Byron une simple réticence, lorsqu'il assure avoir pris le sujet de *Parisina* dans les *Mélanges historiques* de Gibbon **.

---

* M. Rabbe a été enlevé aux lettres, qu'il honorait par son caractère et ses talens, avant d'avoir fait cette publication.

** Il paraît très-probable que Byron n'en a pas eu connaissance ; sa franchise sur ses emprunts littéraires ne permet guère d'en douter. D'ailleurs la note qui précède, tirée de l'historien italien Frizzi, explique suffisamment l'origine de ce poème.

(*N. du Tr.*)

» Le fond du poème de Lord Byron et de la *Nouvelle* de l'auteur italien n'est autre que l'antique fable de Phèdre : c'est l'amour incestueux d'un jeune homme pour sa belle-mère. Dans Lord Byron et dans le romancier italien, l'Hippolyte succombe, et ne cesse pas d'être intéressant malgré sa chute. La catastrophe de ses amours est, dans l'un et l'autre, terrible et attendrissante ; or la difficulté était bien plus grande pour les deux auteurs romantiques que pour le classique français, Racine, qui fit Hippolyte innocent et vertueux. Byron a supposé, pour triompher plus facilement de cette difficulté, que son héros, enfant illégitime, et enfant d'une mère qui avait été malheureuse, devait à son père moins de tendresse que de haine et de ressentiment. L'auteur italien n'a pas pris plus de précaution à cet égard que s'il racontait une histoire véritable. Il ne prépare d'excuse aux jeunes amans que dans le rapport de leurs âges, la conformité de leurs goûts et l'égalité de leurs charmes, opposés à la froide sévérité d'un mari et d'un père dont l'âge a déjà glacé les sens. La scène s'ouvre, dans le poète anglais, par un rendez-vous à la faveur des ombres de la nuit, et où les deux jeunes gens, livrés aux plus doux transports, pressentent, en se séparant, que c'est pour la dernière fois qu'ils viennent d'être heureux.

» L'auteur italien n'aborde pas son sujet au milieu de l'action. Il peint la naissance d'un amour criminel, les combats de la vertu dans deux cœurs formés pour elle, et enfin sa défaite. Consumé d'une passion qu'il n'ose avouer pour la femme de son père, Sergio tombe malade ; il est au lit de la mort, on désespère de lui ; et Conrad ayant inutilement interrogé son fils sur la cause cachée de son mal, s'abandonne à toute la douleur d'un cœur véritablement paternel. Une vieille nourrice sort, fondant en larmes, de la chambre du malade, et vient dire à Tibérie : « C'en est fait de Sergio ; il » meurt, et il veut mourir : voilà qu'il refuse toute nourri-

» ture.» Alors Tibérie lui dit : « Donne-moi ce que tu tiens;
» je vais le lui présenter moi-même : peut-être serai-je plus
» heureuse que toi. » Et, prenant le vase, elle l'approche de
Sergio mourant, lui parle avec douceur, le prie de manger un
peu pour l'amour d'elle, et porte à ses lèvres une cuillerée
du breuvage.

» Les soins et les douces paroles de Tibérie ont un plein
succès. Sergio recouvre la santé; la fraîcheur et l'incarnat de
la jeunesse brillent de nouveau sur ses joues. Conrad remercie
mille fois son épouse, et célèbre par des fêtes splendides la
convalescence de son fils. C'est au milieu de ces fêtes que le
drame se noue fortement. Les deux jeunes gens s'y parlent
avec moins de contrainte; leur mutuelle passion qu'ils n'osent
s'avouer redouble de force, et devient invincible comme la
destinée. « Malheureuse, s'écrie Tibérie en pleurant sur elle-
» même, tu as cherché le bonheur de celui qui fait aujour-
» d'hui ton supplice; tu as guéri celui qui te rend aujourd'hui
» malade; enfin tu as ressuscité celui qui te fait mourir! » On
pourra trouver que le goût italien du tems est un peu trop
prononcé dans ces antithèses; mais ce défaut s'efface dans
l'original, grâce à des détails qui ont tout le charme d'une
exquise naïveté.

« Un jour que Sergio témoignait sa reconnaissance à Tibé-
» rie, de la manière la plus passionnée, et qu'il lui disait :
» *Tibérie! je mourrais mille fois pour vous!* elle voulut ré-
» pondre à ces tendres sermens; mais soit allégresse, soit
» douleur, crainte ou espérance, plaisir ou peine, la voix lui
» manqua, et elle devint aussi immobile qu'un marbre : ses
» yeux parlèrent au défaut de sa langue, et versèrent un tor-
» rent de larmes. Sergio, surpris et attendri, se mit à pleurer
» avec elle; puis, prenant son voile, il en essuie ses joues co-
» lorées, et la conjure de lui découvrir la cause de sa peine.
» Tibérie, voyant ses pleurs et sa tendresse, revient à elle,

» s'enhardit, lui avoue son amour, et le prie à mains jointes
» d'avoir pitié d'elle, et de ne pas abuser de sa faiblesse et
» de son âge. »

» Mais Sergio n'entendit pas ces supplications de la pudeur mourante, et profita de l'occasion que lui offraient l'amour et la fortune. Dès lors il pénétra toutes les nuits dans l'appartement de Tibérie. Rien ne révélait aux yeux de Conrad ce commerce criminel protégé par le mystère le plus profond.

» Tous ces détails de passion sont supprimés dans *Parisina*. Elle passe des bras de son amant dans la couche conjugale, s'endort troublée sur le sein de son époux qui veille, et pendant son sommeil agité, le nom chéri d'Hugo s'échappe de sa bouche, et la fait découvrir.

» Dans l'auteur italien, elle se révèle par une autre circonstance. Des détails qui appartiennent au genre comique s'y glissent à travers l'émotion sérieuse de la narration. Ainsi, il est dit que Conrad ne visitait sa jeune épouse que le matin, ayant appris des médecins que c'est l'heure où les plaisirs de l'amour préjudicient le moins à la santé des hommes d'un certain âge. Un jour Conrad se présente à la porte de Tibérie bien avant l'heure où il avait coutume d'y venir. Surpris de trouver la porte fermée au verrou, il heurte avec force, et les deux amans s'éveillent épouvantés. Sergio fuit, et descend par la croisée dans la galerie qui le conduisait chaque soir dans les bras de sa maîtresse; mais, en fuyant, l'infortuné laisse des traces irrécusables de sa présence.

» Conrad, dont les soupçons ont été éveillés par la manière inusitée dont la porte était close, observe sa pâle et tremblante épouse. Le désordre de ses sens et l'embarras de ses réponses suffisaient pour la perdre; mais, pour mieux s'assurer de la vérité, Conrad, comme sans dessein, lui pose la main sur le cœur : un battement précipité ne lui laisse plus aucun doute. Alors, jetant ses regards tout autour de la chambre, il aperçoit, à la lueur de la lampe qui veille, un petit bonnet de drap rouge avec un cordonnet d'or, qu'il reconnaît pour appartenir à son fils, et que celui-ci avait oublié en se sauvant. Cependant il feint de s'endormir; et, en affectant le calme le plus parfait, il dissipe la crainte dans l'ame de la trop crédule Tibérie.

» Dans la scène que nous venons de mettre sous les yeux du lecteur, tout est mieux gradué, il faut en convenir, et plus vraisemblable que dans *Parisina*. Ce n'est point sur un mot échappé dans un rêve que le père outragé envoie sa femme et son fils à la mort. Ici, il y a de quoi être convaincu; car après avoir, sur de si positifs indices, guetté les deux amans, il vient, suivi de gardes et de bourreaux, les surprendre dans les bras l'un de l'autre. Le Hugo de Lord Byron, au moment de mourir, développe un fier et indomptable caractère. Il y a un assez long dialogue entre le père et le fils, etc. L'auteur italien marche avec beaucoup plus de rapidité au dénouement final. Dans son récit, les deux infortunés amans, accablés, ne songent ni à discourir ni à récriminer; ils demandent leur grâce à un père irrité et terrible, qui ne les entend pas. En effet, Conrad, ivre de fureur et de rage, les fait punir en sa présence même d'un supplice affreux. L'Italien laisse bien loin derrière lui le poète anglais pour l'énergie et l'horrible vérité de cette peinture. Mais au milieu de ce luxe sanglant de férocité, il y a des traits d'un pathétique qui déchire l'ame; et c'est pourquoi nous ne craindrons pas de citer encore ce morceau de la fin :

« Dès qu'on fut arrivé à la galerie, on posa une échelle
» sous la fenêtre qui donnait dans l'antichambre de la prin-
» cesse. Conrad y monta le premier, ensuite le capitaine et
» le reste de leurs gens. Ils courent dans la chambre avec des
» torches et des lanternes à la main. Comme les deux amans
» étaient endormis dans les bras l'un de l'autre, le vieillard
» entra sans être entendu. Furieux, il va droit au lit, suivi

» de son escorte; et du même mouvement, tirant rideau et
» couverture, il s'écrie d'une voix tonnante : *Voilà donc*
» *l'honneur que me font mon fils et ma femme! Que la ven-*
» *geance soit terrible!*

» Sergio et Tibérie, s'éveillant en sursaut au milieu de ces
» torches qui n'éclairaient que des figures menaçantes et les
» transports d'un père outragé, demeurèrent immobiles d'é-
» tonnement et d'effroi; à peine respiraient-ils. *Allons*, dit
» Conrad aux archers, *liez les pieds et les mains à ces deux*
» *misérables; hâtez-vous.* Cela fait, se tournant vers le bour-
» reau qu'il avait amené : *A toi*, dit-il. Le bourreau s'avance,
» crève les yeux à Sergio, et lui arrache la langue avec des
» tenailles, au moment où il exprimait encore des paroles
» de repentir et de supplication; on lui coupe ensuite les
» mains et les pieds. A cet affreux spectacle, Tibérie perd
» l'usage de ses sens. Conrad, dont la soif de vengeance n'é-
» tait pas assouvie, la ranime lui-même, et puis il la fait
» mutiler de la même manière qu'il vient de faire mutiler son
» fils. On jette ensemble les deux infortunés dans le lit où ils
» avaient été surpris. *Mourez*, leur dit-il, *mourez en proie*
» *au désespoir, dans ce même lit où vous avez vécu dans les*
» *délices, pour me trahir et me déshonorer.* A ces mots, il
» sortit avec tout le monde, referma la porte de la chambre,
» et se mit à se promener çà et là dans la salle, le cœur si
» endurci par cette fièvre de férocité, qu'il ne lui restait pas
» le moindre sentiment humain. Cependant ceux qui l'envi-
» ronnaient détestaient une justice si rigoureuse, et les bour-
» reaux eux-mêmes étaient effrayés de l'horrible vengeance
» dont ils avaient été les ministres.

» Les deux amans infortunés, sans langues, sans yeux,
» sans mains et sans pieds, et perdant à la fois leur sang
» par sept parties différentes de leurs corps, touchaient à leur
» moment suprême. Cependant, aux dernières paroles de

» Conrad, et en entendant fermer la porte, ils s'étaient rap-
» prochés à tâtons; et s'étant embrassés avec le reste de leurs
» bras, ils unirent leurs bouches, se serrèrent le plus qu'ils
» purent, et, dans cette sanglante et terrible étreinte, atten-
» dirent le dernier soupir. »

» Ce drame accablant est achevé, complété par le peuple indigné au bruit de cet excès de vengeance, qui vient en furie briser les portes du palais, massacrer les gardes, et traîner Conrad au supplice.

« De partout on avait investi le palais, et le peuple trans-
» porté criait : *Qu'il meure! qu'il meure, le cruel tyran! Au
» poteau! au gibet, le barbare!* Conrad, saisi dans l'asile où
» il avait essayé de se cacher, voulut inutilement exprimer
» un tardif repentir. Comme poussés à la vengeance par la
» justice divine, ils lui déchirèrent le visage, lui arrachèrent
» la barbe, et, attaché à un poteau sur la place publique, il
» fut lapidé par le peuple. Mis à mort, écrasé sous une nuée
» de pierres, il n'avait rien conservé de la figure humaine.
» Hommes, enfans, vieillards, c'était à qui l'accablerait; et
» enfin, il fut, pour ainsi dire, enseveli sous une montagne
» de pierres entassées. Après cette vengeance, on se rendit
» au palais, d'où l'on fit transporter les deux malheureux dans
» un tombeau, avec toute la pompe accoutumée. Le lende-
» main, les plus anciens citoyens s'étant assemblés prirent
» les mesures les plus sages pour le gouvernement du pays
» qui demeurait sans maître, et ils transformèrent leur prin-
» cipauté en une république qui subsista long-tems. »

(Extrait du *Globe* du 10 novembre 1825.)

FIN DES NOTES DE PARISINA.

LAMENTATION
DU TASSE.

AVERTISSEMENT.

A Ferrare (dans la Bibliothèque) sont conservés les manuscrits originaux de la *Jérusalem* du Tasse et du *Pastor fido* de Guarini, avec des lettres du Tasse, dont l'une est intitulée : *Titien à Aristote*. On voit aussi dans cette ville l'écritoire et la chaise, la tombe et la maison de ce dernier. Mais comme l'infortune inspire un grand intérêt à la postérité, et peu ou point à ses contemporains, la cellule où le Tasse fut emprisonné dans l'hôpital de Sainte-Anne attire plus l'attention que la résidence ou le monument élevé par l'Arioste, — au moins elle produit cet effet sur moi. Il y a deux inscriptions, l'une sur la porte extérieure, la seconde sur les murs de la cellule elle-même, invitant, non pas nécessairement, l'étonnement et l'indignation du spectateur. Ferrare est déchue, et a beaucoup perdu de sa population ; le château existe encore en entier, et j'ai vu la cour où Parisina et Hugo furent décapités, selon les *Annales* de Gibbon.

LAMENTATION
DU TASSE.

1. Longues années ! — Elles mettent à l'épreuve des souffrances le corps fragile et l'esprit d'aigle d'un enfant de la poésie. — Longues années d'outrages ! calomnie et persécutions, folie supposée, solitude emprisonnée, et le cancer dévorant de l'ame dans sa forme la plus redoutable, lorsque la soif impatiente de la lumière et de l'air dessèche le cœur ; et que la grille de fer abhorrée, souillant les rayons du soleil de son ombre hideuse, pénètre, par cette ombre, à travers la prunelle frémissante de l'œil, jusque dans le cerveau, en y portant un brûlant sentiment de pesanteur et de peine; quand, dénué de tout, la captivité déployée est là debout, raillant à travers la porte jamais ouverte, qui ne laisse rien passer à travers ses barreaux, excepté un peu de jour, et une nourriture dégoûtante que j'ai mangée seul, jusqu'à ce qu'elle eût perdu son amertume insociale. Je dois vivre comme une bête de proie, dînant tristement seul, étendu dans le caveau qui est mon

seul lieu de repos *, et — peut-être — mon tombeau. Tout cela m'a quelque peu abattu ; mais je n'y succomberai pas, je le supporterai. Je ne me courbe pas sous le désespoir ; car j'ai lutté avec mon agonie, et me suis donné des ailes pour m'envoler loin de l'enceinte étroite des murs de mon cachot, et j'ai délivré le saint sépulcre de l'esclavage, et je me suis réjoui parmi des hommes et des êtres divins, et j'ai porté ma pensée dans la Palestine, en mémoire de la guerre sacrée entreprise à l'honneur du Dieu qui a passé sur la terre et qui est maintenant dans le ciel ; car il a donné de la force à mon cœur et à mes membres. Afin que je puisse être pardonné pour les souffrances que j'éprouve, j'ai employé le tems de ma pénitence à rappeler comment le saint sépulcre de Jérusalem fut conquis, et comment il fut adoré.

2. Mais cette œuvre est accomplie, — ma tâche heureuse est finie ; j'ai perdu cet ami qui m'a soutenu pendant de longues années ! Si je dois souiller ta dernière page avec mes larmes, sache que mes peines ne m'ont encore fait arracher aucune de tes pages. Mais toi, ma jeune création ! l'enfant de mon ame ! qui venais toujours jouer et sourire autour de moi, et me faisais sortir de moi-même pour jouir des délices de ta vue ; hélas ! tu n'es plus ! — et avec toi a disparu mon bonheur. Cette dernière blessure

---

* *Which is my lair.*

portée à un roseau brisé me fait verser des larmes de sang. Hélas! tu es terminé! — Que me reste-t-il maintenant? Je n'ai que des angoisses à éprouver; — et dans l'avenir? j'ignore ma destinée; — mais je trouverai, dans l'énergie naturelle de mon ame, la force de tout supporter: Je n'ai pas succombé, parce que je n'ai pas de remords ni motif d'en avoir. Ils m'appellent insensé — et pourquoi! Oh! Léonore! ne leur répliqueras-tu pas? Mon cœur, en effet, était possédé d'un sentiment délirant pour élever mon amour aussi haut que tu es placée; mais encore ma frénésie n'appartenait pas à mon esprit. J'ai connu mon erreur; et j'en supporte la peine. Parce que tu es belle et que je n'ai pas été aveugle, voilà le crime qui m'a retranché du sein de l'humanité. Mais qu'ils agissent, qu'ils me torturent à leur volonté, mon cœur ne fera que reproduire davantage ton image. L'amour heureux peut abandonner l'objet de son affection; les amans malheureux sont les amans fidèles. C'est leur destin de voir tous leurs sentimens se fortifier au lieu de décroître; et chaque passion se concentre dans une seule, comme les fleuves rapides vont se confondre tous dans l'océan; mais le nôtre est incommensurable et n'a pas de rivage.

3. Au-dessus de moi, écoutez! le long cri maniaque d'ames et de corps dans la captivité! Écoutez les coups de fouet et les hurlemens croissans, et les blasphêmes à moitié inarticulés! Il y a là des êtres

pires que des fous frénétiques, quelques hommes dont l'esprit est égaré par une intolérable douleur; et sombre est la lumière qui leur est laissée avec d'inutiles tortures, ainsi que le veut leur tyran pour satisfaire sa volupté du mal. Je suis jeté parmi eux et parmi leurs victimes; c'est au milieu de ces soupirs et de ces cris que j'ai passé de longues années; c'est au milieu de soupirs et de cris semblables que doit se terminer ma vie. Qu'il en soit ainsi;— car alors je pourrai reposer dans la tombe.

4. J'ai souffert patiemment jusqu'ici, je supporterai encore patiemment mes souffrances: j'ai oublié la moitié de ce que je voulais oublier; mais si j'étais rendu à la vie, — oh! mon destin serait-il d'être oublieux comme je suis maintenant oublié ? — N'éprouverais-je pas de ressentimens contre ceux qui m'ont retenu dans cette vaste demeure de lépreux et des nombreuses douleurs? Là où le rire n'est point joyeux, où la pensée ne sort point de l'ame, où les paroles n'appartiennent pas au langage des hommes, où les hommes mêmes n'appartiennent pas à l'humanité, où les cris répondent aux malédictions, les gémissemens aux coups, et où chacun est torturé dans son cachot séparé; — car nous sommes jetés en foule dans nos solitudes*; séparés l'un de l'autre par des murs épais, qui répètent par l'écho les cris de la folie dans sa loquacité étrange; — tandis que

---

* *For we are crowded in our solitudes.*

chacun peut les entendre, personne ne fait attention à l'appel de son voisin, — personne! excepté un homme, le plus malheureux de tous, qui n'était point fait pour être le compagnon de ces insensés, ni pour être enfermé entre la folie et le malheur. N'éprouverai-je pas de ressentimens contre ceux qui m'ont jeté dans cette prison? qui m'ont avili dans l'esprit des hommes, en me refusant l'usage du mien, en flétrissant ma vie au milieu de sa carrière, en représentant mes paroles comme choses à éviter et à craindre? Ne leur ferai-je pas payer ces angoisses, et ne leur apprendrai-je pas les gémissemens étouffés de la douleur? Les efforts à faire pour rester calme, et la froide détresse qui détruit notre contentement stoïque? Non! — trop fier pour être vindicatif — j'ai pardonné les insultes de la princesse, et je voudrais mourir. Oui, sœur de mon souverain! pour toi je dissipe toute l'amertume de mon cœur; elle ne peut habiter où règne *ton* image. Les haines de ton frère, — je ne les maudis point; tu n'as pas pitié de moi, — mais je ne puis t'oublier.

5. Réfléchis sur un amour qui ne connaît pas le désespoir, mais dont toutes les affections non éteintes font encore son plus grand bonheur : vives et profondes, qu'elles demeurent encore dans mon cœur fermé et silencieux, comme la foudre accumulée habite dans son nuage, enveloppée de son noir et roulant linceul, jusqu'à ce qu'elle éclate, — et que le dard éthéré frappe au loin : ainsi au choc électri-

que de ton nom, la pensée ardente éclate en moi, et pour un moment toute autre pensée que la tienne disparaît; — elles ne sont plus, — je suis le même pour toi. Et cependant mon amour se fortifie sans ambition; je connaissais ta naissance, la mienne, et je savais qu'une princesse n'était point la compagne d'amour d'un poète. Je ne confiais point cet amour, je ne le murmurais point; il se suffisait à lui-même, il était à lui-même sa propre récompense; et si mes yeux l'ont révélé, hélas! ils ont été bien punis par le silence et la froideur des tiens, et cependant je ne me plains pas. Tu étais pour moi un reliquaire de cristal, adoré à une sainte distance, et dont je baisais respectueusement le parvis sacré qui l'entourait. Non pas parce que tu étais une princesse, mais parce que l'amour t'avait parée d'une auréole de gloire, et avait revêtu tes traits d'une beauté qui frappait d'étonnement, — oh! non pas d'étonnement, — mais d'une crainte respectueuse comme celle qu'inspire le Très-Haut; et dans cette douce sévérité il y avait quelque chose qui surpassait toutes les tendresses. — Je ne sais pas pourquoi — ton génie maîtrisait le mien; — mon étoile est encore devant toi : — s'il était présomptueux d'aimer ainsi sans espérance, cette triste fatalité m'a coûté cher. Mais par cela même tu m'es encore plus chère, et je passerais ma vie avec contentement, dans ce cachot qui me torture, — seulement pour l'amour de *toi*. L'amour, qui m'a visité dans mes chaînes, en a à moitié allégé la pesanteur; et pour le reste, quoiqu'elles soient encore pesantes, il me prête de la force pour les soutenir. Il te contemple avec un cœur tout entier à toi, et surmonte l'intensité de la douleur.

6. Cela n'est pas étonnant : — depuis ma naissance mon ame fut enivrée d'amour; cet amour a pénétré et s'est mêlé à tous les objets que j'ai vus sur la terre. Je faisais des idoles de ces objets inanimés, et des fleurs solitaires et sauvages, des rochers où elles croissaient, un paradis sous les arbres balancés duquel je me reposais à l'ombre, en y rêvant des heures sans nombre; quoique je fusse toujours grondé pour de semblables absences; et les sages secouaient leurs têtes blanches sur moi, et disaient que des hommes exaltés comme moi étaient fous, et qu'un gueux d'enfant comme moi finirait mal, et que la seule leçon que je méritasse était le fouet; et alors ils me frappaient, et je ne pleurais pas, mais je les maudissais dans mon cœur; et je retournais dans ma solitude cachée pour pleurer seul, et pour rêver de nouveau des visions qui naissent sans être livré au sommeil. Avec les années, mon cœur commença à palpiter de sentimens d'un trouble étrange, et d'une peine douce. Mon cœur tout entier s'exhalait dans un seul besoin, mais errant et indéfini, jusqu'au jour où je trouvai l'objet que je cherchais — et qui était toi. Dès lors tout mon être fut absorbé en toi;

— le monde avait disparu ; — tu avais dans mon cœur annihilé la terre !

7. J'aimai plus encore la solitude ; — mais je ne pensais guère à passer je ne sais quel tems de ma vie éloigné de toute communauté avec l'existence, excepté celle des maniaques et de leur tyran, à être leur compagnon bien des années avant que mon corps, comme les leurs, ait été livré aux vers de la tombe. Mais qui m'a vu en proie au désespoir, ou qui m'a entendu dans le délire? Peut-être, dans un semblable cachot, souffrons-nous plus que le matelot naufragé sur son rivage désert. Le monde est tout entier devant lui. — Le *mien* est *ici*, dans un espace à peine double de celui qu'ils seront obligés d'accorder à mon cercueil. Bien qu'*il* doive mourir, il peut élever les yeux ; et, d'un regard mourant, accuser le ciel. — Je n'éleverai point les miens pour une semblable plainte, quoiqu'ils soient couverts par la voûte de mon cachot.

8. Cependant j'éprouve de tems en tems que mon esprit s'affaiblit, mais avec le sentiment de sa décadence. — Je vois des lumières inaccoutumées briller sur les murs de ma prison, et un démon étrange, qui me vexe par des tours d'escamoteur et de petits tourmens accompagnés du sentiment de l'homme heureux et libre. Mais ce qui est le plus affreux pour celui qui a ainsi long-tems souffert, c'est la maladie du cœur, la petitesse du lieu qui

l'enferme, et tout ce qui peut être supporté sans mourir, ou qui peut avilir l'ame. Je pense que mes ennemis n'ont été que l'homme; mais des esprits ont pu se liguer avec lui : — toute la terre m'abandonne, — le ciel m'oublie ; — dans l'impuissance de me défendre, les pouvoirs du mal peuvent, la chose est possible, me tenter encore, et prévaloir contre la créature accablée qu'ils assaillent. Pourquoi mon esprit est-il éprouvé dans cette fournaise comme l'acier? parce que j'ai aimé, parce que j'ai aimé ce que je ne devais pas aimer, et que j'ai vu ce qui était plus ou moins que mortel et que moi.

9. J'ai été autrefois très-prompt à sentir — ce n'est plus. — Mes cicatrices sont durcies, car autrement j'aurais déjà brisé mon cerveau contre ces barreaux de fer, en voyant le soleil briller à travers comme par moquerie. — Si je supporte et si j'ai supporté ce que j'ai raconté, et tout ce qui n'a pas de paroles pour s'exprimer, c'est parce que je ne voulais pas mourir et sanctionner par un suicide le stupide mensonge qui m'enchaîne ici, imprimer profondément, par la flétrissure de la honte, la folie dans ma mémoire, et rechercher la compassion pour un nom flétri, en scellant la sentence que mes ennemis ont portée contre moi. Non — ce nom sera immortel! — et je fais de mon cachot actuel un temple pour l'avenir que les nations viendront visiter en mon honneur; tandis que toi, Ferrare! lorsque tes ducs souverains ne seront plus avec toi, tu tomberas en

ruines, tes palais écroulés seront déserts, la couronne d'un poète sera ta propre couronne, le cachot d'un poète ton monument le plus célèbre, aux yeux de l'étranger, qui contemplera tes murs dépeuplés. Et toi, Léonore! toi — qui fus honteuse de ce qu'un homme comme moi ait pu t'aimer, — qui rougis d'entendre que tu pouvais être chère à un cœur qui ne fût point celui d'un monarque; va! dis à ton frère que mon cœur, indompté par le malheur, les années, la lassitude — et peut-être par la flétrissure qu'il m'a imputée — et la longue infection d'une caverne comme celle-ci, où l'esprit est livré à la même pourriture que les habitans de l'abîme, t'adore encore; — et ajoute — que lorsque les tours et les créneaux qui gardent ses heures joyeuses de banquet, de danse, de fête, de débauche, seront oubliés ou laissés dans un honteux abandon, — ce cachot sera un lieu consacré! Mais toi, — quand toute cette magie de la naissance et de la beauté, qui t'entoure, sera dissipée, — tu auras encore la moitié du laurier qui ombragera ma tombe. Nul pouvoir dans la mort ne pourra séparer nos noms, comme aucun dans la vie ne peut t'arracher de mon cœur. Oui, Léonore! ce sera notre destin d'être unis pour toujours; — mais il sera trop tard!

FIN DE LA LAMENTATION DU TASSE.

POÉSIES INÉDITES
DE LORD BYRON.

AVERTISSEMENT
DES ÉDITEURS.

Les poésies qui suivent ont été publiées dans la dernière édition donnée par les frères Galignani à Paris. C'était pour nous un devoir de les reproduire ici avec les autres pièces inédites, pour faire connaître les œuvres complètes du poète. Elles n'ajouteront rien à sa gloire, quelques-unes étant des essais de sa jeunesse; mais plusieurs augmenteront l'estime qu'inspire son caractère, et que l'on s'obstine quelquefois à lui refuser, en considérant la tendance générale de ses autres poésies.

POÉSIES INÉDITES
DE LORD BYRON.

I.

VERS ADRESSÉS A L'OBJET DE SES AFFECTIONS

APRÈS SON MARIAGE.

Il fut un tems, je n'ai pas besoin de le nommer, puisqu'il ne sera jamais laissé dans l'oubli, — où tous nos sentimens, toutes nos émotions étaient les mêmes, comme mon ame est encore la même pour toi.

Et depuis cette heure où ta bouche m'avoua, pour la première fois, une flamme qui égalait la mienne, quoique mon cœur ait eu plus d'un tort envers toi, tort caché, et par là non ressenti par le tien,

Aucun cœur, — non, aucun cœur n'a été si profondément abattu, en pensant avec quelle rapidité cet amour s'était enfui, éphémère comme chaque infidèle baiser! — mais éphémère dans ton cœur seulement.

Cependant le mien éprouva quelques consolations en entendant récemment tes lèvres déclarer, par des accens crus autrefois sincères, que tu conservais le souvenir des jours qui ne sont plus.

Oui, mon adorée! et cependant ma cruelle amie; quoique tu ne veuilles plus aimer de nouveau, il m'est doublement doux de penser que le souvenir de cet amour se conserve dans ton cœur.

Oui, c'est pour moi une glorieuse pensée; mon ame ne se plaindra plus désormais, quelle que tu sois ou que tu puisses être; tu *as* été tendrement, uniquement à moi.

II.

EN QUITTANT L'ANGLETERRE.

C'en est fait! la chaloupe déploie ses blanches voiles au souffle frémissant de la brise fraîche qui siffle sur la cime du mât penché; — et moi, je dois m'éloigner de cette terre, parce que je n'en puis aimer qu'une.

Mais si je pouvais redevenir ce que j'ai été, si je pouvais revoir ce que j'ai vu, — si je pouvais de nouveau reposer sur le cœur qui rendit autrefois heureux mes plus ardens désirs; je ne chercherais pas un autre climat, parce que je n'en puis aimer qu'une.

Il y a long-tems que j'ai vu cet œil qui a causé mon bonheur ou mon infortune, et je me suis efforcé, mais en vain, de l'effacer de ma mémoire; car, quoique je m'éloigne d'Albion, mon amour est encore attaché à une seule.

Comme un oiseau solitaire et sans compagne, mon cœur abattu est désolé; je regarde autour de moi, et je ne puis rencontrer un sourire ami, ou un visage bien-venu; et même, dans les foules, je suis encore seul, parce que je n'en puis aimer qu'une.

Je traverserai les mers écumantes, et je chercherai un asile étranger; et jusqu'à ce que j'aie oublié un beau mais infidèle visage, je ne trouverai pas de lieu de repos. Je ne puis éviter mes noires pensées : l'amour me suit partout, mais l'amour pour une seule.

Le plus pauvre, le plus misérable de la terre trouve encore quelque foyer hospitalier où le doux regard de l'amitié ou de l'amour peut encore sourire dans le bonheur, ou consoler dans l'affliction; mais je n'ai ni ami, ni amante, parce que je n'en puis aimer qu'une.

Je pars ! mais, dans quelque lieu que j'aborde, il ne s'y trouve ni un œil pour pleurer avec moi, ni un cœur fraternel pour partager la moindre de mes peines; et toi, qui as détruit toutes mes espérances, tu ne trouveras pas pour moi un soupir, quoique je t'aie aimée seule.

De penser seulement à chaque scène de nos jeunesses, — de ce que nous sommes, de ce que nous avons été, — accablerait de douleur des cœurs plus faibles; mais le mien, hélas! a résisté à ce coup mortel : cependant il bat encore, comme au commencement de son amour, et il n'a jamais aimé fidèlement qu'un cœur.

Quel est ce cœur si cher, ce cœur bien-aimé ? il n'est point donné aux yeux vulgaires de le contempler; — et pourquoi cet amour a-t-il été si promptement traversé? tu le sais mieux que personne, — je l'ai éprouvé plus que tout autre : mais peu d'entre ceux qui habitent sous le soleil ont aimé aussi longtems et un seul objet.

J'ai essayé des chaînes d'une autre beauté remplie d'attraits et peut-être aussi belle à la vue ; je voudrais l'avoir aimée autant que toi ; — mais quelque charme indomptable défendait à mon cœur saignant d'accorder un retour de tendresse et d'amour à tout autre qu'à une seule.

Il me serait doux de te revoir au moment du départ, et de te bénir à mon dernier adieu ; cependant je ne désire pas que ces yeux pleurent sur celui qui va errer sur les vagues agitées, — quoique partout où ma barque portera mes pas fugitifs, je n'aime que toi, — je ne puisse aimer qu'un cœur.

III.

STANCES

DESTINÉES A ÊTRE RÉCITÉES A LA RÉUNION CALÉDONIENNE, EN 1814.

Quel est celui qui n'a pas jeté un regard sur la page où la Renommée a fixé le nom inconquis de la haute Calédonie, la terre des montagnes qui repoussa les chaînes des Romains et chassa loin d'elle les Danois aux crêtes de flammes, dont aucun ennemi ne pourrait dompter le brillant claymore et le bouillant courage, — qu'aucun tyran ne pourrait commander ?

Cette antique génération n'est plus, — mais leurs enfans respirent encore, et la gloire les couronne d'un double laurier ; elle brille sur les bannières confondues des Gallois et des Saxons ; et, Angleterre ! tu ajoutes leur valeur indomptable à la tienne. Le sang qui coula avec Wallace fut celui d'hommes libres ; mais, maintenant, il est versé seulement pour la gloire et pour toi ! Oh ! ne repousse pas la demande du vétéran du Nord ; mais prête-lui ton assistance, — le monde lui a donné la renommée !

Les plus humbles rangs, les braves les plus ignorés qui ont versé leur sang, tandis qu'ils suivaient avec ardeur la bannière orgueilleuse qui dormait sur le gazon flétri que leurs camarades, plus heureux, avaient foulé dans leur triomphe qu'ils nous ont légué, — c'est tout ce que leur destin accorde — à leurs enfans orphelins et à leur épouse solitaire : cette épouse peut, sur les sombres collines de la haute Albyn, élever vers le ciel un œil mélancolique et plein de larmes, ou contempler, tandis que des nuages prophétiques découvrent les malheurs anticipés du devin montagnard, le fantôme sanglant de chaque guerrier sombre dans ces nuages, ou éclatant dans les éclairs de la tempête. Alors elle entonnera le chant solitaire, la douce complainte sur celui qui n'est plus, — sur celui dont les restes éloignés demandent vainement le sauvage *requiem* de Coronach réservé au brave !

C'est le ciel — non l'homme — qui doit soulager

la douleur qui éclate lorsque les sentimens de la nature suivent leur cours; cependant la tendresse et le tems peuvent dérober aux larmes la moitié de leur amertume pour un être si cher : la reconnaissance de la nation cependant peut étendre un coussin sans épines sous la tête de la veuve; elle peut alléger les soins maternels de son cœur, et préserver du besoin les enfans du soldat.

IV.

STANCES

A CELLE QUI PEUT LE MIEUX LES COMPRENDRE.

Qu'il en soit ainsi! — nous nous séparons pour toujours! Que le passé ressemble au néant! Si je t'avais seulement *aimée*, jamais tu ne m'aurais été aussi chère.

Si je t'avais aimée, et que j'eusse été ainsi dédaigné, j'aurais pu mieux supporter cette injure; — lorsqu'il n'est pas récompensé, — l'amour est dompté par le sentiment naissant du mépris.

L'orgueil peut refroidir ce que la passion avait rendu brûlant, le tems peut dompter la volonté capricieuse; mais le cœur trahi par l'amitié palpite des battemens les plus insensés du malheur.

Si je t'avais aimée, — je pourrais te haïr maintenant, de cette haine qui est une consolation; je pourrais aller jusqu'à t'exécrer et assouvir ma vengeance par des paroles.

Mais il est un chagrin silencieux qui ne peut trouver aucune issue dans le langage, qui dédaigne d'emprunter aucun soulagement à ces hauteurs que le chant peut atteindre.

Comme une chaîne insonore qui rend esclave, — comme les rêves sans sommeil qui sont une raillerie, — comme les gouttes d'eau glacées qui tombent de la voûte d'un rocher caverneux,

Tel est le sentiment glacé et malade que tu as fait connaître à mon cœur ; par une blessure profonde tu l'as forcé à dérober au monde sa plus amère douleur !

Autrefois ce cœur te crut tendrement, orgueilleusement, tout ce que l'imagination peut se peindre ; autrefois il t'honorait, t'estimait, comme son idole, comme sa sainte !

Pour moi tu étais plus qu'une femme, et ce n'était pas comme un homme que mes regards s'arrêtaient sur toi ; pourquoi m'as-tu trompé comme une femme ? pourquoi as-tu accumulé sur moi une malédiction plus qu'humaine ?

N'étais-tu qu'un démon, empruntant le sourire de l'amitié et les artifices de la femme, et parée d'une beauté étrangère, jouant avec un cœur fidèle ?

Par cet œil qui put autrefois répondre par ses regards aux miens, par cette oreille qui put autrefois écouter les histoires que je te racontais ;

Par cette lèvre, prodigue de sourires, qui pouvait adoucir l'amertume des chagrins ; par cette joue qui brillait autrefois de tant d'éclat, et feignait de rougir aux paroles de la pure amitié ;

Par tous ces charmes trompeurs réunis tu as servi ta volonté capricieuse et flétri sans regrets celui que tu ne voulais pas obligeamment assassiner !

Cependant je ne te maudis point — dans ma tristesse, — je sens encore combien tu me fus chère. Oh ! je ne pourrais — même dans la folie — te condamner à la peine que tu mérites !

Vis ! et quand ma vie sera éteinte, puisse la tienne durer encore long-tems ; trop tard alors tu pourras découvrir par tes propres sentimens tout ce que j'ai dû ressentir contre toi !

Quand tous tes attraits seront fanés, — quand tes flatteurs ne t'encenseront plus ; — avant que le linceul de la mort ait dérobé aux regards la proie d'un reptile ; —

Avant cette heure — trompeuse sirène ! écoute-moi ! — tu ressentiras ce que j'éprouve maintenant, tandis que mon ame, voltigeant près de toi, murmure à ton oreille le vœu rompu de l'amitié !

Mais — il est inutile de te faire des reproches sur ta vie passée ou présente ; — ce que tu fus — mon imagination l'a rêvé ! ce que tu es — je le connais *trop tard !*

V.

MÉLODIES HÉBRAIQUES.

I.

C'est l'heure où le chant du rossignol retentit dans les bosquets ; — c'est l'heure où les vœux des amans semblent plus doux dans les paroles murmurées tout bas ; — les souffles du vent et les murmures des eaux apportent à l'oreille solitaire une musique harmonieuse. Les gouttes de la rosée du soir ont rendu brillante chaque fleur, et les étoiles se rassemblent dans les cieux, et les vagues deviennent plus azurées, et les feuilles ont une couleur plus brune, et dans l'espace règne encore ce clair-obscur si doucement sombre, si ténébreusement pur, qui suit le déclin du jour au moment où le crépuscule disparaît devant les rayons de la lune.

II.

Dans la vallée des eaux nous pleurons sur le jour où l'ennemi, où l'hôte de l'étranger fit sa proie de Jérusalem ; et nos têtes reposent tristement penchées sur nos seins, et nos cœurs sont pleins de la patrie absente.

Le chant qu'ils demandaient en vain, — il dort encore dans nos ames, comme le vent qui a expiré sur la colline ; ils demandaient nos chants sur la harpe, — mais ils versèrent notre sang avant que notre main droite leur fît entendre le moindre accord d'harmonie.

Nos harpes sans cordes sont suspendues sur les branches désolées du saule, aussi tristes, aussi muettes que les feuilles desséchées. Nos mains peuvent être enchaînées, — nos larmes sont encore libres pour notre prière et notre gloire, — et Sion! oh toi!

III.

Ils disent que l'espérance est du bonheur; mais l'amour natal peut honorer le passé, et la mémoire réveille les pensées qui consolent : elles se lèvent les premières — et se couchent les dernières; et tout ce que la mémoire aime le plus à se rappeler était autrefois notre seule espérance; et tout ce que cette espérance a adoré et perdu s'est conservé dans la mémoire.

Hélas! tout est déception; l'avenir nous abuse de loin; nous ne pouvons être ce que nous nous rappelons, et nous n'osons penser à ce que nous sommes.

VI.

FRANCISCA.

Francisca s'avance dans l'ombre de la nuit, mais ce n'est pas pour contempler les étoiles du firmament; et si elle s'asseoit dans le bosquet de son jardin, ce n'est pas par amour pour ses fleurs naissantes. Elle écoute, — mais ce n'est pas la voix du rossignol, quoique son oreille attende une histoire aussi tendre que la sienne. Le bruit d'un pas se fait entendre à travers l'épais feuillage, et sa joue devient pâle, et son cœur bat rapidement; une voix murmure à travers les feuilles frémissantes, et sa rougeur revient, — et son sein se soulève : un moment encore et ils seront réunis. — Il est passé, — son amant est à ses pieds.

VII.

LA RENOMMÉE, LA SAGESSE, L'AMOUR ET LE POUVOIR.

La renommée, la sagesse, l'amour et le pouvoir étaient à moi, et la santé et la jeunesse étaient à moi; mon verre se rougissait des vins de tous les climats, et d'aimables beautés me prodiguaient leurs caresses; je voyais briller mon cœur dans les yeux de la beauté, et je sentais mon ame s'attendrir; tout ce que peut accorder la terre, ou l'homme désirer, m'appartenait dans une royale splendeur.

J'essaie de compter les jours que la mémoire peut rappeler de l'oubli, avec tout ce que la vie ou la terre déploient de séductions; il ne s'est levé aucun jour, il ne s'est passé aucune heure de plaisir, sans être mêlé d'amertume; et aucun ornement de ma puissance ne brilla sans se flétrir.

Le serpent des campagnes se laisse prendre par des artifices et des charmes; mais celui qui entoure le cœur de ses replis, oh! qui a le pouvoir de l'arracher par un charme? Il n'est point docile à la science de la sagesse, et sa voix ne peut le séduire; mais il darde à jamais son venin dans l'ame qui est condamnée à ses tortures.

VIII.

LA PRIÈRE DE LA NATURE.

Père de la lumière! grand Dieu du ciel! entends-tu les accens du désespoir? Le crime de l'homme lui sera-t-il jamais pardonné? Le vice peut-il intercéder en sa faveur par la prière? Père de la lumière, je t'invoque! Tu vois mon ame triste et sombre; toi qui peux observer la chute du moineau, détourne de moi, la mort du péché; je ne cherche pas d'autels déserts, de sectes inconnues; oh! indique-moi le chemin de la vérité! je reconnais ta terrible toute-puissance; épargne, en l'amendant, les fautes de la jeunesse. Que les bigots élèvent des temples sombres, que la superstition bénisse leurs portiques, que les prêtres, pour prolonger leur règne de ténèbres, trompent les hommes par des contes de cérémonies mystiques. L'homme bornera-t-il la puissance de son créateur à de gothiques monumens de pierres périssables? Ton temple est le domaine du jour; la terre, l'océan, le ciel, sont ton trône sans limites.

L'homme condamnera-t-il sa race aux flammes de l'enfer, si elle ne fléchit le genou dans tes temples somptueux? Nous dira-t-il que tous, pour un qui pèche, doivent périr dans la tempête universelle? Chacun d'eux prétendra-t-il gagner le ciel, et condamner son frère dont l'ame conserve une espérance contraire, ou que des doctrines moins sévères inspirent? Ces hommes, par des croyances qu'ils ne peuvent expliquer, peuvent-ils préparer un bonheur ou un malheur imaginaire? Ces reptiles qui rampent sur la terre connaissent-ils les desseins de leur sublime créateur? Ces hommes qui ne vivent que pour eux seuls, dont les années s'écoulent dans un crime perpétuel, — ces hommes effaceront-ils tous leurs vices par leur foi, et vivront-ils au-delà des limites du tems?

Père! je ne recherche point les lois d'aucun prophète, — *tes lois* apparaissent dans les œuvres de la nature : — je me reconnais une créature faible et corrompue; cependant je t'adresserai mes prières, car tu veux les entendre! Toi qui guides les astres errans à travers les royaumes déserts de l'espace éthéré; qui apaises la guerre des élémens, et dont je reconnais la main puissante d'un pôle à l'autre : — toi qui, dans ta sagesse, m'as placé ici-bas; qui, quand tu le voudras, peux m'en retirer; ah! tandis que je parcours ma carrière sur ce globe terrestre, étends jusqu'à moi ta main protectrice. C'est toi, ô mon Dieu! c'est toi que j'invoque! Quel que soit le bien ou le mal qui m'arrive, je me relève où je succombe par ton ordre, je me confie dans ta protection. Si, lorsque cette poussière sera retournée à la poussière, mon ame s'envole sur des ailes aériennes, comme ton nom glorieux et adoré inspirera sa faible voix! Mais si cet esprit fugitif partage avec l'argile l'éternel sommeil de la tombe, tant que la vie circulera dans mes veines j'élèverai vers toi ma prière, quoique condamné à ne plus me relever de la couche de la mort. A toi j'adresse mes humbles chants, reconnaissant de toutes tes faveurs passées, et j'espère, ô mon Dieu, qu'à la fin cette vie errante retournera dans toi.

22 décembre 1806.

NOTE.

L'auteur de cette traduction a publié dans une brochure récente * deux extraits des *Védas*, en *sanskrit*, en *français* et en *persan*, qui offrent des idées tout-à-fait analogues à quelques-unes de la prière de Lord Byron, qui leur est de quatre ou cinq mille ans postérieure. Voici la fin :

« O soleil ! nourricier du monde ! solitaire anachorète ! dominateur et régulateur suprême ! fils de Pradjâpati ! écarte tes rayons éblouissans ! retiens ton éclatante lumière, afin que je puisse contempler ta forme ravissante, et devenir partie de l'être divin qui se meut dans toi !

» Puisse mon souffle de vie être absorbé dans l'ame moléculaire et universelle de l'espace ! Que ce corps matériel et périssable soit réduit en cendres !

» O Dieu ! souviens-toi de mes sacrifices, souviens-toi de mes œuvres ! souviens-toi de mes sacrifices, souviens-toi de mes œuvres !

» O Dieu du feu ! conduis-nous par le droit chemin. O Dieu ! tu connais toutes nos actions, efface nos péchés : nous t'offrons le plus haut tribut de nos louanges ! notre dernière salutation. »

* *Mémoire sur l'origine et la propagation de la doctrine du Tao, fondée en Chine par Lao-tseu, traduit du chinois, et accompagné d'un*

IX.

VERS

ÉCRITS SOUS L'IMPRESSION D'UNE MORT PROCHAINE.

. . . . ,

Oublierai-je ici la scène encore présente à ma pensée? Les rochers s'élèvent et les ruisseaux coulent dans les lieux champêtres que la passion rendait fortunés. Cependant, Marie, tous tes charmes m'apparaissent encore aussi frais que dans un songe délicieux d'amour. . . . .

. . . .

Oublie ce monde, ô mon ame agitée; tourne, tourne tes pensées vers le ciel; tu y dirigeras bientôt ton essor, si tes erreurs te sont pardonnées. Ignorée des bigots et des sectaires, incline-toi devant le trône du Tout-Puissant, adresse-lui ta tremblante prière. Lui, qui est clément et juste, ne rejettera pas la prière de l'enfant de la poussière, quoiqu'il soit le moindre objet de ses soins. Père de la lumière! j'élève vers toi mes accens; tu vois mon ame triste et sombre : toi qui peux observer la chute du moineau, détourne de moi la mort du péché. Toi qui guides l'étoile errante, qui apaises la guerre

---

commentaire tiré des livres sanskrits et chinois, etc.; suivi de deux *Oupanichads* des *Védas*, avec le texte sanskrit et persan. Par M. G. Pauthier, de la Société Asiatique de Paris. A la librairie orientale de Dondey-Dupré.

des élémens, qui as pour manteau les cieux immenses ; pardonne-moi mes pensées, mes paroles, mes crimes ; et puisque je dois bientôt cesser de vivre, apprends-moi comment je dois mourir.

1807.

X.

LES THERMOPYLES.

Ils sont tombés dans leur dévouement, mais ils sont immortels ; le souffle de la brise semblait soupirer leurs noms et les ondes le murmurer ; les forêts étaient peuplées de leur renommée ; la colonne silencieuse, solitaire et grise, réclamait un soupir pour leur poussière sacrée ; leurs ombres planaient sur la sombre montagne ; leur souvenir brillait dans la fontaine ; le plus faible ruisseau, le fleuve le plus impétueux roulaient leur éternelle renommée. En dépit du joug qu'elle porte, cette terre est encore celle de la gloire, et la leur ! elle est encore un mot d'ordre pour le monde. Quand l'homme veut accomplir une grande action, il regarde la Grèce, et se retourne, ainsi encouragé, pour marcher sur la tête des tyrans ; il la contemple, et il se précipite là où l'on perd la vie, ou bien où l'on conquiert la liberté *.

* Ces derniers vers sont répétés dans le *Siége de Corinthe*.
(N. du Tr.)

XI.

STANCES

COMPOSÉES EN REVOYANT UN LIEU OU MON NOM AVAIT ÉTÉ PRIMITIVEMENT GRAVÉ *.

Ici naguère les souvenirs de la jeune amitié attiraient les regards de l'étranger. Peu nombreuses étaient les paroles; — mais cependant, quoique peu nombreuses, la main du ressentiment les a effacées.

Elle creusa profondément, — mais elle n'effaça pas entièrement les caractères si unis, que l'amitié, revenue dans ce lieu, les considéra jusqu'à ce que la mémoire eût salué de nouveau les paroles.

Le repentir les rétablit dans leur état primitif, le pardon y joignit son nom aimable; et si belle l'inscription reparut, que l'amitié pensa que c'était la même.

Le souvenir encore aurait pu être beau; mais, hélas! en dépit des efforts de l'espérance, ou des larmes de l'amitié, l'orgueil s'est jeté à la traverse, et a effacé l'inscription pour toujours!

---

* Il y a quelques années, étant à Harrow, un ami de l'auteur avait gravé leurs deux noms dans un endroit écarté; il y avait même ajouté quelques mots de souvenir. Plus tard, à l'occasion d'une injure réelle ou imaginaire, l'auteur, avant de quitter Harrow, avait effacé ce fragile souvenir. En revoyant Harrow, en 1807, il écrivit ces stances à leur place.

XII.

A MON FILS *.

Ces tresses blondes, ces yeux bleus rappellent les couleurs de ta mère ; ces lèvres de rose, ces joues à fossettes, et ce sourire destiné à captiver le cœur, retracent une scène de bonheur, et touchent le cœur de ton père, ô mon enfant !

Et tu ne peux murmurer le nom de ton père. — Ah ! William ; si ce nom était le tien, sa conscience ne lui ferait point de reproche ; — mais — écartons ces idées, — les soins que je prendrai de toi pourront me procurer quelque paix. L'ombre de ta mère sourira dans sa joie, et pardonnera tout le passé, ô mon enfant !

Le gazon a recouvert ton humble tombe, et tu n'as connu que le sein d'une étrangère. Le préjugé peut rire dédaigneusement de ta naissance, et t'accorder à peine un nom sur la terre ; mais il ne sau-

---

* Un an ou deux avant la date donnée à ce poème, il écrivit de Harrow à sa mère, pour lui dire qu'il avait éprouvé dernièrement beaucoup d'ennui à l'occasion d'une jeune femme, maîtresse de son ami Curzon, qui venait de mourir. Cette femme, se trouvant alors sur le point de devenir mère, avait déclaré que Lord Byron était le père de son enfant. Byron assurait positivement sa mère qu'il n'en était rien ; mais persuadé comme il l'était que l'enfant appartenait à Curzon, il souhaitait qu'on en prît tout le soin possible, et priait sa mère d'avoir la bonté de se charger de lui. Une telle demande pouvait fort bien exciter l'humeur d'une femme plus douce que Mrs. Byron ; cependant elle répondit à son fils qu'elle accueillerait volontiers l'enfant, dès qu'il serait né, et qu'elle ferait pour lui tout ce qu'il désirait. Mais l'enfant mourut en venant au monde.

rait détruire une seule de tes espérances : — le cœur d'un père est à toi, ô mon enfant!

Laisse un monde insensible exprimer son dédain; dois-je, pour lui plaire, désavouer la voix de la nature? Ah! non; — quoique les moralistes me réprouvent, je te bénis, le plus cher enfant de l'amour, beau chérubin, gage de jeunesse et de joie : — un père veille sur ton berceau, ô mon enfant!

Oh! quel charme, avant que l'âge ait ridé mon front, avant que d'avoir épuisé à moitié la coupe de la vie, de contempler à la fois en toi un frère et un fils, et d'employer le reste de mes jours à réparer mon injustice envers toi, ô mon enfant!

Quoique ton père étourdi soit bien jeune encore, sa jeunesse n'éteindra pas en lui le feu de l'amour paternel; et quand même tu me serais moins cher, tant que l'image d'Hélène revivra en toi, ce cœur, plein de son souvenir, de son bonheur passé, n'en abandonnera jamais le gage, ô mon enfant!

1807.

XIII.

A UN AMI.

L'amitié est l'amour sans ailes *.

Pourquoi mon cœur affligé gémirait-il de ce que ma jeunesse est passée? je puis encore compter des jours heureux : la faculté d'aimer *n'est pas* encore

---

* Cette devise est en français dans l'original.

morte en moi. En revenant sur mes premières années, un souvenir durable, une vérité impérissable m'apporte une céleste consolation ; portez-la, souffles de la brise ! portez-la aux lieux où mon cœur s'émut pour la première fois. —

<blockquote>L'amitié est l'amour sans ailes.</blockquote>

........................*.

Séjour de ma jeunesse ! ton clocher lointain me rappelle toutes ces scènes joyeuses ; mon sein brûle de sa première flamme, — je redeviens enfant par la pensée. Ton bosquet d'ormeaux, ta colline verdoyante, chacun de tes sentiers me ravissent encore ; chaque fleur exhale un double parfum. Il me semble encore, au milieu de nos doux entretiens, entendre chacun de mes chers compagnons s'écrier :

<blockquote>L'amitié est l'amour sans ailes.</blockquote>

Mon Lycus ! pourquoi pleures-tu ? retiens tes larmes qui tombent ; l'affection peut dormir quelque tems, mais, oh ! sois-en sûr, elle se réveillera de nouveau. Pense, pense, mon ami, lorsque nous nous retrouverons, combien sera douce cette réunion si long-tems désirée ! Mon ame bondit de joie à cet espoir. Quand deux jeunes cœurs sont si pleins d'affection, l'absence, mon ami, ne peut que redire :

<blockquote>L'amitié est l'amour sans ailes.</blockquote>

---

* Il manque ici six stances que nous n'avons pu nous procurer.

XIV.

CHANSON.

Je ne dis pas, je n'écris pas, je ne murmure pas ton nom : le son m'en serait pénible ; je serais coupable de le divulguer. Mais cette larme qui brûle ma joue décèle les pensées profondes qui assiégent mon cœur silencieux.

Ces heures ont été trop courtes pour notre passion, trop longues pour notre repos ! — Leur joie ou leur amertume pourrait-elle cesser ? Nous nous repentons, — nous abjurons notre amour, — nous voulons rompre notre chaîne, — nous voulons nous séparer, — nous voulons nous fuir — pour nous unir encore !

Oh ! que le bonheur t'appartienne, que la faute ne soit qu'à moi ! Pardonne-moi, femme adorée ! — oublie-moi, si tu veux ; — mais ce cœur qui est à toi expirera sans s'abaisser ou s'avilir : et jamais *homme* ne le brisera ; — quoique *toi* tu en aies le pouvoir.

Fière avec les superbes, mais humble avec toi, sera toujours cette ame, dans sa noirceur la plus amère. Quand tu es à mes côtés, les jours passent plus rapidement ; et tous les momens me paraissent plus doux que si des mondes étaient à mes pieds.

Un soupir de ta douleur, un regard de ton amour, fixera, changera mon sort. Ceux qui n'ont point d'ame s'étonneront de tout ce que j'abandonne pour toi ; tes lèvres répondront, non aux leurs, mais *aux miennes.*

XV.

EN S'EMBARQUANT POUR LISBONNE.
A M. HODGSON.

En rade de Falmouth, 30 juin 1809.

1. Hourra ! Hodgson, nous voilà partis ; l'embargo est à la fin levé : une brise favorable agite les voiles, et les frappe contre le mât au-dessus duquel le pavillon de partance déploie ses orbes onduleux. Attention ! le coup de canon est tiré. Les cris des femmes effrayées et les juremens des matelots nous avertissent que le moment est venu. Voici monter à bord un coquin de douanier ; il faut tout ouvrir, tout montrer, malles, caisses, etc. Malgré tant de bruit et de fracas, il faut que le plus petit trou à rats soit visité, avant qu'on ne nous permette de partir à bord du paquebot de Lisbonne.

2. Nos matelots détachent les amarres : tout le monde aux rames ! Le bagage descend de dessus le quai ; nous sommes impatiens. En avant, poussez loin du rivage ! « Prenez garde ! cette caisse renferme des liquides. Arrêtez le bateau, je me sens malade : oh ! mon Dieu ! » — « Malade ! madame ; le diable m'emporte, vous le serez bien davantage quand vous aurez été seulement une heure à bord. »

Hommes, femmes, maîtres et valets, maîtresses et servantes, pressés les uns contre les autres comme des bâtons de cire, crient, se démènent et s'agitent. Que de bruit, que de fracas avant que nous n'atteignions le paquebot de Lisbonne!

3. Enfin nous l'avons atteint! Voilà le capitaine, le brave Kidd, qui commande son équipage. Les passagers sont parqués dans leur logement, les uns pour y grogner, les autres pour y vomir tout à leur aise. « Holà hé! appelez-vous cela une chambre? Cela n'a pas trois pieds carrés ; il n'y aurait pas de quoi contenir la reine Mab *. Qui diable peut loger là-dedans? » — « Qui, monsieur? beaucoup de monde. Vingt seigneurs à la fois ont rempli mon navire. » — « Vraiment! Jésus mon Dieu, comme vous nous pressez! Plût à Dieu que vos vingt seigneurs y fussent encore! j'aurais échappé à la chaleur et au bruit qui règnent à bord de ce beau navire, le paquebot de Lisbonne.

4. « Fletcher! Murray! Rob! où êtes-vous? étendus sur le pont comme des bûches! Un coup de main, vous, joli matelot; voilà un bout de corde pour fouetter ces chiens-là. » Hobhouse murmure des juremens terribles en roulant le long de l'écoutille; il vomit alternativement des vers et son déjeuner, et nous envoie tous à tous les diables. « Voilà

---

* *Queen Mab*; voyez, dans Shakspeare, la charmante description de cette petite reine des fées et de son petit équipage.

une stance sur la maison de Bragance... Au secours! »
— « Un couplet. » — « Non, une tasse d'eau chaude. » — « Qu'est-ce qu'il y a? » — « Diable! mon foie me vient sur le bord des lèvres! Je ne survivrai jamais au bruit et au fracas de ce navire brutal, le paquebot de Lisbonne. »

5. Enfin, nous voilà en route pour la Turquie; Dieu sait quand nous en reviendrons! Les vents violens et les sombres tempêtes peuvent en un moment briser notre vaisseau. Mais puisque, de l'avis des philosophes, la vie n'est qu'une plaisanterie, le mieux est encore de rire. Rions donc, comme je fais maintenant; rions de tout, des grandes et des petites choses. Bien portans ou malades, à la mer ou sur terre, tant que nous avons de quoi boire abondamment, rions. Que diable! peut-on se soucier d'autre chose? Holà hé! de bon vin! qui voudrait s'en laisser manquer, même à bord du paquebot de Lisbonne?

XVI.

RÉPONSE A UN AMI

QUI REPROCHAIT A L'AUTEUR SON INSOCIABILITÉ.

Mon cher Becher, vous me dites de me mêler à la société des hommes: je ne saurais nier que votre avis ne soit bon; mais la retraite convient mieux à mon caractère, je ne veux pas descendre jusqu'à un monde que je méprise.

Si le sénat ou les camps m'appelaient, l'ambition pourrait me faire sortir de mon heureux repos; et quand la jeunesse, ce tems d'épreuve, sera passée, peut-être je m'efforcerai d'illustrer mon nom.

Le feu caché dans les flancs caverneux de l'Etna couve long-tems et fermente en secret : à la fin un volume effroyable de flammes et de fumée révèle son existence; alors il n'y a point de torrens qui puissent l'éteindre, point de barrières qui puissent l'arrêter.

Oh! tel est le désir de gloire qui dévore mon cœur, qu'il m'ordonne de vivre pourêtre loué un jour de la postérité. Oh! si je pouvais, comme le phénix, prendre mon essor avec des ailes de feu; avec lui je serais content de mourir au milieu des flammes.

Pour une vie comme celle de Fox, pour une mort comme celle de Chatham, quelles censures, quels dangers, quelles haines ne brayerais-je pas? Leur vie ne s'est point terminée avec leur dernier souffle, leur gloire anime et vivifie le silence de leur tombeau.

XVII.

A LADY JERSEY,

SUR CE QUE LE PRINCE RÉGENT AVAIT EXCLU SON PORTRAIT DE SA GALERIE DE BEAUTÉS.

Lorsque le vain triomphe du maître impérial auquel Rome obéissait en l'abhorrant, offrit aux yeux vulgaires chaque buste glorieux qui représentait l'image d'un brave ou d'un juste, qu'est-ce que le regard scrutateur de la foule admirait le plus de tout ce que lui découvrait cette passagère exhibition? — Quel est le murmure d'étonnement que ce spectacle fit passer de bouche en bouche ? Le nom de Brutus, car son image était absente. Cette absence prouvait sa vertu ; cette absence fixait son souvenir dans tous les cœurs pensifs. — Si donc, belle Jersey ! notre regard admirateur cherche ton portrait, dans un muet étonnement, parmi tous ces charmes dépeints qui brillent avec moins d'éclat de ton absence, — si lui, ce vain et sot vieillard, admis par confiance l'héritier de la monarchie de son père, — si son œil corrompu et son cœur flétri ont pu supporter d'être séparés de ton image charmante, que cette honte sans goût lui reste, et à nous le regret de contempler une troupe de beautés sans leur *chef** !

Mais une pensée consolante nous rassure, nous perdons le portrait, mais nous conservons nos cœurs ! Qui peut maintenant visiter cette galerie vantée? C'est un jardin avec toutes ses fleurs, sans la *rose* ; une fontaine qui manque seulement d'eaux vives ; une nuit étoilée sans la présence de Diane ! Les portraits présens de chaque beauté sont perdus pour nos yeux, parce qu'en les contemplant, ils nous font rêver à *toi*. Cependant ton âge, à son midi, peut encore briller long-tems avec tout ce que la

---

* Ce mot est en français dans l'original.

vertu demande pour hommage ; l'élégance de la jeunesse, la grâce du maintien, l'œil qui inspire la joie, le front serein, la noirceur éblouissante de cette chevelure bouclée qui ombrage, en le laissant voir, ce front si beau * ; ce regard qui nous séduit, et cette vie qui jette un charme dont le pouvoir ne permet pas à nos regards de se reposer, mais les force à revenir et à découvrir toujours de nouveaux attraits. Rien n'est affaibli de ces charmes qui sont toujours aussi brillans, et même trop *éblouissans* pour la vue d'un *radoteur* **. Ils doivent attendre que chacun de ces attraits soit passé pour plaire au cœur chétif qui ne plaît à aucun ; à ce stupide et froid *sensualiste*, dont l'œil sec, dans sa noire envie, a écarté ton portrait ; et qui a mis à la torture son pauvre esprit pour réunir en soi la haine de la liberté, et l'amabilité qui t'appartient.

XVIII.

VERS ADRESSÉS A UNE JOLIE QUAKERESSE.

Aimable enfant ! quoique nous ne nous soyons rencontrés qu'une fois, je n'oublierai jamais cette entrevue ; et quoique nous ne devions plus jamais nous revoir, le souvenir me retracera toujours tes beaux traits. Je ne voudrais pas dire : *je t'aime* ; mais mes sentimens luttent encore avec ma volonté.

---

* *More than fair.*
** *Dotard.*

En vain pour t'arracher de mon cœur je repousse sans cesse mes pensées ; en vain je réprime mes soupirs prêts à s'échapper; un autre succède à celui qui est étouffé : peut-être n'est-ce pas de l'amour, mais cependant je ne puis jamais t'oublier. Quoique nous n'ayons pas rompu le silence, nos yeux ont parlé un langage plus doux. La langue dissimule dans un langage flatteur et exprime ce que le cœur ne sent point; la tromperie souille des lèvres coupables et fait taire les émotions du cœur ; mais les interprètes de l'ame, les yeux dédaignent une pareille contrainte, et méprisent tout déguisement. Ainsi — nos regards s'arrêtèrent souvent l'un sur l'autre, et nos cœurs s'entendirent, sans qu'un sentiment intérieur nous en ait blâmés ; dis plutôt que c'était le sentiment qui nous inspirait. — Quoique je réprime ce qu'il exprimait, cependant je conçois que tu veuilles en deviner une partie ; car, en même tems que ma mémoire réfléchit sur tes charmes, peut-être la tienne s'égare-t-elle jusqu'à moi.

Ainsi, pour moi du moins, je puis dire que ton image m'apparaît dans la nuit ; dans le jour ; dans la veille, mon imagination en est tout occupée ; — dans le sommeil, cette image me sourit dans des songes fugitifs ; — cette vision charme le cours des heures, et me fait maudire l'apparition de l'aurore qui vient dissiper mon sommeil plein de délices, et me fait désirer une nuit sans fin ! Oh ! quel que soit mon sort à venir, que le plaisir ou la douleur attende mes pas errans, séduit par l'amour, ou assiégé par la tempête, jamais, oh! jamais je n'oublierai ton image! Hélas! nous ne nous reverrons donc plus, nos premiers regards ne pourront plus se répéter! Alors, permets-moi de murmurer cette prière d'adieu, inspirée par l'inquiétude de mon cœur : « Puisse le ciel tellement protéger mon aimable quakeresse que la douleur ne puisse jamais l'atteindre ; mais heureux soit aussi, hélas! celui qui partage son cœur! Oh! puisse l'heureux mortel, destiné à lui être uni par les liens les plus étroits, lui apporter à chaque instant de nouvelles joies et perdre le titre de mari dans celui d'amant. Puisse ce beau sein ne jamais connaître ce que c'est que de ressentir une peine incessante, qui torture l'ame d'un vain regret pour l'objet — *que l'on ne peut jamais oublier.* »

XIX.

A M. MOORE.

O vous qui, sous tous les noms, avez le don de charmer la ville, Anacréon, Tom-Little, Tom-Moore ou Tom-Brow ; — car que je sois pendu si je sais de quoi vous devez être le plus fier, de vos in-quartos à deux guinées, ou de vos petits livres à 4 sous. . .
. . . .

Mais maintenant à ma lettre ; — c'est une réponse à la *vôtre.* — Soyez demain chez moi, aussitôt que vous le pourrez, monsieur, tout habillé, tout prêt pour aller voir l'esprit en prison*. Plaise à Phébus que nos péchés politiques ne nous procurent pas aussi un logement dans ce même palais! Je suppose que ce soir vous êtes engagé et que vous avez déserté Samuel Rogers pour les *bas-bleus* de Sotheby; moi-même, bien qu'accablé d'un rhume qui me tue, il faut que je me chausse et que j'aille faire visite aux Heathcote; mais demain, à quatre heures, nous jouerons tous les deux le *Scurra*; vous serez Catulle, et le régent, *Mamurra*.

XX.

ÉPITRE

ÉCRITE EN RÉPONSE A QUELQUES VERS D'UN AMI QUI EXHORTAIT LORD BYRON A BANNIR TOUT SOUCI.

Oh! bannissons les soucis! que telle soit toujours ta devise à l'heure du plaisir! Peut-être aussi la mienne, lorsque, dans de nocturnes orgies, je cherche ces délices enivrantes, par lesquelles les fils du désespoir tentent d'assoupir le cœur et de bannir les chagrins.

Mais, à l'heure matinale des méditations, quand le présent, le passé, l'avenir nous effraient de leurs

---

* M. Leigh Hunt, l'éditeur de l'*Examiner*, alors dans la prison des *Champs du Bain froid* (*Cold Bath fields*), pour un libelle contre le prince régent. Lord Byron et M. Moore lui avaient promis de dîner ensemble.

sombres images, quand je reconnais que tout ce que j'aimais est changé ou n'est plus, ne viens pas irriter, par ces maximes importunes, les douleurs d'un homme dont chaque pensée...... Mais pourquoi en parler? tu sais que je ne suis plus ce que j'étais naguère; et surtout, si tu tiens à conserver une place dans un cœur qui ne fut jamais froid, je t'en conjure par toutes les puissances que les hommes révèrent, par tous les objets qui te sont chers, par ton bonheur ici-bas et tes espérances d'une autre vie, garde-toi, oh! garde-toi de jamais me parler d'amour.

Il serait trop long de raconter, et sans utilité d'entendre la triste histoire d'un homme qui dédaigne les larmes; ce récit ne réveillerait que peu de sympathie dans les cœurs vertueux; mais le mien a souffert plus qu'il ne convient à un philosophe de l'avouer. J'ai vu ma fiancée devenir l'épouse d'un autre, je l'ai vue assise à ses côtés; j'ai vu l'enfant que son sein a porté sourire doucement comme faisait sa mère, lorsque, jeunes tous deux, nous nous regardions en souriant, innocens et purs comme cet enfant; j'ai vu ses yeux, chargés d'un froid dédain, chercher à découvrir si j'éprouvais quelque douleur secrète; et moi, j'ai bien joué mon rôle : j'ai commandé à mon visage de ne pas trahir les angoisses de mon cœur, je lui ai renvoyé des regards aussi glacés que les siens; et pourtant, cette femme! je me sentais encore son esclave! J'ai baisé d'un air d'indifférence l'enfant qui aurait dû être le mien, et chacune de mes caresses n'a que trop prouvé que le tems n'avait pas affaibli mon amour. Mais laissons ces tristes souvenirs : je ne veux plus gémir ; je n'irai plus chercher quelque repos sur la rive orientale : le monde convient bien au tumulte de mes pensées ; je reviendrai me jeter dans son tourbillon. Mais si, dans un tems à venir, quand les beaux jours d'Albion seront sur le déclin, tu entends parler d'un homme dont les crimes profonds sont dignes des époques les plus noires, d'un homme que ni l'amour ni la pitié ne touchent, aussi insensible à l'espoir de la célébrité qu'aux louanges des hommes vertueux ; d'un homme qui, dans l'orgueil d'une inflexible ambition, ne reculera pas même devant la crainte de verser le sang ; d'un homme que l'histoire mettra au rang des anarchistes les plus violens du siècle ; cet homme, tu le connaîtras ; mais alors suspends ton jugement, et que l'horreur de ces *effets* ne te fasse pas oublier quelle fut leur *cause*.

XXI.

A UN JEUNE AMI,

LE FILS DE L'UN DE SES FERMIERS A NEWSTEADT.

Que la sottise sourie en voyant ton nom et le mien unis par l'amitié ; la vertu roturière a plus de droits pour être aimée que le vice anobli.

Quoique ton sort ne soit pas égal au mien, depuis

qu'un titre est venu m'appeler aux honneurs de la pairie, cependant n'envie point cet état fastueux ; le tien est l'orgueil du mérite modeste.

Nos ames au moins n'ont point de titres qui les distinguent, et ton humble condition ne peut déshonorer mon rang élevé ; notre liaison n'en doit pas être moins douce, puisque le mérite remplace en toi la naissance.

Novembre 1800.

XXII.

SUR SES LIAISONS DE COLLÉGE.

N'y a-t-il point quelque autre cause qui rende ce mot d'enfance si cher à tout le monde? Ah! sûrement il y a une voix secrète qui nous dit tout bas que l'amitié sera doublement douce à celui qui est obligé de chercher des cœurs aimans, de les chercher hors du sein de sa famille, quand il ne peut les y trouver. Ces cœurs, chère Ida *, je les ai trouvés dans ton sein ; tu as été pour moi une famille, un monde, un paradis!

XXIII.

EN RENCONTRANT UN ANCIEN CAMARADE D'ÉCOLE,
APRÈS UNE LONGUE SÉPARATION.

Si par hasard quelque figure que je me rappelle bien, quelque ancien camarade de mon enfance vient,

---

* Nom poétique de l'école d'Harrow.

une honnête joie peinte sur la figure, réclamer en moi son ami, mes yeux, mon cœur, tout montre que je suis encore un enfant ; la scène éblouissante, les groupes bruyans qui m'entourent disparaissent devant l'ami que je viens de retrouver.

XXIV.

A LA MÉMOIRE.

VERS ÉCRITS DANS LA CRAINTE OÙ L'AVAIT PLACÉ L'OBJET DE SON CHOIX PRÈS DE SE MARIER A UN AUTRE.

Oh! mémoire! ne me torture pas davantage, le présent est perdu pour moi ; mes espérances de bonheur futur sont détruites : par pitié, dérobe-moi le passé. Pourquoi viens-tu me montrer des images que désormais je ne dois plus voir ?.. Ah! pourquoi viens-tu renouveler ces heures de bonheur qui ne m'appartiennent plus ? Le plaisir passé double la douleur présente ; il ajoute des regrets au chagrin : regrets et espérance sont tous deux vains ; je ne demande plus que — l'oubli.

XXV.

APRÈS AVOIR FAIT SES ADIEUX A MISS CHAWORTH.

Collines d'Annesley, sombres et nues, où s'égarait ma jeunesse insouciante, comme les tempêtes du Nord, en faisant la guerre aux élémens, rugissent sur tes cimes nuageuses !

Je ne verrai plus, trompant les heures, errer sur

vos penchans, les habitans favoris de ces contrées; je ne verrai plus ma Marie, souriant, vous rendre à mes yeux un séjour digne du ciel.

XXVI.

EN RECEVANT UN PRÉSENT D'UN PAUVRE AMI.

Quelques-uns, qui sourient aux liens de l'amitié, m'ont souvent reproché ma faiblesse; cependant j'estime le simple don, car je suis sûr d'être aimé par celui qui me l'offre *.

XXVII.

FRAGMENT D'UN POÈME
SUR UN JEUNE CHÊNE QUE L'AUTEUR AVAIT PLANTÉ A NEWSTEADT.

Jeune chêne, quand je te plantai profondément en terre, j'espérais que tes jours seraient plus longs que les miens, que tes branches jetteraient une ombre autour de moi, et que le lierre entourerait ton tronc comme un manteau.

Telles étaient mes espérances dans les années de l'enfance, quand je te plantai avec orgueil sur la terre de mes aïeux. Ces jours sont passés et je t'arrose de mes larmes; les mauvaises herbes qui t'entourent ne peuvent voiler aux yeux ton triste dépérissement.

---

* Le poème d'où ces vers sont extraits fut écrit en recevant une cornaline d'un jeune homme qui occupait l'emploi de choriste à Cambridge, et auquel sa seigneurie Lord Byron était beaucoup attaché.

Je t'ai quitté, mon pauvre chêne, et depuis cette heure fatale, un étranger est le maître du château de mon père.

XXVIII.

A MA CHÈRE MARIE ANNE.

Adieu pour toujours à la dame Marie! je dois promptement m'éloigner d'elle. Quoique le destin nous sépare l'un de l'autre, son image vivra toujours dans mon cœur.

La flamme qui brûle dans mon sein ne ressemble point à celle qui embrâse les cœurs des amans; l'amour que je sens pour Marie est bien plus pur, que celui qu'inspire le dieu Cupidon.

Je ne désire point troubler votre paix; je ne désire point attrister vos joies; je ne prends point ma passion pour de l'amour; c'est votre amitié seule que je réclame.

Non, dix mille amans passionnés ne pourraient éprouver l'amitié que renferme mon cœur; elle y demeurera à jamais, aussi long-tems que le sang qui m'anime circulera dans mes veines!

Puisse le grand ordonnateur du ciel abaisser ses regards sur la terre, et défendre ma Marie de tout malheur! puisse-t-elle ne jamais connaître les revers de l'adversité! puisse son bonheur être à jamais durable!

Encore une fois, ma douce Marie, adieu! adieu! je le répète avec amertume. Je penserai à jamais à vous, aussi long-tems que ce cœur battra dans mon sein.

XXIX.

MON ÉPITAPHE

COMPOSÉE A PATRAS EN SORTANT DE MALADIE.

La jeunesse, la nature et la pitié de Jupiter combattirent long-tems pour tenir ma lampe allumée; mais Romanelli fut si courageux, qu'il les battit tous les trois — et éteignit sa lumière.

XXX.

SUR L'ÉVASION DE NAPOLÉON DE L'ILE D'ELBE.

Une fois en route comme pour une partie de plaisir, prenant des villes à volonté et des couronnes en ses loisirs, il s'avance de l'île d'Elbe à Paris, donnant des *bals* aux dames et faisant des *révérences* à ses ennemis.

XXXI.

ÉPIGRAMME DE MARTIAL.

Piërios vatis Theodori flamma Penates
Abstulit : hoc Musis, hoc tibi, Phœbe, placet ?
O scelus, ô magnum facinus crimenque Deorum !
Non arsit pariter quod domus et dominus.

(MARTIAL, lib. XI, *Epigr.* 94.)

La maison du Lauréat a été dévorée par les flammes; les Neuf Sœurs toutes rieuses virent briller ce feu de joie. Mais, cruel destin! damnable désastre! la maison — la maison est brûlée, et le maître ne l'est pas!

XXXII.

LA POUPÉE DE LA NOURRICE DANS *MÉDÉE*.

Oh! que je désirerais qu'un bon embargo eût retenu le navire *Argo* dans le port! et qu'en restant toujours dans les chantiers de la Grèce, il n'eût jamais dépassé les rochers d'Azur! mais maintenant je crains que sa tournée ne soit la cause de quelque mésaventure pour ma chère miss Médée, etc., etc.

XXXIII.

VERS

ÉCRITS APRÈS AVOIR LU CEUX QUI SUIVENT SUR UN ALBUM A ATHÈNES.

« La noble Albion voit en souriant partir son fils
» pour aller visiter le berceau des arts; son but est
» noble; glorieuse est l'entreprise; il vient à Athè-
» nes, et — écrit son nom! »

Byron écrivit immédiatement au-dessous.

Ce barde modeste, comme beaucoup de bardes inconnus, rimaille sur nos noms, mais cache sagement le sien; cependant, quel qu'il soit, pour ne rien dire de pire, son nom lui ferait plus d'honneur que ses vers.

XXXIV.

VERS ADRESSÉS A LADY BLESSINGTON.

Vous m'avez demandé des vers, — il serait étrange pour un rimeur de refuser cette demande; mais mon cœur seul était mon Hippocrène, et mes sentimens (sa source) sont taris.

Si j'étais encore maintenant ce que j'ai été, j'aurais chanté ce que Lawrence a si bien peint; mais le chant expirerait sur mes lèvres, et le sujet est trop délicat pour moi.

Je suis maintenant tout cendre, où autrefois j'étais toute flamme, et le barde est mort dans mon sein; ce que j'aimais, je ne fais plus que l'admirer, et mon cœur est aussi gris que ma tête.

Ma vie ne date point par les années; il y a des momens qui sillonnent le front comme le soc de la charrue; et là il n'en paraît pas seulement un, mais il est aussi profond dans mon âme que sur mon front.

Que le jeune homme et l'élégant aspirent à chanter les objets que je contemple avec indifférence; car le chagrin a arraché de ma lyre la corde qui produisait des accords dignes d'elle.

RÉPONSE DE LADY BLESSINGTON,
SUR LE MÊME RHYTHME.

Lorsque je demandais quelques vers, crois, je te prie, que ce n'était point la vanité qui me les faisait désirer; car mon miroir ne peut plus m'abuser, et je ne puis plus inspirer de poètes.

Le tems a touché mon front de ses doigts rudes et pesans, et les roses ont fui de mes joues; alors ce serait sûrement une folie de rechercher maintenant les louanges dues à la beauté.

Mais comme les pélerins qui visitent le tombeau de quelque saint, emportent avec eux une relique précieuse, je demande un souvenir de toi, comme un trésor précieux pour m'accompagner dans mon pélerinage.

Oh! ne dis pas que ta lyre ne rend plus d'accords, elle dont les cordes inspirent de tels ravissemens; ou que ces lèvres magiques sont muettes d'où la poésie s'échappe avec tant d'harmonie!

Et quoique le chagrin, avant la fuite de la jeunesse, ait pu altérer la couleur noire de tes beaux cheveux, les lauriers qui couronnent ta tête cachent à nos yeux les empreintes prématurées du tems.

XXXV.

IMITATIONS D'HORACE.

Qui ne rirait si Lawrence, s'engageant à couvrir sa précieuse toile du portrait flatté du premier venu, abusait assez de son art pour que la nature effarouchée vît nos bons bourgeois prendre sous son pinceau la forme des centaures? Ou si quelque barbouilleur, par amour de l'extraordinaire, ou pour hâter la vente, s'avisait de joindre à une fille d'honneur la queue d'une sirène? Ou si le trivial Dubost (comme on l'a vu naguère), possédé de la fureur de peindre, dégradait les créatures, images de la divinité? Toute la politesse qui défend de se moquer des sots en leur présence, ne pourrait réprimer les éclats de rire de leurs amis. Crois-moi, Moschus, rien ne ressemble plus à ces tableaux que le livre qui, plus décousu que les rêves d'un malade, présente à nos regards une foule de figures incomplètes, poétiques cauchemars, qui n'ont ni pieds ni tête.....

De nos jours, les mots nouveaux sont en honneur; si on les ente adroitement sur quelque gallicisme : pourrions-nous refuser à la muse plus habile de Dryden et de Pope, ce que Chaucer et Spencer tentèrent avec succès? Si vous pouvez créer, que ne le faites-vous, à l'exemple de William Pitt et de Walter-Scott, qui par le secours, l'un de ses vers, l'autre de ses poumons, ont enrichi les dialectes mal joints de notre île? Il est et il sera toujours légitime de proposer des réformes en littérature, comme au parlement.

De même que les forêts couvrent par degrés la terre de leurs feuilles, ainsi se fanent des expressions qui ont plu dans leur nouveauté. Le même destin est réservé à l'homme, et à tout ce qui se rattache à lui. Ses ouvrages, ses mots s'effacent et ne servent plus qu'à fixer une date. Quoique, à un signe des monarques, et à la voix du commerce, des fleuves impétueux deviennent de tranquilles canaux; quoique des marais desséchés et assainis soient sillonnés par la charrue et portent de jaunes moissons; quoique des ports creusés sur nos rivages protégent les vaisseaux contre les tempêtes de l'antique océan : tout, tout doit périr. Mais, survivant au naufrage général, l'amour des lettres préserve à demi les souvenirs du passé.

Les premiers vers satiriques naquirent du spleen de quelque égoïste. En doutez-vous? Voyez Dryden, Pope, et le doyen de Saint-Patrick *.

Les vers blancs, aujourd'hui, par un commun accord, sont presque inséparables de la tragédie. Quoique les fureurs d'Almanzor s'exprimassent en vers rimés, au tems de Dryden, nous ne voyons pas les héros des pièces nouvelles en affubler leurs emportemens ; et la modeste comédie, abandonnant tout-à-fait les vers, nous offre en humble prose ses gentillesses et ses quolibets. Ce n'est pas que nos Beaumont et nos *Ben* aient plus mauvaise grâce, ou

---

* *Mac-Flecknoe*, la *Dunciade* et toutes les ballades satiriques de Swift. Quels que soient leurs autres ouvrages, ceux-ci furent le résultat de sentimens personnels et de récriminations violentes contre d'indignes rivaux ; et quoique le mérite littéraire de ces satires fasse honneur aux talens poétiques des auteurs, leur virulence déshonore certainement leur caractère.

perdent rien de leur mérite, pour avoir composé en vers; mais c'est ainsi que Thalie aime à se montrer. Pauvre fille! que l'on siffle quelque vingt fois par an.

O muse! s'écrie-t-il, réveillé de plus sublimes accords! Et, s'il vous plaît, que pensez-vous voir éclore de son cerveau enflammé? En un clin-d'œil, il tombe aussi bas que S...; dont les montagnes épiques ne manquent jamais d'accoucher d'une souris! Ce n'était pas ainsi que jadis votre puissant devancier tirait de doux accens de sa lyre inimitable: d'une voix mélodieuse comme les soupirs de la harpe éolienne, il nous parle de la première désobéissance de l'homme et du fruit défendu; mais à mesure que son sujet s'élève, son chant fait retentir les échos de la terre et des cieux.

Enfin il touche à l'adolescence! On ne le forcera plus à gémir sur les vers diaboliques * de Virgile, et sur ceux qu'on lui donne à faire. Les prières l'ennuient, la lecture est trop sérieuse; il vole de T...ll

---

* Harvey, qui fit connaître la circulation du sang, avait coutume, dans ses transports d'admiration, de jeter loin de lui son *Virgile*, en disant que le livre avait un diable familier. Un personnage tel que celui que je décris jetterait probablement aussi le livre; mais il désirerait plutôt que le diable s'en emparât, non pas en haine du poëte, mais par une horreur bien fondée des hexamètres. Car, vraiment, la fastidieuse étude des *longues* et des *brèves* suffit pour qu'un homme prenne la poésie en aversion pendant sa vie entière; et peut-être en cela n'est-ce pas un désavantage.

à Fordham (malheureux T....ll, condamné à d'éternels soucis par les apprentis boxeurs et les ours). Que peuvent des tuteurs, des devoirs, des convenances, en présence d'une meute, de chevaux de chasse et de la plaine de Newmarket? Rude avec ses aînés, hautain avec ses égaux, poli envers des escrocs, prodigue de richesses....... persiflé, pillé, dupé, il passe le tems de ses cours sans rien faire; évite peut-être l'expulsion, et se retire M. A. maître-ès-arts! Et l'on proclame sa nouvelle dignité dans les clubs et les tripots, dont nul habitué n'arriva jamais plus haut.

Lancé dans le monde, et devenu moins ardent, il singe l'égoïste prudence de son père; prend une femme, pour sa dot; choisit ses amis pour leur rang; achète des terres, et se vante d'être trop prudent pour se fier à la banque. Il prend place au sénat; procrée un héritier, et l'envoie à Harrow, car il y fut lui-même. Muet, quoiqu'il vote, à moins qu'il ne joigne sa voix aux acclamations favorables au ministère; s'il parle de son fils : C'est un compère adroit, qu'il espère bien voir un jour arriver à la pairie!

La vieillesse s'avance; l'âge paralyse ses membres; il quitte la scène, ou la scène le quitte; il entasse des richesses; s'afflige à chaque penny qu'il faut dépenser, et l'avarice s'empare de toutes les pensées qui ne sont pas à l'ambition. Il compte les cent pour cent, et sourit; ou vainement s'irrite, en considérant ses trésors entamés pour payer les dettes du jeune Hopeful (plein d'espérance); il pèse bien et sagement ce qu'il faut acheter ou vendre ; habile à tout faire, excepté à mourir! grondeur, morose, radoteur difficile à contenter, louant tous les tems, excepté le présent ; infirme, querelleur, délaissé et presque oublié, il meurt sans qu'on le pleure; on l'enterre : qu'il pourrisse! . . . .

. . . .

Là se rend l'alerte boutiquier, dont l'oreille est mise à la torture par l'orchestre qu'il veut entendre pour son argent. Une fausse honte, et non la sympathie, l'empêche seule de ronfler ; ses angoisses redoublent quand il croit du bon ton de crier : Encore! Écrasé par la foule dans *Fop's alley*, coudoyé par les élégans, gêné par son chapeau, tremblant pour ses orteils, sa soirée est un combat, et il ne goûte quelque repos que quand enfin le rideau tombe, et lui donne un peu de relâche qui l'enchante. Devinez-vous pourquoi il se résigne à souffrir tout cela et plus encore? C'est qu'il lui en coûte cher, et qu'il est forcé de se parer! . , ...

. . . .

Mais rien n'est sans défaut, et chacun sait que les violons et les harpes perdent souvent le ton, et que les meilleurs chanteurs, au moment où ils voudraient réunir tous leurs moyens, ne font entendre que des accens criards ; les chiens perdent la trace du gibier, la pierre refuse l'étincelle, et les fusils à deux coups (que le diable les emporte!) manquent le but *!

Est-ce assez? Non : écrivez donc et imprimez bien vite. Si le dernier arrivé est dévolu à Satan, qui voudrait arriver le dernier? Ils assiégent les presses, ils publient en toute hâte, ils escaladent le comptoir et quittent leurs échoppes : de belles demoiselles de province, des hommes de haut renom, quoi donc! des baronnets même ont noirci d'encre leur main guerrière. La pauvreté ne les arrête pas : c'est Pollion qui nous joua ce tour; de son tems Phébus commença à trouver crédit chez les banquiers. Ce ne sont pas seulement les vivans ; les morts même nous débitent leurs sottises aussi couramment que jadis chantait la tête d'Orphée! Sifflés de leur vivant, ils obtiennent un succès posthume, tirés de la poussière où ils étaient ensevelis quand ils vivaient. Les revues réveillent le souvenir de leurs épidémiques délits, de ces livres témoins muets du martyre auquel les condamne la rage de rimer. Hélas! que de chagrins va nous causer tel barbouilleur que citèrent souvent le *Morning Post* et le *Monthly Magazine!* Dans ces recueils sont ensevelis ses premiers chefs-

---

* Comme M. Pope a pris la liberté d'envoyer Homère à tous les diables, malgré tout ce qu'il lui devait, quand il a dit : « Et Homère (que » le diable l'emporte, etc.) » il est présumable que, par licence poétique, on peut en faire autant, en vers, de tout homme et de toute chose ; et en cas d'accident, je désire qu'on me permette de me prévaloir de cet illustre précédent.

d'œuvre ; mais bientôt la presse gémit, et il en sort un épais in-quarto ! Laissez donc, vous qui êtes sages, laissez les succès mendiés de la lyre aux baronnets ou aux lords possédés du démon des vers, ou à ces crépins de village, ménestrels jumeaux ivres de poétique bière ! Prêtez l'oreille à ces accords d'une mélodie narcotique : ce sont les savetiers lauréats qui chantent les louanges de Capel Lofft *.

* Ce gentleman bien intentionné a gâté quelques excellens cordonniers, et contribué à la ruine poétique de plus d'un pauvre industrieux. Nathaniel Bloomfield et son frère Bobby ont mis tout le Sommersetshire en train de chanter, et cette maladie ne s'est pas bornée à envahir un seul comté. Pratt aussi, qui fut jadis plus sage, a été atteint de la contagion du patronage, et a attiré dans le piége de la poésie un pauvre diable nommé Blackette ; mais il mourut pendant l'opération, laissant au dépourvu un enfant et deux volumes de fragmens. La petite fille, si elle n'a pas d'inclinations poétiques et ne se transforme pas en Sapho cordounière, s'en tirera peut-être ; mais les tragédies sont aussi rachitiques que si elles étaient la progéniture d'un comte ou de quelque coureur de prix académiques. Les patrons du pauvre homme sont certainement responsables de sa fin tragique, et ce devrait être un délit punissable par les lois. Mais c'est là ce qu'ils ont fait de moins coupable ; car, par un raffinement de barbarie, ils ont couvert le défunt d'un ridicule posthume, en imprimant ce qu'il aurait eu le bon sens de ne jamais faire imprimer lui-même. Certes, ces remueurs de débris sont punissables par le statut contre *les hommes de la résurrection*. Quelle différence y a-t-il, en effet, entre exposer un pauvre idiot, après sa mort, dans un amphithéâtre de chirurgie, et l'étaler dans une boutique de libraire ? Est-il plus mal d'exhumer ses os que ses bévues ? Ne vaut-il pas mieux attacher son corps au gibet, sur une bruyère, que d'emprisonner son ame dans un in-octavo ? « Nous savons ce que nous sommes, mais nous ignorons ce que nous pouvons devenir ; » et il faut espérer que nous ne saurons jamais si un homme qui a traversé la vie avec une sorte d'éclat, est destiné à n'être qu'un charlatan de l'autre côté du Styx, et à devenir, comme le pauvre Joe Blackett, le plastron des railleries du purgatoire. Le prétexte de cette

XXXVI.

VERS

SUR LE TRENTE-SIXIÈME ANNIVERSAIRE DE MA NAISSANCE.

Missolonghi, 22 janvier 1824.

Il est tems que ce cœur devienne insensible, puisqu'il a cessé d'émouvoir d'autres cœurs; cependant, quoique je ne puisse plus être aimé, il faut que j'aime encore.

Mes jours sont dans la feuille desséchée; les fleurs et les fruits de l'amour sont passés : le ver de terre, le remords rongeur * et les regrets, sont mon seul partage !

Le feu qui brûle dans mon sein est solitaire comme une île volcanique; aucune torche n'étincelle comme sa flamme. — C'est un bûcher funéraire !

L'espérance, la crainte, les soins jaloux, la portion exaltée de la douleur, et le pouvoir de l'amour;

---

publication est d'assurer un sort à l'enfant. Mais aucun des amis et des tentateurs de ce *sutor ultrà crepidam* ne pouvait-il donc faire une bonne action sans enferrer Pratt dans une biographie? et lui faire encore diviser sa dédicace en tant de minces portions? A la duchesse une telle; la très-honorable celle-ci, et mistress et miss celle-là; ces volumes sont, etc , etc. Eh mais, c'est distribuer « le doux lait de la dédicace » par petits verres. Il n'y en a qu'une chopine, et il le partage entre douze personnes. Ah ! Pratt, n'avais-tu donc pas quelques éloges en réserve? As-tu pu croire que six familles de distinction se contenteraient de si peu? Il y a un enfant, un livre et une dédicace : que n'envoies-tu la petite fille à la duchesse, les volumes à l'épicier, et la dédicace à tous les diables?

*. The canker.

je ne puis les partager; mais j'en porte encore la chaîne.

Mais ce n'est pas *ainsi*, ce n'est pas *ici* que de telles pensées pourront ébranler mon ame ; ni *maintenant*, quand la gloire décore le cercueil du héros, où fait pencher son front vers la terre.

Le glaive, la bannière et le champ de bataille, la gloire et la Grèce m'environnent! Le Spartiate, porté sur son bouclier, n'était pas plus libre.

Réveille-toi! (non la Grèce, — elle est réveillée!) réveille-toi, mon génie! — pense d'où te vient l'étincelle divine, le sang ardent qui bout dans tes veines; et sois digne de ta haute origine!

Je foule aux pieds les passions renaissantes indignes de l'âge viril. — Pour toi indifférens soient désormais le sourire ou le dédain de la beauté.

Si tu regrettes ta jeunesse — pourquoi vivre! — La contrée des trépas honorables est devant toi. — Vole aux combats et laisse-s-y ton souffle de vie!

Cherche la tombe d'un héros, — beaucoup la trouvent qui ne la cherchent pas. — C'est ce qu'il y a de mieux pour toi. Alors regarde alentour ; — choisis ton coin de terre, et repose en paix.

NOTE.

Cette pièce, pour ainsi dire prophétique, de Lord Byron, sur le trente-sixième et dernier anniversaire de sa naissance, est empreinte des idées tristes d'une fin prochaine, qui arriva effectivement à Missolonghi moins de quatre mois après qu'il l'eut composée. Sa mort prématurée et si fatale pour la jeune Grèce, à laquelle il venait de vouer sa fortune et sa vie, répandit le deuil dans cette contrée, et même dans les autres nations de l'Europe qui admiraient son génie. L'auteur de cette nouvelle traduction de ses Poëmes publia alors un Dithyrambe sur sa mort, dans un volume de poésies intitulé : *Helléniennes*, ou *Élégies sur la Grèce*. Le lecteur nous permettra d'en citer ici quelques fragmens :

....

La brise de la mer Égée
Exhalait dans les airs ses regrets superflus :
Son murmure est sinistre, et sa voix affligée
Appelle son fils qui n'est plus.

Il n'est plus le mortel dont l'étonnant génie
Soumettait l'univers à ses chants solennels ;
L'immuable destin qui dominait sa vie
A soumis sa grande ame aux décrets éternels.

Et cependant son front rayonnait de jeunesse !
Et cependant la gloire environnait ses pas !
Sa bienfaisante main prodiguait sa richesse
Aux enfans de Léonidas !...
Et le destin dans sa vitesse
Le livre à la faux du trépas !

———

Ainsi le torrent des montagnes
Roule avec majesté ses flots dans les déserts.
Comme un géant vainqueur il franchit les campagnes
Et vent conquérir l'univers.

Le monde devant lui n'a pas assez d'espace !
Mais qu'est-il devenu ?... Sur le sable poudreux
On suit encore sa trace,
Comme on suit dans le ciel un rayon vaporeux :
Il a passé... l'ombre s'efface !...

Ainsi tu mesurais la terre, enfant des cieux !
Tu jetais loin de toi des torrens de lumière ;
  Et, dans ton vol audacieux,
  Pareil au maître du tonnerre,
Tu dévorais l'espace et t'égalais aux Dieux.

  Porté sur l'aile du génie,
Tu parcourais, vainqueur, les âges et les tems,
  Et sur les scènes de la vie
Tu jetais par mépris des regards insultans !

  Du haut de ces hauteurs sublimes,
Où ton astre brillant prodiguait ses clartés,
  Tu descendais dans les abimes
  Du doute et de l'obscurité.

Des peuples disparus pesant la froide cendre,
Ta voix forte évoquait leurs ombres des tombeaux ;
Dans leur grandeur passée on te voyait descendre
  Pour en tirer de noirs lambeaux.

Le sort des nations réveillait dans ton ame
De profondes douleurs et de grands souvenirs
. . . .

  Ainsi que le roi des forêts,
C'était dans le trépas que tu trouvais ta joie :
Comme lui, sans frémir, tu contemplais ta proie
  Qu'environnaient de noirs cyprès...

  D'un demi-dieu débris toi-même,
Quelque chose restait de ton premier destin.
Ainsi l'aigle tombé de sa hauteur suprême,
  Montre encore un regard divin.

Dans tes vastes pensers tu dominais le monde,
  Tu marchais à pas de géant :
Les mortels admiraient ta course vagabonde.
Tu n'étais pas un dieu, mais ton ame féconde
  Tenait dans sa chute profonde
  De l'immortel et du néant !

Comment s'est éteint cette flamme
Qui, semblable à ces feux, fiers enfans de la nuit,
Embrasait, consumait ton ame ?
Comme une ombre sans nom l'être s'évanouit ;
Mais de sa fragile poussière,
L'homme, l'essence de l'esprit,
Brisant de ses liens l'enveloppe grossière,
Monte vers l'éternel en rayons de lumière :
Tout change sous les cieux, tout, et rien ne périt.
. . . .

Gloire à toi, noble fils de l'altière Albion !
Tes chants ont ranimé les cendres d'Aristide ;
Les Grecs ont ressenti cette ardeur intrépide
Qui les fit vaincre à Marathon.

Par toi de ses tombeaux ce peuple entier se lève ;
Il rappelle sa gloire et veut briser ses fers ;
Toi-même avec transports tu saisissais le glaive
Que tu réveillais dans tes vers.

Victime du destin qui pesait sur sa vie,
Il meurt en combattant pour un peuple opprimé.
Son cœur lui rappelait son ingrate patrie,
L'objet qu'il avait tant aimé.

Son ame, avec douleur, vers sa fille chérie,
Comme un rayon du soir porte un dernier adieu.
Il pleura... mais ses pleurs disaient toute sa vie ;
Ses pleurs lui révélaient un dieu.

On dit que sa grande ombre échappée à la terre,
Passant sur le tombeau du fier Léonidas,
De ses trois cents héros réveilla la poussière
Dans le sein même du trépas.

Leurs mânes, ranimés par son souffle rapide,
Ont applaudi soudain comme au jour solennel,
Et le glaive près d'eux qui dormait intrépide,
A tressailli pâle et cruel...

Adieu, fils d'Albion, fils de la Grèce entière :
Ta patrie adoptive a consacré tes droits;
Elle implorait les rois, le front dans la poussière,
    Et tu fus plus grand que les rois.

Leur suprême grandeur, par la terreur frappée,
Plaignait, sans nul secours, leur triste abaissement;
Près de ton luth divin s'agitait ton épée,
    Sans couronne et sans ornement...

Que le ciel ait pour lui de propices étoiles ;
Soufflez plus doucement, vents qui gonflez les voiles ;
Guidez les nautonniers aux rives d'Albion ;
Emportez sa dépouille à sa noble patrie.
Peut-être à son aspect la bassesse et l'envie
Retiendront dans leur sein leur venimeux poison,
Tandis qu'avec orgueil une autre nation
Décore de son nom l'autel de la patrie !...

....

15 juillet 1824.

Il a aussi publié depuis une traduction en vers français de *Childe-Harold*, le plus beau poème de Byron, en un volume in-18. *Paris*, 1829.

(*N. du Tr.*)

FIN DES POÉSIES INÉDITES.

POÉSIES ATTRIBUÉES

A LORD BYRON.

POÉSIES ATTRIBUÉES A LORD BYRON.

I.

AU LIS DE FRANCE.

Avant que de disperser tes feuilles au vent, faux emblême d'innocence, arrête un instant, — et donne, à mesure que tu te flétris, pour l'avantage du genre humain, la leçon qui ressort de ta chute.

Tu étais beau comme le rayon du matin, et riche comme l'orgueil des mines précieuses : tous tes charmes sont maintenant fanés ; et haï et méprisé, les malédictions de la liberté retombent sur toi.

Tu étais rayonnant au milieu des sourires du monde, ton ombre protégeait de sa puissance ; mais maintenant ta fleur brillante est ridée et flétrie, — tu n'es plus l'ornement de ta patrie régénérée *.

Car la corruption s'est repue sur tes feuilles, et la bigotterie a rongé ta tige ; maintenant ceux qui te craignaient se rient de tes malheurs, et ceux qui t'adoraient te condamnent à l'exil.

La vallée qui t'a donné naissance pleurera sur l'espérance de son sol ; les légions qui ont combattu

---

* Ces accusations prophétiques de Lord Byron semblent être écrites d'hier, tant elles ont un caractère frappant de spécialité.

(*N. du Tr.*)

pour ta beauté et ta valeur se hâteront de partager tes dépouilles.

Devenue symbolique, ta fleur sera un sujet de moquerie et un jouet parmi les hommes ; dans les cités, dans les montagnes et dans les plaines, ce sera le proverbe des esclaves, le mépris des hommes libres.

Oh! c'était le souffle pestilentiel de la tyrannie qui dispersa tes tiges sur la terre, qui jeta une tache de sang sur le voile blanc et virginal, et te perça de plus d'une blessure!

Alors le vent emporta ta feuille desséchée, il flétrit ta tige mourante, ta fleur épanouie résigna les promesses de son avenir, et elle est tombée emportée par l'orage.

Car nulle vigueur patriotique ne la soutenait; il ne s'est trouvé aucun bras pour protéger la faible fleur; la destruction suivait son terrible héraut — le désespoir, et flétrit toute sa beauté dans une heure!

Cependant il y eut des hommes qui prétendirent la plaindre; il y eut des hommes qui prétendirent la sauver : purs niais empiriques qui arrivèrent pleins de déception — pour se réjouir et s'enivrer sur sa tombe.

O toi! terre des lis! en vain tu t'efforces de relever sa tête pâle! le bouton fané ne refleurira plus de nouveau, — la violette brillera à sa place!

Comme tu disperses tes feuilles au vent — faux

emblême de l'innocence, arrête un instant, — et donne, à mesure que tu te flétris, pour l'avantage du genre humain, cette leçon qui ressort de ta chute!

II.

L'ADIEU.

A UNE DAME.

Quand l'homme, chassé des bosquets d'Éden, s'arrêta quelques instans sur le seuil de la porte, chaque pas lui rappelait des heures évanouies, et lui faisait maudire son avenir.

Mais errant à travers de lointains climats, il apprit à porter le poids de son chagrin; il ne fit plus que donner un soupir aux souvenirs du tems passé, et trouva du soulagement au milieu de scènes plus agitées.

Ainsi, madame, doit-il en être de moi; je ne dois plus revoir tes charmes : car quand je m'arrête près de toi, je soupire pour tout ce que j'ai connu autrefois.

En te fuyant, je serai sûrement sage; car j'échapperai aux piéges de la tentation : je ne puis pas voir mon paradis sans désirer d'y entrer.

III.

A LADY CAROLINE LAMB.

Et tu dis que je n'ai pas de sentiment, que je ne ressens rien pendant que tu es éloignée de moi? Tu ne sais donc pas avec quelles délices je me suis abandonné à un rêve non interrompu de toi? Mais l'amour ne doit jamais nous ressembler, et j'apprendrai à t'estimer moins. Comme tu as fui, ainsi permets-moi de fuir, et change le cœur que tu ne peux rendre heureux.

On te dira, Clara! que j'ai paru, tout récemment, courtiser les charmes d'une autre; que je n'ai pas soupiré, que je n'ai pas eu d'humeur, comme si tu avais déjà été bannie de mon cœur. Clara! cette lutte — pour défaire ce que tu as fait si bien pour moi, — ce masque porté devant la foule niaise, — cette trahison — était une fidélité pour toi!

Je n'ai pas dormi depuis que tu es partie; mais j'ai cherché dans plusieurs tout ce qu'une seule (ah! ai-je besoin de la nommer?) pouvait m'accorder. C'est un devoir que je dois au tien — à toi — à l'homme — à Dieu, de modérer, d'éteindre ce feu coupable, avant que le chemin du crime soit parcouru.

Mais puisque mon sein n'est pas si pur, puisque le vautour déchire encore mon cœur, que j'endure cette agonie, et non toi — oh! la plus chérie des femmes! Par pitié, Clara! séparons-nous; et je chercherai à éviter, je ne sais comment, le dard menaçant : — le vice ne doit pas prendre pour but un objet tel que toi.

Mais tu dois m'aider dans cette tâche, et exercer ainsi noblement ton pouvoir. Alors dédaigne-moi, — c'est tout ce que je demande — avant que le tems ne mûrisse une heure plus coupable; avant que la coupe de la colère ne verse des remords redoublés sur ma tête; avant que des feux inextinguibles ne dévorent mon cœur, dont les espérances sont mortes depuis long-tems.

Ne t'abuse pas plus long-tems, ainsi que moi; n'abuse pas des cœurs meilleurs que le mien; ah! ne peux-tu pas, ne veux-tu pas fuir des malheurs comme le nôtre, — une honte comme la tienne? S'il y a une colère divine, une torture au-delà de ce souffle de vie passagère, renonce — même maintenant, à toute espérance future; de telles pensées sont un crime, — un tel crime est la mort.

IV.

STANCES.

J'ai appris ton sort sans verser une larme; ta perte m'a à peine arraché un soupir, et cependant tu me fus extrêmement chère. — Je ne sais pas ce qui a desséché mes yeux, les larmes refusent de couler; mais chacune d'elles que mes paupières empêchent de s'échapper, retombe horrible sur mon cœur.

Oui, — profondes et pesantes, une à une, elles s'y pressent et le torturent, comme les eaux renfermées dans le rocher l'usent en tombant et s'y durcissent. Elles ne peuvent se pétrifier plus durement que les sentimens qui retombent et restent sur mon cœur, lesquels, froidement fixés, regardent le passé sans jamais se fondre à un soleil nouveau.

V.

A MARIE.

Ne te souviens pas de moi, ni de ces heures bien-aimées, de ces heures évanouies, où toute mon ame était à toi, — heures qui ne peuvent jamais être oubliées, avant que le tems n'énerve nos puissances vitales, et que toi et moi ayons cessé d'être.

Puis-je oublier, peux-tu oublier toi-même ce tems où, jouant avec tes cheveux dorés, ton cœur, avec vivacité, répondait à mes jeux? Oh! par mon ame! je te vois encore, avec des yeux si languissans, — un sein si beau, et des lèvres, quoique silencieuses, qui murmuraient l'amour.

Lorsqu'ainsi tu te penchais sur mon cœur, ces yeux laissaient échapper un éclat si doux, que, quoiqu'à moitié réprobateur, il inspirait le désir; et alors nous nous serrions plus près, et encore plus près, — et nos lèvres frémissantes s'efforçaient de se rencontrer comme pour expirer dans leurs baisers.

Et alors ces yeux pensifs voulaient se fermer, et leurs deux paupières se rapprochaient en voilant leurs orbites d'azur, — tandis que leurs longs et humides regards semblaient fuir sur ta joue brillante d'amour.

FIN DES POÉSIES ATTRIBUÉES A LORD BYRON.